产学研联盟知识产权冲突管理研究

吴 颖 ◎ 著

中国社会科学出版社

图书在版编目（CIP）数据

产学研联盟知识产权冲突管理研究/吴颖著. —北京：中国社会科学出版社，2023.7
ISBN 978-7-5227-2567-3

Ⅰ.①产… Ⅱ.①吴… Ⅲ.①产学研一体化—知识产权—管理—研究—中国 Ⅳ.①D923.404

中国国家版本馆 CIP 数据核字（2023）第 165995 号

出 版 人	赵剑英
责任编辑	李斯佳
责任校对	朱妍洁
责任印制	戴 宽

出　　版	中国社会科学出版社
社　　址	北京鼓楼西大街甲 158 号
邮　　编	100720
网　　址	http://www.csspw.cn
发 行 部	010-84083685
门 市 部	010-84029450
经　　销	新华书店及其他书店
印　　刷	北京君升印刷有限公司
装　　订	廊坊市广阳区广增装订厂
版　　次	2023 年 7 月第 1 版
印　　次	2023 年 7 月第 1 次印刷
开　　本	710×1000　1/16
印　　张	19
插　　页	2
字　　数	275 千字
定　　价	99.00 元

凡购买中国社会科学出版社图书，如有质量问题请与本社营销中心联系调换
电话：010-84083683
版权所有　侵权必究

前　言

　　产学研协同创新模式是一种以企业为主体、市场为导向、产学研双方深度融合的技术创新体系。随着社会物质基础的不断沉淀和国际局势的日渐复杂，我国自身国家竞争力的发展在已有的巨大生产规模和生产体量的基础上，进一步加入了对附加值更高、影响更深远、战略意义更重大的技术进步和机制优化的探索。产学研协同创新模式在联盟形式及其机制下出于共同的利益导向和协同机制，将能有效破除我国高校和科研院所"专利沉睡"以及企业创新力不足的创新供需割裂问题，能够打破知识与资本之间的天然异质壁垒，有利于我国技术资源和创新需求的整合，是针对上述挑战的有效解决方案。但该机制也因面对关键性利益冲突，即产学研异质性主体知识产权冲突，可能产生合作破裂、联盟稳定性被破坏的结果，阻碍产学研协同创新联盟发挥更大的协同增效效益。为此，管理并解决产学研协同创新联盟多主体的知识产权冲突，成为维系产学研协同创新联盟稳定性的重要途径，是当前我国深化科技体制改革、促进产学研协同创新知识产权机制更好地发挥创新引领作用的重要任务。

　　本书首先在对国内外文献研究的综述、相关核心概念的界定和日美欧地区产学研知识产权合作促进模式的深度考察的基础上，总结出本书产学研知识产权冲突研究的切入点，即异质性、系统性和理论与实践的双向融合性研究角度，以及国外有关产学研合作的知识产权管理相关制度经验。其次，在实践中，以简单产学研协同创新联盟的知识产权冲突所导致的法律纠纷文本为研究对象，提炼基于我国国情的产学研协同创新联盟合作破裂的知识产权冲突原因，以提炼的四大知识产权冲突原因为出发点，分别从知识产权冲突解决的微观契约机制、微观信任机制、中观网络化机制、宏观政策法规机制四个方面进行问题研究和机制设计。在此基础上，根据四个方面管理机制的研究结论，设计产学研协同创新联盟自组织稳定性判定的指标体系，将知识产权冲突解决机制因素用于产学研协同创新联盟知识产权冲突管理及联盟稳定性提升的实践中，将理论用于实践。最后，基于国外模式借鉴、知识产权冲突原因分析、四个方面管理机制以及自组织稳定性判定，提出本书针对产学研协同创新联盟知识产权冲突解决的微观契约机制和信任机制、中观网络化机制对策建议以及宏观政策法规完善的政策建议，以促进产学研协同创新联盟的稳定持续发展。

具体而言，本书在分析知识产权这一特殊产权形式和与产学研联盟协同性存在内在矛盾的机理的基础上，采用质化研究法探寻影响我国产学研协同创新联盟合作稳定性的知识产权冲突的真实原因，以近十年的产学研简单协同创新联盟合作破裂的知识产权纠纷案件法律文书为分析文本，运用扎根理论，经过对法律文本的开放式编码、主轴编码和选择性编码三个提炼步骤后，提取知识产权冲突引发的四个方面的原因，即知识产权主体认知冲突、知识产权信任冲突、知识产权资源投入配置冲突（保障冲突）以及知识产权成果转化利益冲突（权利义务冲突）。

本书针对上述产学研协同创新过程中的四个知识产权冲突原因，运用不完全契约理论、微分博弈理论、复杂网络理论、链路预测理论、扎根理论等，从理论和实证角度分析认为解决产学研协同创新联盟的知识产权冲突问题，增强协同创新联盟稳定性，离不开微观契约机制、微观信任机制、中观网络化机制、宏观政策法规机制的完善，并分别进行了四个方面的解决机制研究。机制研究结论表明：首先，在微观契约机制方面，对创新知识产权分配份额进行事前优化配置，能够使学研方的努力程度达到最大，进而提高研发合作的价值产出，缩短契约自我履约空间内价值认知差异的长度，在一定程度上能够避免事后效率的损失，优化知识产权成果价值评估机制和交易价格确定机制，加强联盟成员共同履约意识，有助于减少折减行为。其次，在微观信任机制方面，合作中前期的信任水平建设至关重要，知识产权合作动机下的信任水平、努力水平、各方利润水平及合作总利润水平等联盟稳定结构均优于非合作动机情形，企业是两种动机情形下的受益者，应发挥企业在建立信任机制中的主导作用。再次，在中观网络化机制方面，产学研协同创新联盟知识产权合作伙伴选择网络化和合作经验传播网络化，需要网络化资源配置机制进行配套，在单一区域下，培育多主体的市场化协同机制，构建知识产权网络生态，可以减少知识产权资源投入配置冲突对产学研协同创新联盟稳定性的危害；在跨区域环境下，巩固已有产学研协同创新联盟体系，能推动跨区域产学研联盟知识产权合作以点带面，稳定发展。最后，在宏观政策法规机制方面，对于解决产学研协同创新联盟知识产权成果转化过程中的权利义务冲突，调节产学研及多主体合作利益关系，国家和地方政府在结果导向与过程导向、政府主体和产学研多主体、宽容失败以及实质性治理知识产权冲突等方面存在差异，应参照补齐；同时，国家和地方在关键政策法规间关联性不强、技术责任和非技术责任政策法规调节机制不充分、惩罚力度不强导致产学研联盟协同合作契约权威性不强等方面存在共同不足，需要优化改善。

本书将机制研究结论运用于解决产学研协同创新联盟稳定性提高的实践中，运用自组织稳定性耗散理论构建协同创新联盟的 Brussels 模型，将前述知识产权冲突管理机制转化为影响产学研协同创新联盟稳定性的具体指标；同时，借鉴文献研究设计影响产学研协同创新联盟稳定性的传统指标，并进行专家访谈，总结反馈意见。综合运用两类指标共同构建产学研协同创新联盟自组织稳定性判别的内部正熵流和外部负熵流指标体系，并形成相应的调查问卷，向样本产学研协同创新联盟核心人员发放问卷，根据问卷计算结果判定该产学研协同创新联盟的自组织稳定性及其知识产权冲突管理机制因子对联盟稳定性的影响程度的大小。分析结果表明，知识产权冲突管理的机制性因素缺失确实是导致样本协同创新中心自组织稳定性不足的核心因素，需对其相应的微观、中观和宏观知识产权冲突管理机制的改善给出有针对性的对策建议，以促进该产学研协同创新联盟稳定运行和发展，并将理论与实证研究结果运用于实践。

在前述研究基础上，本书提出解决面向产学研协同创新联盟稳定性的知识产权冲突的微观、中观及宏观的对策建议。在微观契约机制方面，建立协同创新联盟研发事前知识产权份额的契约磋商和谈判机制、各方互动学习机制及契约再谈判机制，优化知识产权成果市场价值评估机制和交易价格确定机制；在微观信任机制方面，在联盟合作的中前期建立专用性资产投入的信任促成机制，建立引导知识产权合作动机形成的信用管理的信任维护体系，充分地发挥企业在联盟信任机制建立与维护中的主体能动作用。在中观网络化机制方面，建设产学研多方广泛连接和资源交互流通的中观知识产权协同创新网络化机制，打造单一区域下多主体协同知识产权合作生态运行机制，巩固跨区域已有的产学研协同创新联盟。在宏观政策法规机制方面，注重知识产权成果转化结果和过程的双项管理，加强国家级政策法规的产学研多主体导向，建立宽容失败的具体政策，设立关键部门知识产权联动执行政策，建立有效机制预防技术责任和非技术责任知识产权冲突，加强失信惩罚行政与法律措施力度，保护产学研协同创新联盟契约和法律中立权威性；在联盟自组织稳定性建设方面，建立评价指标体系，将知识产权冲突管理机制建设纳入产学研协同创新联盟稳定性提升的首要任务中；等等。此外，分别阐述了落实各对策建议的具体举措。

本书认为针对产学研协同创新联盟知识产权冲突四个方面的原因，通过微观契约机制、微观信任机制、中观网络化机制、宏观政策法规机制和联盟自组织稳定性建设对知识产权冲突进行有效管理，加强产学研创新协同性和联盟稳定性。在以上机制得以建立健全的基础上，政府的作用也可以从直接参与变为间接调节，促使产学研协同创新联盟通过建立知识产权冲突管理综合机制，最终实现自组织的持续稳定发展，并使产学研协同创新联盟这一形式在我国科技创新战略中得以实验、实践并推广，以产生更大程度的创新协同外溢效应。

目 录

第一章 绪论 …………………………………………………（1）
  第一节 研究背景及问题的提出 …………………………（1）
  第二节 学术意义及实践意义 ……………………………（4）
  第三节 研究内容与技术路线 ……………………………（4）
  第四节 可能的创新之处 …………………………………（6）

第二章 文献综述及核心概念界定 …………………………（9）
  第一节 产学研等创新联盟的稳定性影响因素及治理
        机制研究 …………………………………………（9）
  第二节 创新联盟知识产权冲突问题研究 ………………（13）
  第三节 知识产权问题与创新联盟稳定性的协调效应 ……（19）
  第四节 文献述评 …………………………………………（22）
  第五节 核心概念界定 ……………………………………（24）

第三章 日美欧相关制度经验借鉴 …………………………（27）
  第一节 政府主导的日本模式 ……………………………（27）
  第二节 立法主导的美国模式 ……………………………（31）
  第三节 市场化导向的欧盟模式 …………………………（35）

第四节 日美欧促进产学研协同创新和知识产权合作
　　　　共同经验 ………………………………………………（39）

**第四章　影响产学研协同创新联盟稳定性的知识产权
　　　　冲突成因分析** ……………………………………………（43）
　第一节　联盟稳定性中的知识产权冲突问题 …………………（43）
　第二节　联盟稳定性破坏的知识产权冲突原因分析 …………（44）
　第三节　知识产权冲突管理机制对联盟稳定性影响机理 ……（62）
　第四节　本章小结 ………………………………………………（66）

第五章　知识产权冲突管理微观契约及信任机制研究 …………（68）
　第一节　基于参照点的微观契约机制研究 ……………………（69）
　第二节　基于微分博弈的微观信任机制研究 …………………（90）
　第三节　本章小结 ……………………………………………（117）

第六章　知识产权冲突管理中观网络化机制研究 ……………（119）
　第一节　联盟协同创新网络化对知识产权冲突解决及稳定性
　　　　增强的影响机理 ……………………………………（120）
　第二节　联盟合作网络性质相关研究 ………………………（125）
　第三节　基于链路预测的联盟中观知识产权冲突解决
　　　　机制及稳定性条件判定 ……………………………（129）
　第四节　算法模型分析结果 …………………………………（153）
　第五节　本章小结 ……………………………………………（154）

第七章　知识产权冲突管理宏观政策法规研究 ………………（156）
　第一节　宏观政策法规作用 …………………………………（157）
　第二节　科技创新政策定量分析相关研究 …………………（158）
　第三节　关键词提取和共词矩阵构建 ………………………（159）

第四节　数据聚类分析 …………………………………… (165)
　　第五节　国家和地方政策法规一致性分析 ………………… (177)
　　第六节　国家和地方政策法规差异点分析 ………………… (179)
　　第七节　国家和地方政策法规共同不足分析 ……………… (183)
　　第八节　政策法规定量分析结果 …………………………… (189)
　　第九节　本章小结 …………………………………………… (191)

第八章　样本联盟自组织稳定性增强的知识产权冲突
　　　　管理机制应用 …………………………………………… (192)
　　第一节　联盟系统自组织特征相关研究 …………………… (192)
　　第二节　理论概述及研究逻辑 ……………………………… (193)
　　第三节　加入知识产权冲突管理机制因子的联盟自组织
　　　　　　稳定性指标体系 …………………………………… (195)
　　第四节　联盟系统自组织稳定性的判定模型及判定依据 …… (203)
　　第五节　自组织稳定性实证分析——以样本联盟为例 …… (207)
　　第六节　样本联盟知识产权冲突管理措施建议 …………… (215)
　　第七节　本章小结 …………………………………………… (218)

第九章　研究结论与对策建议 ……………………………………… (220)
　　第一节　研究结论 …………………………………………… (220)
　　第二节　面向产学研协同创新联盟稳定性的知识
　　　　　　产权冲突管理对策建议 …………………………… (224)

附录 …………………………………………………………………… (248)
　　附录一　联盟知识产权冲突法律文本开放式编码范畴化 …… (248)
　　附录二　国家产学研知识产权成果转化政策法规
　　　　　　关键词提取 ………………………………………… (255)

附录三 样本城市产学研知识产权成果转化政策法规
关键词提取 …………………………………………（264）
附录四 样本协同创新中心熵流指标体系调查问卷 …………（274）

参考文献 ……………………………………………………（277）
后记 …………………………………………………………（291）

第一章 绪论

第一节 研究背景及问题的提出

进入 21 世纪，随着现代社会物质基础的极大丰富和生产效率的极大提高，国家与国家间的竞争态势日趋激烈和明显，竞争领域由以往的追求规模和体量模式进一步加入了技术竞争和机制竞争等附加值高、影响深远、战略意义重大的竞争因素。由此，一个国家的发展潜力也日益受到高端产业和高端技术的影响，从 2018 年爆发的中美贸易摩擦以及中国在 WTO 中遭到的来自欧盟的贸易诉讼等都可看出，中国的高科技产业已经遭到了全球技术领先国家的迎头阻击，中国急需探索适应自身的强有力的技术创新体制机制，提升我国在国际高技术产业的价值链地位，在高端产业领域形成自身的竞争优势。在此背景下，最大限度地激活我国技术优势存量，将具备技术竞争优势的主体（高校和科研院所）和存在技术竞争需求的主体（企业）结合起来，将其关联的创新资源聚集起来，产生协同放大作用，形成高效的产学研创新联盟以进行协同技术攻关及转化，这显得十分必要，是我国高科技发展道路上一条不可缺少的重要道路，也是我国重要的体制机制的开创性实验。为此，产生了产学研协同创新联盟这一具有整体性、系统性、开放性的合作组织形式，以期担负起中国技术冲击世界一流的任务。

产学研合作这一特殊现象在国外起源较早，最早可追溯到 19 世纪下半叶，现代意义上的产学研合作典范，当数斯坦福大学20世纪50年代初创立的硅谷模式。相比起来，我国对产学研合作的关注起步较晚，直到1992年国家原经贸委、教委、中国科学院共同发布实施了"产学研联合开发工程"之后，我国产学研合作才迎来了全面的发展，由此拉开了我国产学研合作创新的序幕。进入21世纪，随着国际产业竞争的加剧，新技术革命下的技术创新速度变得越来越快。为适应新时代的技术竞争态势，我国中央及地方政府不断出台多层次多类型的创新激励政策，以支持和鼓励产学研各界开展并深入进行产学研合作创新活动。

2013年，党的十八届三中全会在深化科技体制改革的内容阐述中首次明确强调要建立产学研协同创新机制。2017年，党的十九大报告指出深化科技体制改革，建立以企业为主体、市场为导向、产学研深度融合的技术创新体系，促进科技成果转化的战略目标。2022年，党的二十大报告再一次强调要加强企业主导的产学研深度融合，强化目标导向，提高科技成果转化和产业化水平的任务。为改变我国高校和科研院所的专利沉睡和企业创新能力不足同时并存的现状，要以国家急需为根本出发点，因此，以推动协同创新为目的的"2011计划"在全国范围内启动并展开。该计划旨在消除产学研合作中利益倾向的冲突，打破制度藩篱，在构建"协同创新体、协同创新模式、协同创新机制设计"三个方面取得重大战略突破，2020年9月15日，教育部发文指出，已将"2011计划"等重点建设项目统筹纳入"双一流"建设。显然，这一创新型计划明显区别于以往分散的产学研合作，因为有明确的共同利益导向和正式的组织结构，所以具备了创新联盟的行为特征，而产学研协同创新联盟发展中的核心问题，即产学研联盟的运行稳定性问题，如没有国家机制在其中发挥作用，其自身的稳定性机制如何保证其长期稳定的持续运行，其内在的核心利益如何得到实现，产学研协同合作关键的内部冲突如何得到调和等，是本书探索的主要内容。

在我国产学研合作的运行过程中，其实施效果一直受到诸多因素的制约，存在的障碍包括机制、利益、资源等诸多方面的原因，阻碍了我国产学研的快速发展。其中，知识产权冲突作为关联到产学研合作的资源投入、技术标准、政策推手、信任文化、成果归属和分配机制等多方面因素的关键冲突，随着我国产学研合作的不断深化，日益成为产学研合作破裂的主要原因。同时，该冲突在产学研联盟协同合作的机制下被放大，协同性的要求和产学研异质性知识产权权益要求的矛盾所导致的知识产权冲突影响到产学研合作的起点和结果，牵动了产学研各方的利益诉求。在中国权威法律检索数据库"北大法宝"对产学研契约型联盟式的合作破裂的法律案件中按类型进行分类检索，结果显示，2018年以来，知识产权冲突所导致的法律纠纷占产学研合作破裂纠纷案件的比例高达24%，在技术类和利益类（最大的两类纠纷）中占比均位于榜首，且纠纷发生频率日益升高，逐渐成为引发产学研合作破裂的焦点问题。可以看出，知识产权冲突是产学研协同创新联盟合作的根本性冲突，是联盟合作中多种冲突的集中体现，良好的知识产权冲突管理是决定产学研协同创新联盟长效稳定运行的重要机制。

本书选择产学研协同创新联盟作为研究对象，探讨其是否能稳定存续的问题——目前国家大力推进使协同创新得以进行的动力，在未来是否面临变化，一旦政策不再延续，受政策驱动的产学研联盟是否会走向解体，联盟怎样才能持续稳定运行下去，政府和市场应分别扮演什么角色。这一系列问题的回答都依赖于协同创新联盟内部各主体通过解决产学研协同创新的利益关键矛盾点：知识产权冲突，理顺异质性合作主体的知识产权权利义务关系，形成完善的知识产权冲突解决系统机制，从而得以从根源上建立产学研协同创新联盟的创新合作机制，消除创新协同合作的根本性障碍和机制性障碍，让协同创新联盟各方主体产生对创新和合作的自发追求，开创性地发展产学研联盟各主体之间、政府和市场之间的知识产权合作新型关系，使联盟得以稳定维持，并在更大范围内形成成熟的、具有全局意义的产学研协同创新体制机制。

第二节　学术意义及实践意义

一　学术意义

知识产权战略和产学研协同创新战略是对国家"自主创新、重点跨越、支撑发展、引领未来"的建设创新型国家指导方针的呼应，是国家创新系统的有机组成部分，是提高国家竞争力的必由之路。本书选择产学研协同创新联盟中的知识产权冲突管理作为研究对象，抓住这两个重大战略结合的线索，回应当前知识产权机制在众多产学研合作中日益受到重视的趋势，试图通过真实案例中提取的信息，判定产学研协同合作破裂的知识产权原因，厘清复杂的多主体的产学研关系的结合机制，完善产学研协同合作的稳定机制，保障国家产学研战略和知识产权战略的顺利实施，以期进一步丰富创新联盟稳定性理论和知识产权冲突管理理论领域的研究。

二　实践意义

本书紧扣党的十九大报告中强调的"建设创新型国家"和"全面依法治国"等中央精神，把机制的设计、主体的培育、机制建设的实践运用作为保障国家创新驱动战略实施时的重中之重，研究联盟稳定性导向下的产学研创新合作的开展、知识产权冲突管理能力的提升、稳定性创新效应的普及、创新环境的优化以及联盟稳定机制，为制定产学研相关政策、完善相关法律法规，促进国家创新战略的提速升级提供实践支撑和决策依据。

第三节　研究内容与技术路线

本书根据实践中知识产权纠纷法律案例的分析，寻找产学研协同创新简单联盟合作破裂的知识产权原因,根据发现的问题及原因分析,在微观层面、中观层面及宏观层面构建基于问题解决的理论机制,并在此基础上提出可供市场和政府各主体决策参考的对策建议。为此,本书依托不完全契约理论、合作博弈理论等建立理论模型,运用数值模拟方法进行模型演算,运用扎根理论方法、链路预测算法、文本挖掘方法等进行实证研究,运用自组织理论进行机制设计应用性验证,从而保证研究的规范性、科学性、系统性和可操作性。由于本书研究内容中涉及的产学研协同创新联盟知识产权相关信息涉及保密要求,因此,本书后文提到的产学研联盟各主体名称、所选产学研协同创新中心及所在城市分别以大写字母和样本称谓代替。具体的技术路线如图1-1所示。

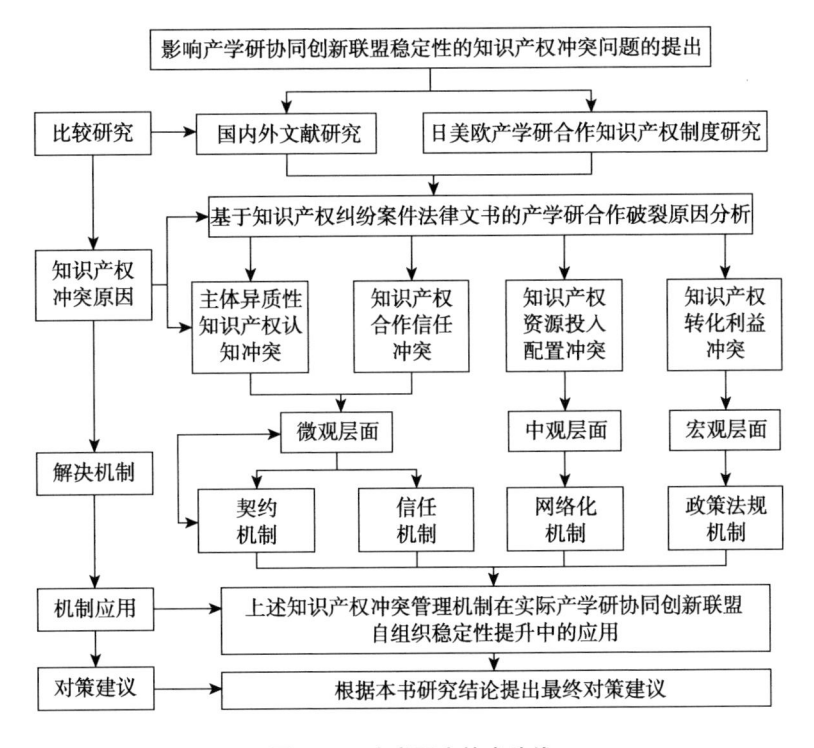

图1-1 本书研究技术路线

第四节 可能的创新之处

第一，从实践中获取产学研协同创新联盟知识产权冲突原因和稳定性破坏的直接证据。

首次直接从实践中的产学研简单协同创新联盟知识产权冲突的表现——法律纠纷案件文本寻找产学研协同创新联盟稳定性受到破坏的知识产权冲突的关键原因。运用扎根理论方法，提炼产学研知识产权纠纷法律文本中的冲突原因的初始概念，在初始概念的基础上进行开放式编码范畴化，归纳出知识产权认知冲突、知识产权信任冲突、知识产权投入配置冲突（保障冲突）及知识产权转化利益冲突（权利义务冲突）四个主范畴及知识产权技术合格标准认知分歧等十九个副范畴。四个主范畴反映了在实践中导致产学研协同创新联盟合作破裂的四个主要知识产权冲突原因，其根植于产学研知识产权合作主体的异质性和联盟协同性的内在矛盾，并提出对应四个冲突的产生原因应分别从联盟的微观契约机制、微观信任机制、中观网络化机制和宏观政策法规机制方面进行解决，从实践中找到理论上需要解决的知识产权冲突问题及对应的解决路径，以维护产学研协同创新联盟的稳定性。

第二，微观层面对产学研联盟的知识产权认知冲突、信任冲突进行契约机制和信任机制解决。

在产学研联盟的微观层面，针对主体异质性带来的知识产权交易价格和市场价值的认知分歧，可运用不完全契约理论，创新性地引入主体异质性的模型条件，分别考虑产方和学研方的不同谈判能力和不对称折减行为对最优契约机制的影响，设计事前最优知识产权分配份额，对知识产权价值认知差异下的事后自我履约区间求解，以及进行弹性契约下的事后知识产权交易价格选取，突破了传统对称主体假设下以及契约完全条件下的知识产权冲突解决机制设计。

同时，针对原因分析中的联盟各方之间的信任缺失所导致的知识产权冲突，设计信任机制作为正式契约机制的补充。本书基于产学研知识产权合作连续的策略变化过程，运用微分博弈模型，充分考虑了产学研联盟知识产权合作动态博弈中存在的合作动机、非合作动机及其对产学研联盟合作各方的信任水平、努力水平、利润水平等的影响，进行了在产学研简单协同创新联盟两种动机下的信任机制构建和维护机制分析，并对以上两个方面的微观知识产权冲突管理机制建设提出对策建议。

第三，中观层面对解决产学研协同创新联盟的知识产权资源配置冲突进行网络化机制研究。

针对前述原因分析中的知识产权资源投入配置冲突，本书对中观层面的联盟合作网络化视域进行了探索，认为以网络化形态存在的产学研协同创新联盟合作，相较于点对点的单一的产学研合作有着更丰富的协调、沟通和引导等辅助性资源配置机制，能够在中观层面对知识产权冲突进行有效管理，从而更好地实现联盟协同性及稳定性。在此基础上，运用复杂网络链路预测理论及其前沿算法机制，构建产学研专利合作协同联盟网络，给链路预测算法的关键精确度影响因子赋予产学研专利合作网络平均度的含义，以表示产学研协同创新联盟网络各主体知识产权资源平均获取能力，即知识产权冲突中观解决能力，通过对产学研联盟知识产权合作伙伴的匹配预测算法分析，讨论产学研协同创新联盟稳定运行的知识产权冲突管理网络化机制与联盟网络稳定性条件，并据此提出对策建议。

第四，宏观层面对产学研知识产权成果转化环节的利益冲突进行政策定量分析及解决路径研究。

针对产学研协同创新联盟在知识产权成果转化阶段的履约权利义务冲突和利益冲突，本书运用扎根理论和共词分析法，对国家和样本地方城市宏观层面关于知识产权成果转化的政策和法规进行了定量分析，分别找到国家和地方政策法规内部的结构特征和关注重点，在此基础上分析了国家和地方在产学研知识产权转化利益冲突调节中各政策法规类群的含义和重要性程度，并比较了国家和地方政策法规在冲突调节的政策法规导向、知识产权成果转化主体、知识产权冲突后果处理等方面的差异，并对国家和地方层面在重点政策法规类群联动性不足、技术责任和非技术责任归属等调节机制不充分、知识产权失信行为惩罚力度不够等共同的政策法规不足方面进行了分析，据此提出了产学研协同创新联盟在成果转化环节的知识产权冲突解决及联盟稳定性维护的政策法规完善建议。

第五，从理论到实践，以理论来解决实际产学研协同创新联盟的知识产权冲突管理和联盟稳定性提高的问题。

运用以上微观、中观和宏观机制，对产学研协同创新联盟的稳定性提高和知识产权冲突管理进行实际分析及提供解决建议。本书借鉴自组织耗散结构理论评价样本产学研协同创新联盟稳定性，将前述分析中不同层面知识产权冲突解决机制因子转换为相关指标，结合影响产学研协同创新联盟自组织稳定性的传统指标，构建产学研协同创新联盟自组织稳定性的综合评估指标体系，邀请样本产学研协同创新中心权威专家进行打分，计算样本协同创新联盟自组织耗散结构正熵值和负熵值，评估实践中样本协同创新联盟的自组织稳定性以及知识产权冲突管理因素对其自组织稳定性的影响方向和影响程度，并据此对该样本产学研协同创新联盟的知识产权冲突解决和自组织稳定性发展提出有针对性的对策建议，形成理论与实践的双向反馈和相互融合，并为全局层面促进产学研协同创新联盟稳定发展的国家综合对策提供启发。

第二章 文献综述及核心概念界定

第一节 产学研等创新联盟的稳定性影响因素及治理机制研究

一 创新联盟稳定性影响因素研究

创新联盟的稳定性是指在创新联盟伙伴间共同分担合作收益与合作风险的有效关系的基础上,联盟得以有成效地运作和发展(Jiang 等,2008)。从20世纪80年代开始,随着以提升联合技术创新能力的战略联盟的数量在世界范围内的急剧增加,创新战略联盟的稳定性和脆弱性问题吸引了大量学者的极大关注,其影响因素研究先后经历了企业规模、文化差异、谈判能力、分配机制及信任关系等对联盟稳定性的影响,其方法论先后运用了实证研究方法、溢出效应理论、交易费用理论、社会困境理论、囚徒困境理论等。

21世纪初以来,基于创新战略联盟稳定性问题的极其复杂性,研究方法开始出现多元化、交叉化等特征,相应的影响因素研究也更加丰富。创新战略联盟稳定性问题在21世纪的首创性研究伊始于 Das 和 Teng(2000)基于物化哲学思维的内部张力(Internal Tensions)模型。基于此内部张力模型理念,战略联盟可以被视作若干个冲突力量汇集、发展的场所，评估创新战略联盟是否处于稳定状态取决于这些冲突力量在不断制衡的过程中平衡与否，而其中对于战略联盟最为关键的三对冲突竞争力量是合作与竞争、僵化度与灵活度、短期定位与长期定位。为了充分了解联盟的不稳定性，Das 和 Teng（2000）提出了一个全新的理论框架：联盟的不稳定性应该基于一个或者多个联盟合作伙伴的角度，联盟包括解散在内的重大变化是非计划的，而不同类型的内部张力相互关系对不同属性的战略联盟会产生不同的影响，因此，合理运用创新联盟内包含的冲突张力框架有助于从内部矛盾方面广泛地解释战略联盟的脆弱性，并能够以综合的方式分析其不稳定性的发生频率、动态关系以及最终联盟伙伴终止联盟所使用的方式。

Rahman 和 Korn（2010）的目光跳脱出经典而传统的交易费用理论，聚焦于基于战略联盟结构层级的联盟类型、特定联盟经验的并行关系以及社会交换理论相结合的视角，尝试阐释战略联盟的结构层级影响，并以此分析联盟竞争与和谐对维持联盟稳定性的相对重要性。根据 Rahman 和 Korn（2010）的模型，相对于基于交易成本的变量（即联盟类型）而言，基于社会交换理论的变量（即特定联盟经验）对联盟结构层级产生的影响更加显著。层次更高的创新战略联盟结构的内在治理成本会拉低联盟的知识产权交易成本，从而拉低此类结构带来的经济效益，尤其是当联盟在未来的预期中不存在造成较高的稳定性风险的事件时（通常是在垂直联盟中）。与此同时，与公司合作产生的较高内部治理成本，有一定概率超过在控制和协调方面高度等级化的结构边际效益。

陈菲琼和范良聪（2007）进一步拓展了 Das 和 Teng（2000）的研究，将辩证法的矛盾思想与原先提出的内在张力框架有机地结合，以合作与竞争这一对在创新战略联盟中最具典型性的张力为例，利用因子分析方法中的主成分分析法，检验了"合作—竞争"张力对战略联盟稳定性的影响。陈菲琼和范良聪（2007）认为，创新战略联盟的不稳定性与联盟张力框架内合作与竞争力量之间的差异程度存在正相关关系，因而在现代高度竞争的环境下，合作竞争战略追求合成式租金对战略联盟稳定性与创新战略联盟中各个主体的长期发展至关重要。

二 创新联盟稳定性治理机制研究

在社会层面，SEM 结构方程模型被全球范围内的大小企业运用。因此，创新战略联盟的实际属性有可能呈现趋于偏态的特征，越来越多的相关研究者开始投入偏向最小二乘（PLS）路径模型领域的相关研究。Lew 和 Sinkovics（2013）基于资源和企业间治理理论的观点，在既跨行业又跨国界的大范围背景下，建立了一个与行为治理模式、业务绩效、创新指数相关的经验测试关系和模型，将 PLS 路径模型思路植入，探讨国际技术联盟（ITA）的治理机制与其稳定性的相关问题，Lew 和 Sinkovics（2013）发现相关的技术承诺是增加异构企业间 ITA 技术资源交换效率的重要因素，并且取决于联盟中重点伙伴承诺将其技术资源投资于 ITA 以维系联盟稳定关系的程度。同时，联盟绩效在产品创新方面只受联盟市场开发能力的影响，而不受新知识产权相关产品开发能力的影响，但联盟所在的行业规模和类型、联盟本身企业规模对此模型有显著的缓和作用。除此之外，还提供了 PLS 路径建模在创新战略联盟研究方法论方面的实用性证据。

关于其他创新联盟稳定性治理机制研究，在不完全信息条件下，蒋樟生和郝云宏（2012）在知识转移视角上构建了技术创新联盟两阶段不完全信息动态博弈模型，通过退出或维持联盟两种可能的 Cournot-Nash 均衡，探寻拥有不同知识水平和权益结构的联盟合作参与者的技术创新联盟的稳定机制。蒋樟生和郝云宏（2012）指出，合作联盟中的各个主体的知识学习能力对技术创新联盟的稳定性具有深远影响。杨震宁等（2015，2017，2018）则通过问卷调查、量表设计、比较研究以及理论分析多层面对全球化背景下的技术战略联盟的合作优化、驱动力与联盟稳定性间的联系进行实证研究。研究结果表明，联盟所在行业市场竞争激烈程度、政府支持力度及同行的示范效应与企业形成技术战略联盟动力、正式成立的战略联盟稳定性有高度的正相关关系。另外，政府的规范和作为牵头单位的协调能力这两种不同的合作优化方式皆可以提升联盟的驱动力，进而形成稳定的战略联盟，从而起到优化的作用。张华（2016）从创新生态系统的自组织发展规律入手，从资源依赖角度出发，通过解析创新生态系统中的核心企业和配套的上下游关联企业在联合创新中的互动机制，认为企业参与创新合作的动机有"互惠型"和"机会型"两种，认为参与动机影响创新生态系统发展的效率和方向，深入分析了参与动机影响下的合作创新行为过程，并在理论分析的基础上，对创新网络进行仿真实验，揭示了创新生态系统在合作稳定性机制下的自组织演进特征。

三 产学研创新联盟稳定性影响因素及治理研究

国内学者运用建模技术和仿真模拟技术探索并解决产学研创新战略联盟的稳定性相关问题。原毅军等（2013）结合产学研联盟稳定性的反馈特征，建立了产学研技术联盟稳定性的系统动力学模型和系统流图，运用 Vensim PLE 对系统动力学模型进行仿真模拟，发现合作经验、声誉、规模禀赋、资源等外部变量对产学研联盟稳定性的影响较弱，而联盟个别主体的投机行为、联盟利益分配合理度、合作伙伴信任程度等内部变量对产学研联盟稳定性的影响较强。

曹霞和于娟（2017）从政府减免税收、政府考核和政府资助三大方面入手，建立企业、政府、学研机构动态复制三方博弈方程，并针对三方的演化行为进行仿真模拟，发现在政府治理的前提条件下，企业方和学研方可以相互促进、相互带动，双方的发展趋势均向对产学研联盟稳定性利好的方向演化，并最终在动态中保持相对稳定的状态，同时联盟的整体创新水平和合作水平都会上升为协同创新的关系且保持长期良性发展，在这个阶段政府可以退出治理。

刘云龙和李世佼（2012）首先认为产学研合作联盟中合作主体之间利益的不合理分配将导致联盟的不稳定性；其次，通过构建博弈模型，研究产学研合作主体间的利益分配机制，探究合作各方的努力贡献系数和努力成本系数以及它们与利益分配系数的关系，分析最终影响利益分配和产学研联盟稳定性的相关因素。

蒋伏心等（2014）基于对现实的理性假设，建立了产学研合作的博弈模型，运用动态最优化等方法，建立产学研联盟理论研究框架。此外，从对联盟个体成员和联盟整体两方面视角，分析了产学研联盟的形成途径和稳定性，总结了影响联盟内外的成员需求因素、资源差异因素、投入不足因素等，探究了对产学研联盟的形成及稳定产生影响的机制及相应的治理建议。

第二节 创新联盟知识产权冲突问题研究

目前，学界关于创新联盟知识产权冲突问题的研究不仅包括针对知识产权冲突问题的影响机制及原因的研究，也包括针对知识产权冲突问题的解决路径的研究。

一 创新联盟知识产权冲突问题的形成原因及影响

（一）合作主体的特性引发知识产权冲突

为了厘清主体之间的研发逻辑差异对产学研联盟知识产权合作进程的影响，Bjerregaard（2010）在微观层面上，利用质性研究的方法，记录知识产权合作中合作主体研发逻辑的改变与产学研联盟中研究人员行为变化的相互关系，深度挖掘了矛盾冲突的研发逻辑和整合后的研发逻辑对产学研联盟中企业方和研发方的不同影响。研究结果表明，整合统一后的研发逻辑为知识产权合作提供了信息交换和人员交流的平台，而许多缺乏规范性的知识产权冲突是由合作主体间的研发制度逻辑模糊导致的，在这些冲突中合作主体之间潜在的抗拒或难以调解的情况并不少见。

René 等（2014）结合公司层面的访谈数据和专利进行实证分析，研究了产业间合作伙伴、产业内联盟合作伙伴与大学三种主要研发创新联盟合作伙伴。在合作新知识产权下的研发价值的分配和价值所创造的影响方面，René 等（2014）指出因为具有重叠的开发领域，创新联盟的共享知识产权利益分配问题容易产生，产业内联盟合作伙伴有更大的概率受到知识产权冲突的影响，从而造成合作的破裂。而且研究指出，与高校共同申请相关的专利将使联盟取得更佳的市场价值。对于社会而言，更多类似的合作可能预示着更多的技术突破机遇。

与此同时，谢惠加（2014）基于其对产学研联盟的调研实践结果，从联盟各参与方知识产权分歧处理原则、协同创新联盟的知识产权归属以及保护和运用的一般原则等方面进行实证分析，指出产学研联盟成员在协同创新过程中通常会因价值定位、利益诉求、单位性质等层面的差异，使创新联盟各方在专利问题上存在较大分歧。

（二）合作主体间的权力性质引发知识产权冲突

通常来说，产学研联盟中合作主体间的权力性质往往会映射到产学研联盟的治理形式上，即参与方之间在契约缔结之时就确定的对知识产权研究过程的控制权和对知识产权利益的分配权，但初始合同的不完全性始终会给知识产权冲突，甚至合作终止带来潜在隐患（Panico，2011）。因此，Panico（2011）通过构造捕获合同环境核心领域模型对知识产权与控制权进行探索，结果得出知识产权与控制权是创新战略联盟治理设计中的次等选择，倘若创新联盟要保持合作的稳定，创新联盟参与方的控制权分配方式和专利就存在着彼此让渡关系，用另一句话来说便是创新联盟中一方若拥有越多的专利，就必须放弃越多的控制权。

Poblete 等（2017）从产学研联盟契约治理的视角展开研究，指出在研发合作阶段由于知识产权委托人将专利研发的任务委托给专业的技术代理人，然后决定利用由此产生的专利成果投入市场生产或实施进一步开发，由此对于研发者的管理将面临双重道德风险。双重道德风险可以让委托人的创新趋于最优研发，激励契约满足单调性条件，从而得到委托专利技术研发所能达到的最佳充分条件。

苏世彬和黄瑞华（2005）指出，合作联盟往往要求其盟员在知识产权合作过程中完成频繁的资源和设备交换以及技术和知识共享。在无外界约束力的情况下，理性的联盟主体出于利益，会减少并阻挠专有知识产权共享的行为。基于博弈论，苏世彬和黄瑞华（2005）认为，联盟引入具备一定权力且立场中立的中间协调人，可以进一步维持联盟稳定，实现知识产权共享，并在构建冲突模型的基础上论证知识产权特有的专有性和共享性会引发的冲突。

易玉和刘祎楠（2009）探寻全球产学研联盟合作的历史脉络，在纵观知识产权合作的历史进程的基础上，分析了产学研联盟中企业方和研发方的立场，聚焦知识产权合作在利益分配、技术作价、产权归属、产权认定上产学研联盟各方的分歧，从四个方面寻求导致知识产权冲突的原因。

（三）知识产权转移过程产生的风险引发知识产权冲突

关于产学研联盟在研发合作阶段的知识转移的风险领域，Trappey等（2016）利用专利分析方法，以美国苹果诉讼 HTC 知识产权案为经典案例进行深度分析，探讨贸易壁垒与反竞争市场行为在产学研联盟研发阶段的知识产权转移中造成的知识产权冲突，结果表明，当产学研联盟中一方主体产生反竞争技术贸易壁垒的时候，创新主体不仅会受到高昂的诉讼成本的损害，还会因为缺乏市场准入而受到损害。

苏世彬和黄瑞华（2009）认为合作创新中的隐性知识转移不可避免，因此引发的知识产权风险和知识产权冲突也日趋突出，研究从知识发送方的角度和知识发送的主体、客体分析了合作创新中的隐性知识转移所带来的知识产权风险，并提出了相应的风险治理对策。

二 创新联盟知识产权冲突问题的解决路径

(一) 网络关系的构建选择

由于协作网络在促进创新战略联盟组织间的创新和学习中所起的作用举足轻重，Operti 和 Carnabuci（2014）引进溢出网络（Spillover Network），着重分析公司从创新联盟的其他参与方的公共知识领域中了解潜在的专利冲突问题，利用社会学领域的结构洞（Structural Holes）理论建立模型，指出为了避免外显的知识产权冲突问题，当企业在构建网络关系时，如果富含的结构洞或者网络规模较大，企业将从公共知识领域的溢出中获取利益。此外，特定的组织内因素、科学强度和产业下游整合的程度将决定企业从溢出网络中获益的程度。

(二) 利益分享机制的完善

祁红梅和黄瑞华（2004）指出知识共享与知识产权垄断之间的天然矛盾性，并立足动态联盟不稳定性的主体原因（信任、动机）和客体原因（信息不完全、信息不对称等），提出基于准超额利润的总体利益理论和相应利益激励对策、解决契约有效问题和契约违约问题的契约激励对策，以及维持动态联盟紧密运行、良性运行的信任激励对策三大策略，以保证知识产权联盟在最佳状态下运行，推进知识产权合作的稳步发展。

谢惠加（2014）在分析战略创新联盟专利利益分享中存在的冲突诱因的基础上，提出联盟各个合作伙伴的知识产权分歧处理原则，并从产学研协同创新联盟角度出发的专利归属、保护和运用的一般适用原则等方面，系统地建构创新战略联盟的知识产权利益分享机制，进而增加产学研联盟的稳定性，促进产学研协同创新联盟持续向好发展。

张瑜等（2016）以契约设计理论为基础理论，探讨产业技术创新战略联盟各个主体之间的利益分配问题，通过对系统 Shapley 值进行优化，构建产学研网络型合作利益分配模型。经分析，面对可能的道德风险，战略联盟应当通过网络协同系数对奖励支付进行合理协调，促使联盟中创新主体的利益分配更加公平合理，与此同时能够促进联盟中各个创新主体的工作投入水平。

余顺坤和陈俐（2016）则从食品安全检测知识产权联盟这一特殊联盟的角度切入，通过 SWOT-AHP 分析，萃取当前状况下创新联盟成员以及产学研联盟所面对的优势（S）、劣势（W）、机会（O）和威胁（T），并建立了创新战略联盟 SWOT 战略选择方案和战略矩阵框架，进一步研究了创新战略联盟知识产权分享对联盟发展的影响。余顺坤和陈俐（2016）支持创新战略联盟的主体可以兑现知识产权的交叉许可。为了能够帮助创新战略联盟的管理机制和内部运行更加协调、更加积极，应当制定技术标准以实现对外的专利技术授权许可，从而促进联盟内部的知识产权成果使用效率的提升。

（三）信任方式的建立

截至目前，学界有关创新战略联盟合作研发的文献虽然已经开始揭示学研方和企业方之间合作的类型和原因，但是对如何减少这些合作中产生的冲突和障碍的解释相对稀少。随着研究的深入，Bruneel 等（2010）以公共记录和大规模的调查为数据基础，深入探讨了互动广度、组织间信任和合作经验对减少不同类型的产学研联盟障碍的影响，并提出更高的对伙伴行为的信任水平能够有效降低与企业方合作交易以及学研方定位障碍的影响，通过建立具有广泛性的组织间合作和信任机制，可以拉低行业与大型研究机构产生合作障碍的可能性，而联盟间主体的交互广度虽然降低了方向相关的障碍，但是增加了产生与事务相关的障碍的可能性。

与 Bruneel 等（2010）的研究视角不同，祁红梅等（2015）从创新联盟的形成绩效角度，探讨了快速信任对于解决知识产权冲突的风险的作用，同时检验了知识产权风险对于创新联盟形成绩效具有负相关的作用。祁红梅等（2015）提出联盟可以发挥快速信任对创新联盟形成绩效与知识产权风险之间的关系的积极调节效应。

刘春艳和王伟（2015）在产学研协同创新联盟知识转移及其影响因素、对中国经济增长的促进作用的平行关系的基础上，提出通过增强知识吸收和知识转移的能力和意愿，建立联盟学习、沟通和信任机制，积极争取科技中介机构或者政府的支持，从而有效地完成产学研协同创新联盟知识转移。

（四）法制保障的健全

胡冬雪和陈强（2013）将国内产学研合作的法律现状和国外创新联盟的法律情况进行比较分析后，根据障碍、现状和影响因素，从填补我国产学研联盟合作相关法律的空白和进一步夯实我国产学研联盟合作的法律基础两个方面，提出完善我国产学研联盟合作法律体系的立法构想，提议从产学研联盟合作中的合作成果的保护和利益分配、各级别社会关系的调整、创新主体的塑造三个方面考虑我国目前产学研合作的立法重点和法制需求，从法制的角度控制产学研联盟的知识产权冲突问题。

在与协同创新相关的知识产权归属政策、法律的考察基础上，李伟和董玉鹏（2014）指出传统知识产权所运用的"契约式"经典共享模式的缺点，认为目前我国政策和法律倾向于协同创新产学研联盟的主体之间通过契约规定知识产权的共享及归属，这样的侧重点并不符合未来产学研联盟和国家科技战略发展的实际需要。考虑到产学研协同创新内容、主体等诸要素的复杂程度，李伟和董玉鹏（2014）建议使用多元化协同创新组织内部章程的形式固化专利归属，行政机关及立法也应制定该领域的政策法律加以保障。

耿磊（2014）将产学研联盟的协同创新与知识产权法（《中华人民共和国专利法》等）紧密结合，从产学研协同创新的角度，分析目前产学研合作的运作方式和相关缺陷；从法律的角度，为产学研协同创新中的知识产权归属问题提出了参考对策。与此同时，耿磊（2014）也运用多任务委托代理模型，研究产学研联盟各个主体之间的实质关系和盟员间知识共享、创新研究的最优分配率，进行协同创新的激励机制设计,提出策略降低产学研合作的不稳定性并规避可能存在的道德风险。

第三节 知识产权问题与创新联盟稳定性的协调效应

在产学研联盟中,知识共享与技术创新发生在联盟内部和组织之间,人际互动与组织间联动相结合,对产学研联盟的稳定性有举足轻重的影响。所以,就产学研联盟的稳定发展而言,建立值得信赖的关系常常起到了重要作用,但对于现实中的企业管理者来说,这是非常困难的(Daellenbach 和 Davenport,2004)。考虑到创新联盟内部知识产权冲突的协调解决与产学研联盟稳定性的实现存在着不可分割的关系,近年来,学界对产学研联盟的研究趋于将这两个方面紧密结合,从而进行进一步研究与探讨。

一 联盟创新绩效的角度

创新联盟稳定性的重要指标之一是创新绩效,过去的研究仅提出针对大量绩效的衡量标准,而目前学界仍然没有形成连贯的理论基础以解决创新战略联盟绩效的决定因素。Das 和 Teng(2002)以影响联盟绩效的主要前因作为出发点,分析了目前联盟绩效的理论背景,探讨了联盟条件、联盟绩效和合作伙伴之间的各种关联。研究结论表明,由合作伙伴间的冲突、相互依赖性和集体优势组成联盟条件,而联盟条件所诱发的合作伙伴企业的特定属性会强烈影响联盟绩效。

祁红梅和王森(2014)基于分析联盟创新绩效影响与风险之间的深层机理的理论基础,提出了创新联盟专利风险通过技术吸收能力和竞合意识影响创新绩效的概念模型,在结构方程模型之上进行实证研究,认为创新联盟专利风险有利于促进联盟成员的技术吸收能力的提高，鼓励联盟成员的竞合意识，由此积极推动联盟创新绩效的提升。

二 知识产权机制的角度

虽然各种预期优势的确存在，但是产学研联盟是一种基于多个不同性质主体之间缔结合作关系基础之上的联盟，通常会面临困难，所以，联盟合作的参与方应根据现有的制度环境来弥补主体之间的差距策略，以维持产学研联盟的稳定性。Okamuro 和 Nishimura（2013）通过检验高校的专利技术政策对创新战略联盟合作项目绩效的影响关系，提出创新联盟合作的效果取决于制度设计和研究伙伴的策略。另外，实施适用于联盟各主体需求的公平而明确的专利政策将会是创新战略联盟合作获得有效管理的最好选择，通过这种方法来减轻联盟可能发生的专利冲突，可以促进合作伙伴间的相互激励；倘若反之而行，相关合作有一定的概率面临合作动力不足或者重大的利益冲突。

Aguiar-Diaz 等（2016）对技术创新与创新战略联盟的合作之间是否有双向关系展开了细致分析，研究表明技术创新受创新战略联盟合作的非线性的正向影响，然后，基于制度设计的视角提出合作专利政策的制定应最大可能地保护己方利益不受参与合作的联盟主体产生的出于"机会主义"的行为的影响，创新战略联盟合作的技术研发战略虽是技术转让等问题的解决方案，但更是增长收入的重要手段。

Howard 等（2017）则研究了产学研联盟的企业方在追求新的知识产权时面临着对研发方的高度知识依赖，发现当外部竞争对手与其焦点公司的核心技术全球轨迹更为贴合时，以及当发现主要竞争对象在特定领域更主动地尝试保护其知识产权和技术时，产学研联盟的各个参与方之间有更大的概率完成联锁（Interlock）关系的缔结。出于这种特殊关系，企业方有更大的概率接近产学研联盟所需的知识资源，并避免因使用了相关核心技术而产生诉讼障碍。

王惠东和王森（2014）对创新联盟合作初期的知识产权投入价值

认定冲突，创新联盟中期关于知识产权标准、投入程度等冲突，创新联盟后期关于知识产权归属、利益分配、损失承担等冲突问题进行了分类归属和对策研究，并分别从契约控制机制、利益分配机制以及知识产权评估机制等方面对创新联盟各个时期提出了建设性建议。

三 知识转移与共享的角度

由于大学是重要的知识来源方，创新战略联盟中的企业方获得了创新支持和利用外部学术研究的重要机会。然而，产学研联盟合作与其他企业的知识密集型合作不同，联盟各方为了将新的知识产权在联盟内部主体间顺利流通转移，降低了产生机会主义行为的风险，互惠互利的产学研联盟需要合理的管理机制。Daellenbach 和 Davenport（2004）将组织公正的概念与诚信类别相联系，构建以与联盟谈判和合作伙伴搜索为重点的模型，并以机器人行业为重点考察对象，进行产学研联盟案例研究。Daellenbach 和 Davenport（2004）认为稳定发展产学研联盟具有必要前提，即相互独立的联盟成员之间须共享一系列共同的合作目标，以确保利益被合理分配，并分别让具有核心资源的联盟成员持续地为联盟做出贡献。

由于学界未曾对治理机制、知识共享（共生性、学习等）和产学研联盟共同目标的实现的影响进行深层次的探讨，Clauss（2017）检验了相关的关系，指出联盟内部的知识共享深受关系治理的积极影响，而校企合作的知识共享受交易治理的消极影响，主要特征表现为共生性受知识组合的积极影响以及学习受共同目标实现的消极影响。

Delerue 和 Hélène（2018）则以经典的博弈论为理论基础，考察了中小企业决策使用联合专利与合作属性的影响，研究结果表示，确保创新战略联盟合作持续稳定的有效方法是在创新成果实现期间，联盟各主体间必须共享新的知识产权。

曹霞等（2016）在通过文献萃取方法发掘产学研联盟稳定程度的

影响因素方面寻求突破口，并分析产学研联盟稳定性和影响因素的关系，运用 BA 无标度理论、演化博弈理论和经济学理论研究了学研方和企业方的相关知识转移效率和流通速度对产学研联盟稳定性的影响。

第四节　文献述评

尽管国内外学者对于创新战略联盟的稳定性、创新联盟知识产权冲突问题以及创新联盟稳定性与知识产权问题结合方面的研究已经取得了不少有价值的成果，但具体从产学研协同创新联盟这一特殊创新联盟的知识产权冲突和产学研联盟稳定性的互相影响机制及二者同时有效解决的方面，尚未有系统的研究来分析相关问题，因此，在以下几个方面可以进一步深入研究和探索。

第一，产学研协同创新联盟知识产权合作多主体异质性和联盟协同稳定性的矛盾。

创新战略联盟的研发合作及技术转化模式是实现产学研高度融合的较好形式，但由于产学研联盟参与方的主体异质性，也存在多主体间研发能力和市场化能力差别大、信息不对称程度大的问题，进而各主体对知识产权形成过程及转化过程的认知不同，知识产权边界模糊，导致联盟合作运行中在知识产权方面存在广泛分歧和冲突。现有知识产权冲突解决机制设计的文献大多聚焦于技术创新联盟的同质性主体合作方面，缺少关于异质性主体不对称的产学研合作行为的研究，对产学研多主体的谈判话语权不同、利益导向不同等不对称特征对合作知识产权冲突发生的影响，产学研创新联盟协同性及稳定性提升等关联问题的关注和研究较为缺乏，需要在产学研异质性视角下进行深入研究。

第二，产学研协同创新联盟稳定性和知识产权冲突解决的互动机制从微观、中观到宏观的系统化视角研究。

现有文献从创新联盟或产学研联盟的稳定性的微观机制进行了诸多研究，并提出了相应的对策建议。然而对于创新联盟，尤其是产学研联盟而言,其知识产权冲突解决从微观层面、中观层面到宏观层面的系统稳定性机制尚缺乏研究。微观层面的知识产权冲突表现为异质性主体的不对称信息和行为带来的冲突,对正式契约机制设计和非正式机制设计尚需进一步研究。中观层面在于产学研协同创新联盟所依赖或辐射的区域层面和行业层面,这一层面的产学研合作如何形成有效的协同创新合作机制,如何从缓解和避免中观层面的知识产权冲突视角着手,以知识产权合作为切入点,带动中观层面的知识产权资源与要素的配置优化,最终形成联盟有效的知识产权协作机制,并使联盟在中观层面实现内在稳定,打通宏观层面和微观层面的中观通道,需要进行相关视域的研究。宏观层面在于对国家和地方政府的政策法规的系统研究,在关系到知识产权冲突的关键领域和关键环节,国家和地方政府的政策和法律有没有缺位,有没有匹配,如何系统运用政策和法律的权威作用和杠杆作用解决知识产权冲突的痛点问题,也是接下来需要进一步研究的问题。

第三,面向产学研协同创新联盟稳定性的知识产权冲突原因提炼及冲突管理应用的理论和实践的双向融合。

已有研究主要集中在产学研知识产权冲突的阶段、类别方面,较少系统分析产学研知识产权冲突的发生机理及由此带来的知识产权冲突属性和相应解决机制的不同。在产学研协同创新实践中,合作破裂的直接原因急需观察和提炼,从产学研知识产权合作破裂的具体案例提取冲突驱动因子,找出驱动因子从出现到冲突爆发的传导机制,分析产学研协同创新联盟的初始阶段、过程阶段再到后期阶段的知识产权冲突原因,并从知识产权冲突发生的内在机理的全链条进行管理,使知识产权冲突的解决可以紧扣实践环节,从实践上升到理论。在此基础上,进一步将理论运用于实践,经由理论得到的产学研自组织稳定性模型,在指标的选取上如何更多地考虑机制含义及应用意义,评估产学研联盟的自组织稳定性,找到实践中影响产学研联盟稳定性的知识产权冲突管理机制因素,以更好地进行产学研协同创新联盟知识产权冲突管理，增强联盟运行稳定性，实现理论和实践的双向融合，也是在进一步的研究中需要考虑的问题。

本书拟从以上方面进行研究和探索。

第五节　核心概念界定

在文献回顾的基础上，本书根据产学研协同创新联盟稳定性的知识产权冲突问题为研究背景，进一步结合学者的相关定义和前述文献述评，明确本书的研究对象，对本书的关键核心概念"产学研协同创新联盟""产学研协同创新联盟稳定性"以及"产学研协同创新联盟知识产权冲突"进行界定。

一　产学研协同创新联盟的定义

产学研协同创新联盟在已有文献中的定义各有侧重，刘云龙和李世佼（2012）指出，产学研联盟的基础在于风险共担、利益共享以及拥有良好的机制保障合作的全过程，以提高联盟共同抵御风险的能力，促进联盟契约合作关系改善，并发挥产学研合作各方的协同互补效应。李新男（2007）从要素组成、组织形态、运行机制、主要任务四个方面对产学研创新联盟的内涵进行了定义。谢惠加（2014）认为，产学研协同创新联盟以契约为确定各合作主体的权利义务关系的基础，并构成其重要特征。孙东川和叶飞（2001）指出了创新动态联盟的松散性特征。于娟（2016）指出了产学研联盟的开放性和复杂性。周志太（2013）指出协同创新和一般合作创新不同，其目的是追求协同效应，其实质是促进创新因素的整合和扩展以及功能的倍增，其行动机制是每个资源元素的特定属性之间的协同作用，即要素属性之间的协调，并将系统导向有序发展状态，加强系统的整体功能，进而创造协同效应。根据以上学术观点及本书的研究背景，本书将产学研协同创新联盟定义为具备共同合作目标，以主体异质性、资源互补性、优势互利性的协同合作为特征，以契约规范各方权利义务，以包含市场机制、政府机制、正式机制与非正式机制等多种机制有机结合的，具备微观不对称性，中观网络性、半松散性，宏观开放性的创新合作组织。

二 产学研协同创新联盟稳定性的定义

产学研协同创新联盟是联盟的特殊形式，其稳定性问题也是联盟稳定性问题的一种。关于联盟稳定性的定义，Jiang 等（2008）认为联盟的稳定性是指合作伙伴收益与风险共同承担，以使联盟得以运行和发展。曾德明等（2015）指出联盟稳定性意味着联盟伙伴之间能保持良好的合作关系，并能随联盟的自身发展和外界环境变化保持动态均衡。于娟（2016）认为产学研联盟具有自组织特性，其稳定性可以在自组织条件下有两种含义：一种是复原初始的状态，另一种是稳定状态被打破后走向新稳定的状态，指出产学研联盟稳定性具有生态属性和系统属性。综上所述，本书将产学研协同创新联盟稳定性定义为产学研合作主体能持续进行知识产权和技术合作，以共同利益为目标进行长期共同行动，并能通过解决知识产权冲突，获得微观、中观和宏观联盟协同机制的优化，适应内外部环境变化，最终实现自组织、自运行的系统稳定状态。

三 产学研协同创新联盟知识产权冲突的定义

由于产学研协同创新联盟有共同的利益导向，故而利益成为产学研协同各方合作的驱动动因，但由于利益异质性在产学研联盟合作中的特殊性和重要性，产学研联盟往往比其他创新联盟合作形式出现更多利益纷争，从而导致联盟合作的破裂，最终影响到联盟的稳定性。知识产权冲突是指产学研合作中资源和利益的配置冲突，是产学研合作中最突出的障碍（董静等，2008），是产学研联盟各方利益矛盾的焦点（周竺和黄瑞华，2004），本书将其在管理学意义上定义为产学研联盟主体在协同创新知识产权的形成与转化中的不合作、不作为、背叛及其他破坏产学研联盟知识产权合作的行为。知识产权冲突是异质性多主体产学研创新联盟合作过程中产生的大量纠纷和矛盾的源头，在知识产权投入、共享、成本分担、成果转化、利益分配等环节存在巨大的谈判和合作破裂的或有风险，必然危及产学研联盟的持续稳定发展。由政府直接主导的产学研联盟，在政府信誉作为担保的条件下，知识产权冲突被相对弱化和忽略了，而在政府由直接主导转为间接参与，进而在市场化机制的条件下，产学研协同创新联盟要形成自运行、自组织的联盟体系，并持续稳定地在市场环境中运行下去，完善的知识产权冲突管理机制亟待建立，这一机制将考虑市场机制和政府机制的结合，为产学研协同创新联盟提供核心动力和根本保障，直接关乎产学研协同创新战略联盟的建立、运行和稳定存续。因此，本书旨在研究增强产学研协同创新联盟稳定性的知识产权冲突管理机制的问题，并力争形成可推广的协同创新机制、政策和法规建议，从微观、中观和宏观上增强创新的基础。

第三章　日美欧相关制度经验借鉴

第二次世界大战以后，日美欧等国家和地区意识到把学术研究作为促进国家经济发展的重要战略对于保持经济发展的重要意义，因此加大了对学研机构学术研究和转化的投入和关注，加强了对产学研等联盟的合作促进机制的构建与推广，故日美欧产学研联盟合作在知识产权转化主体、转化模式、法律体系的探索和实践方面取得了很大的成果和瞩目成就。据此，本书选择日本、美国、欧盟这三个反映高技术水平的三方专利族的发起国与地区，借鉴以上国家和地区相应历史时期的知识产权相关法律法规以及政策制度对上述国家和地区的产学研协同创新知识产权合作产生有效的激励。

第一节　政府主导的日本模式

长期以来，日本政府在国家经济发展中具有举足轻重的地位，而日本创新政策的成功也恰恰得益于政府的指导性作用。

一　保护产学研结合创新成果的知识产权政策

首先，日本政府极度重视知识产权战略，并将其提升为国家层面的战略方针。在2002年后不到一年的时间里，日本政府颁布《知识产权战略大纲》和《知识产权基本法》，提出"知识产权立国"的方针。日本在知识产权的创造、应用、管理等方面建立了完善和科学的维护机制，从"贸易立国"到"技术立国"再到"知识产权立国"，实现了科技战略升级"三级跳"的创举，奠定了知识产权战略的框架和基础，促进了国家经济的发展。2003年2月，日本内阁宣布成立由首相亲自领导的知识产权战略部门，其任务为协调并督促各个相关省厅实施国家的"知识产权立国"战略。2003年，知识产权战略本部制定了日本历史上第一个《知识产权战略推进计划》，在接下来的两年，第二、第三个《知识产权战略推进计划》也相继问世。由此，一个由知识产权保护、知识产权创造、人才培养、提高国民知识产权意识和知识产权应用五大部分组成的、完善的知识产权整体战略体系正式形成（李恒，2009）。

日本政府也深知知识产权归属问题是影响国家技术创新与技术转移的关键性问题之一。因此，为了激励产学研相结合的技术创新，日本采取了下放由政府资助的研究成果形成的知识产权归属权的措施。日本在1999年颁布《产业活力再生特别措施法》。《产业活力再生特别措施法》大力修改了高校发明专利权归属的原则，规定受特殊法人和国家委托的研究开发所得成果及知识产权可以归属于受托人。2002年日本颁布的《日本知识产权战略大纲》更是规定取消上述条款中关于特殊情况的规定，将该条款适用于一切日本国内委托研究开发的预算项目。日本在2004年修订已有的《日本专利法》，重新规定职务发明专利的原始权属于发明人，雇主可以自动享有非独占的实施权，当雇员将职务发明专利权转让给雇主时，发明人有权从雇主处要求合理的报酬。这一规定激励了雇员，让他们具有极高的积极性和责任感。

二　完善知识产权中介服务体系建设的政策措施

知识产权中介机构是指以专业知识、专门技能为基础，以收集、整合、传播知识和信息为手段，以建立各创新主体和创新要素的紧密联系、促进技术创新活动为目标，以生产力促进中心、科技企业孵化器、知识产权咨询和评估机构、知识产权交易机构、创业投资服务机构等为主要表现形式的中介服务机构。知识产权中介机构是科技中介服务体系的重要组成部分，能够搭建起连接企业、高等学校、政府和市场的桥梁，提高技术转移效率。各国政府大都采取了积极扶持、发展知识产权中介机构的政策措施，为企业的技术创新提供服务，并在功能上使知识产权中介机构日趋完善，使其成为促进产学研结合创新的有效工具。

第二次世界大战以后，实施了"科学技术创造立国"战略的日本，迅速崛起成为世界第二大经济科技强国，仅次于美国。其中，最重要的一点是建立了符合日本国情的特殊知识产权中介服务体系。在这个颇具日本特色的科技中介服务体系中，最引人注目的是日本的技术转移机构（TLO）。日本的技术转移机构建设主要有以下经验值得借鉴：一是支持TLO向企业派遣技术转移专家和专利流通顾问，建立人才流动制度；二是设立国家级的技术转移机构，规定由文部科学大臣和经济产业大臣共同批准的TLO，才可获得官方政策的支持，将技术转移机构做大做强；三是被批准的TLO可以无偿使用国有设施和大学设施，有效地整合科技资源，增强技术转移机构促进产学研协同创新的能力；四是由"独立行政法人中小企业基础建设机构"为TLO提供债务担保，解决了技术转移机构运行的资金来源问题；五是要求国立大学向被批准的TLO出资，进一步加大对技术转移机构的资金支持力度；六是允许被批准的TLO向技术转移的接受方提供支持，拓宽技术转移机构的服务范围，为新型技术转移机构的出现提供条件；七是对于国家批准的TLO实施的年专利费和专利审查申请费减半。以上的知识产权中介服务体系政策措施，极大地推动了日本官产学联盟合作的发展，日本的研究方和企业方委托研究的数量大幅增加，从以往企业针对大学教职员工的"交往型"产学结合向"以契约为基础"的高透明度产学研制度结合转变。

三 政府引领的产学创新人才培养与流动政策

在日本，科研机构主要集中为国立科研机构，指政府直属的科研机构或国立大学附属的科研机构，它们的资金投入和科研方向都深深地受到日本政府自身直接或间接的影响。日本通产省和科技厅在 1981 年确立了官产学"三位一体"且以人为中心的流动科研体制。1982 年，日本学术振兴会成立了"研究开发专门委员会"和"综合研究联络会议"，旨在激励社会与学术研究相结合。1983 年以后，日本建立了企业与大学开展共同研究的科研制度，促进产业界与高校相结合。1986 年，日本加大鼓励国立研究机构的研究人员到企业参加共同研究的政策投入，建立了"官民特定共同研究制度"，日本国立研究机构的设施被允许向企业研究人员开放。2003 年，日本经济产业省推出了"高级专业人才育成事业"计划，该计划主要是在大学和产业界之间建立伙伴关系，目的是开发培养技术、经营、生物、环境等重点领域人才的必要课程的教学模式，通过产学结合的方式培养国家高级专业人才。

四 深化科技行政体制改革政策

日本的产学研科技创新路程深受政府的影响，同时日本政府对其自身科技行政体制改革始终持有开放态度。1999 年日本国会颁布《中央省厅改革基本法》，对政府运行体制进行一系列改革，而政府的科技体制改革也作为其中的一部分展开。改革涵盖许多方面，其一，设立综合科学技术会议。会议目的是帮助确立高于任何政府部门立场的科技宏观政策大方针，以降低科技政策的风险。值得一提的是，各届会议成员都至少有两名企业代表和两名高校代表，增加产学研层面的话语权，进一步达成会议目的。其二，设立文部科学省。日本政府将原文部省和科技厅合并，成立文部科学省，旨在改善大学和研究所的科研条件，促进相关主体的合作，推动官产学研各界联合，深受日本科技界欢迎。其三，独立法人化。通过通、废、合的手段在一定法律基础上确立国家若干个科技法人，在保证科研主体受政府引导的前提下，给予各个科技主体充分的自由度。其四，政策评价。日本政府要求各部门需定期对其管辖范围内的科技绩效基于多元视角进行自我评价，并将结果递交总务省以保证其评价的客观性和严谨性。而日本相关科技部门会基于评价重新评估并颁布政策，保证政府对产学研的引导在最有效的方式下推进。

第二节 立法主导的美国模式

1862年，美国颁布 Morrill 法案（《莫里尔法案》，Morrill Act），该法案明文规定，受赠土地的高校必须履行教育该地区农业和机械业相关从业者的义务，保证当地相关人力资源具备一定的生产力。该法案的颁布不仅意味着产学研合作模式在世界舞台初现雏形，也标志着美国以立法为主导的产学研模式正式拉开序幕。第二次世界大战以后，注重技术投入的美国在高校科研成果产业化领域取得了举世瞩目的成就，而这样的成果离不开美国趋于完善的高校知识产权产业化法律政策体系和其对相关法律及政策的大力推广。

一 保障产学研知识产权成果转化的政府采购相关法案

政府采购是扩大科技投入、推动高新技术知识产权成果产业化的重要政策措施。美国是最早采取政府采购政策的国家之一，也是世界上通过采用政府技术采购来扶持和推动技术创新的最成功的范例。美国政府采购政策大都以法律的形式加以确定，与政府采购相关的法律法案达4000多个。早在1761年美国政府就颁布了《联邦政府采购法》，2001—2002 年美国时隔 200 多年更新了《联邦政府采购法》，2004 年美国政府又对其做了补充，几番修改后《联邦政府采购法》长达 2230 页，内容丰富，涵盖几乎所有领域。1933 年美国出台了《购买美国产品法》，虽然该法已有 80 多年的历史，未进行过实质性的修改，但美国政府对本国产品，尤其是高新技术产品的高份额政府采购政策依旧是其支持高新技术产业发展的有效手段。以美国的集成电路行业为例，1960 年集成电路产品问世之初，100% 的集成电路产品由联邦政府购买，到了 1968 年联邦政府对集成电路产品的购买量占比仍高达 37%。1980 年通过的《专利和商标修正法案》明确规定，由联邦政府订立的科技合作项目，如果在约定时间内完成知识产权商业化转换，则该项目的知识产权由高校和研究院所拥有；如果不能在规定时间内转化，则该产权归属于政府。此法案不仅大大缩减了知识产权商业化转化的时间跨度，还明确了政府采购模式的利益分配，一举两得。类似的法案还有美国的《联邦采购条例》，规定联邦政府采购的合同金额的 23% 必须分配给中小企业，把中小企业的发展视为促进经济持续增长和科技成果产业化的重要社会力量，通过鼓励小企业推动创新研究项目来支持中小企业的发展。中小企业局与联邦采购政策办公室还制定了一系列相关政策措施，包括中小企业拥有获得 10 万美元以下的政府采购合同的更高优先级，并给予一定的价格优惠，其中中型企业获得的价格优惠幅度在 6% 以下，小型企业获得的优惠幅度在 12% 以下，而大型企业的大型合同的 25% 要分包给其他中小企业等。

二 促进产学研合作创新科技投入的相关法案

产学研模式包括研发、技术转移与知识产权成果市场化等多个阶段，尤其是研发阶段需要大量的投入，然而由于研发阶段风险与收益的不确定性，产学研结合创新的来源不能完全依赖市场机制进行调节，在很大程度上要依靠政策支持。重视对研发阶段的科技投入并保持稳定的增长率是美国科技投入法案的重要特点。

由于时代的局限性，产学研合作在 Morrill 法案颁布后的很长一段时间都仅仅局限于农业和机械业，不仅如此，其各个主体之间缔结的合作关系也乏于创新，因此，相关的法律政策并未有很明显的发展。第二次世界大战后的美国逐渐认识到了科技对于国家发展的重要性，颁布了一系列与科技相关的法案，其中 1950 年的《国家科学基金法》最具典型性，杜鲁门政府根据该法建立了国家科学基金会，为美国科学基金的来源和管理创造了法律环境，保证了投入的持续稳定增长，为美国形成现代产学研协同创新模式的技术创新体系打下了基础。1988 年美国制定了《综合贸易和竞争法》，并通过实施"先进技术计划"为企业或者企业与科研机构的联合体提供强有力的资金，推动科技成果的应用研究与产业化。正是因为重视科技投入，保持科技投入稳定增长的立法措施使美国的科技研究与开发投资规模在绝对额上一直占世界首位，这造就了美国强大的基础研究能力。美国州政府也非常重视对大学与产业合作研究的大力支持和鼓励。以加州大学"大学合作研究计划项目"为例，自该项目启动以来，每年都可以从加州大学和加州州政府获得高额资金资助，以投入科技研究。

与此同时，通过政府立法进行科技投入的引导建立起社会集资、银行融资、风险投资等多元化的科技投入体系，该体系充分调动了美国高等院校与企业等创新主体参与创新的主动性和积极性。1958 年《小型商业投资法》问世，该法虽未直接关联科技投资和产学研合作，但其对小型投资的保障鼓励了一系列投资公司落脚硅谷、斯坦福大学、麻省理工学院等美国科技重地，通过降低产学研合作的风险，吸引大量资金，间接填补了当时产学研知识产权合作市场的资金空缺。1988 年，美国更是颁布了《国家合作研究法》，帮助美国产学研创新摆脱了《反垄断法》的制约。《国家合作研究法》规定，美国的技术创新联盟若在反垄断法案中败诉，只用赔偿原定法案赔偿金额的三分之一，进一步降低了产学研合作的风险，打通了产学研联盟合作的渠道，为高等院校和企业的知识产权技术合作提供了良好的环境。据统计，20世纪80年代初，政府投入在产学研联盟的企业研发经费总支出中高于企业自主投入的经费，而经过一段时期的培养，美国企业的自主创新能力得到了很大的提高。1980年以后，美国企业的研发经费中来自政府投入的比例逐渐降低，而且政府投入资本的稍微增加就会导致企业自主投资经费的倍数增长。政府投资的引导作用被大幅放大且日趋显现。到2005年，美国的企业研发经费中政府投入的比例只有不到10%。

三　激励产学研合作创新的税收相关法案

和政府科技投入一样，对产学研合作研发产品的直接或间接的税收优惠也在资金上给产学研联盟带来了激励作用。美国的税法规定，企业委托科研机构或大学进行基础性研究，根据合同所支付的研究费用数额确定，数额的65%可从所得税中抵免。与此同时，对新产品的中间试验产品的费用可以给予免税优惠政策。1981年的《经济复兴税法》规定企业向高等院校和研究型非营利机构捐赠的科研新设备、仪器等，可作为慈善捐赠支出，在报税时得以扣除。1982年颁布的《小企业发展法》维持了美国将近30多年的低企业所得税。在风险投资方面，美国采取对风险投资额的60%免除征税，其余40%减半征收所得税的措施，使长期资本收益税的最高税率从49%下降到20%。1993年又进一步强化了税收减免政策，如提出将税收优惠法案延伸以适用于现有产品制造工艺的研究开发，宣布研究开发的税收减免政策永久化，对新研究开发财团头两年再减税10%，由企业主持的学术研究再附加25%的税收减免优惠，等等。

四　支持知识产权中介服务机构发展的相关法案

美国是目前知识产权中介服务业最先进的发达国家，知识产权中介机构专业化程度高，组织形式多样。美国的知识产权中介机构十分多元，有官方组织如美国小企业管理局、具有半官方性质的协会和联盟组织如旧金山湾区科技联盟、高科技企业孵化器如全企网络公司、相关特定领域的专业服务机构如圣荷西市软件发展中心以及产学研合作中的高校内设的技术转移办公室等多种形式。美国对发展知识产权中介机构的扶持主要体现为四个方面：一是通过对非营利知识产权中介机构的政策优惠鼓励其发展。在美国，由于大多数的知识产权中介机构属于非营利机构，它们能享受政府对非营利机构提供的一系列政策优惠，尽管这种政策优惠不是专门针对知识产权中介机构的。二是立法的促进作用，以《史蒂文森－威德勒技术创新法》和《拜杜法案》为代表的一系列促进知识产权成果转移的法律、法案极大地推动了大学科技和知识产权中介机构的发展。许多大学的知识产权成果转移积极性得到了极大的提升，纷纷建立了技术许可办公室以及商标等知识产权许可办公室，以推动大学知识产权向企业转移。三是对从业人员资格的严格限制。美国政府通过资格审查和年度注册登记等措施保障从业人员的素质。四是直接资助建立国家科技与知识产权中介机构。美国政府认为，科技信息传播是公共性的事业，能使全社会受益，同时其直接商业价值不明显，因此需要得到政府帮助，为此成立了国家技术转让中心和联邦实验室技术转让联合体。

第三节　市场化导向的欧盟模式

欧盟国家强调市场竞争，与日本和美国不同，欧盟国家的产学研制度并不是意在通过政府干预改变竞争结构和资源的配置，而是着重于提供知识产权市场基础设施，增加相关市场和行业的活力，利用良好的外界环境间接帮助企业克服困难，改善产学研联盟的内部环境，从而促进创新的发展。

一 扶植科技中介机构，提高知识产权市场自由度

科技中介机构，作为国家产学研协同战略中不可或缺的主体，对产学研联盟创新的作用随着其性质的不同而有所不同。如前文所述，日本的科技中介机制主要集中为国家级技术转移机构（TLO），直接受日本政府领导，这样的性质决定其被内化为政府引导国家产学研创新方向职能的实施者。欧盟各国政府与日本政府一样，极力重视对科技中介机构的扶植，而在机制设计思路上与之方向不同，着眼于对中介机构提供无偿援助，减少政府机关对中介机构的负担，鼓励科技中介机构自主发展，以促进产学研各方的结合，让科技中介机构代理政府职能，成为连接政府与企业的桥梁，对企业项目进行评估、监管，给予知识产权市场更多的自由度。

以英国为例，英国政府在推动产学研结合创新的过程中充分利用、有效借助科技中介机构的力量。2000年，英国贸工部建立小企业服务局，该局专门为中小企业提供科技中介服务。为了进一步推动中介机构的发展，英国政府还设置了伦敦技术网络等区域性创新中介机构，构建全新的区域技术交流网络以推进产学研的结合与创新。实际上，英国政府并没有为科技中介机构制定专门的特殊政策，英国科技中介机构基本上都具有非营利和小公司性质，所以，政府为小企业和非营利机构制定的一系列扶持性政策均适用于科技中介机构，这大大增强了科技中介机构服务区域产学研合作创新的能力。德国政府则实行了科研机构自治管理制度，在政府宏观政策的引导下，鼓励各类科技中介机构基于国家战略、市场环境和自身条件确定研究方向，明确自身定位，同时给予各机构最大限度的自治权，除了国家重点研究项目，所有科研中介机构的人事安排、科研选题、行政管理均不受德国政府干预。

二 引入第三方咨询机构监督，增加知识产权市场透明度

20世纪80年代初，英国实施的科技决策咨询制度是英国推动产学研创新发展战略最为重要的举措之一。英国贸工部要求所有的项目申请报告和科技政策必须包括目标、理论依据、评估、评价和检查等项目因素，其中该评估过程必须由独立的咨询机构来完成。同时，英国政府要求项目计划和科技政策的决策与咨询过程必须拥有高度的透明度，并以招标中标的方式完成各项咨询任务的投标。该项政策为科技咨询机构开辟了极大的生存空间，推动了科技咨询机构的发展，也精简了政府的职能，降低了行政成本。不仅如此，它还保障了知识产权市场的透明性，提高了项目审批和决策的公正性。此外，从中观角度看，英国还建立起几十个由大型企业与高校或科研机构联合的跨学科研究中心和工程研究中心，旨在加强工业界的竞争力。这些大型产学研联盟极大地促进了产学研以市场的方式走向结合与创新，大大提高了国家各个创新主体的自主创新能力，而由于科技决策咨询制度的存在，各个产学研联盟合作过程的知识产权合作透明度较高，增加了产学研彼此的信任度，进一步助推了产学研创新合作，同时也降低了产学研联盟因知识产权冲突而合作破裂的风险。

三 建立知识系统数据库与信息网

通过建立数据库和信息交互网，知识产权市场各大主体的科研条件和科研主要方向都可以开诚布公，各个有需求的企业、中介机构可以更有效率地完成合作伙伴配对，减少知识产权合作各方在合作期间因需求和认知的不同出现知识产权冲突的可能。丹麦政府为了扩大地区知识交流，建立高校方和企业方的紧密联系，开始搭建基于互联网的大数据知识门户网站，提供进入知识系统相关数据库以及网站的专

门入口，向包括知识研究机构在内的公众提供相关的知识研究系统进展等信息服务。该入口最初集中涵盖丹麦全域的知识系统的全面信息，不久之后又被扩展到包括以欧洲为主的国外有关知识机构和知识系统的相关资源，最终向丹麦的企业界提供诸如研究人员、研究环境、联系方式、研究领域等方面的信息，以便企业项目管理者查询和交流。此外，丹麦政府还在纳米技术、生物技术和信息技术等领域建立了大量知识网络平台，以推进授权技术服务机构、知识研究机构、大学以及其他研究和教育机构和企业之间的紧密合作。德国政府亦建设了产学研联动网。在德国，企业和其他非营利性组织（如马普学会、莱布尼茨学会）与全德国境内近300所高校和科研中介机构织构成了一张互联科研网，而在此科研网内所有的科研成果都向大众公开，由公众享有。

四 注重产学研知识产权的转化与执行环节的推动

欧盟地区主要通过各种智库的研究报告和政策建议促进产学研合作知识产权成果的执行与转化。1999年，以联邦德国的国防大学乌尔里希教授为首的专家委员会向联邦德国教育暨科技部呈递了"受国家资助的企业或科研机构的研究与开发成果的获得、保护、实施与许可"的建议，提出关于政府、高校、科技界与企业界多方进行利益平衡的政策建议，即修订受资助研究成果的归属与使用的内涵规则，将研究成果的产生与该创新成果的产业化结合并形成纽带。1999年9月专家工作组为欧洲委员会起草的《在科技政策背景下的知识产权的战略重要性》深入分析了欧洲地区公共资金对科技产业支持的必要性，提到了具有极高商业潜力的基础研究知识产权产业化问题，并提出了策略选择。欧盟为了鼓励地区研究机构获得研究项目的所有权，专家委员会提交了《公共研究机构专利和许可》，该文件建议对含有公共资金投资的研究项目中知识产权所有权管理问题的政策和法律进行审核，消解产学研结合创新过程中的障碍，聚焦于将法律框架内知识产权的所有权转向执行机构。

五 发挥中小企业及行业协会的纽带作用

德国虽然没有在联邦一级中设立小企业专门的立法，但在各州包括新建的联邦州都有相关的《中小企业促进法》，在促进各州中小企业的技术创新和地区经济发展方面发挥了重要作用。通过建立和完善中小企业市场化体系，包括信息咨询、财政税收、社会保障、人才培训、公共基础条件、协调市场关系等，引导经营性、商业性的事业机构参与支持中小企业的发展，发挥联合会、工商会、行业协会作为政府与企业的创新纽带作用，加强大学、企业、政府、金融机构、工商会等产学研联盟的盟员关系。

芬兰政府制定的政策、措施着重考虑如何使中小企业获得更多收益。芬兰的大企业通过与受政府大力资助的大学和研究所合作，与富有创新力和活力的中小企业合作或者战略性兼并，增强大型技术企业和科技型中小企业自身的市场竞争实力和创新能力。

第四节 日美欧促进产学研协同创新和知识产权合作共同经验

第一，各有侧重又共同运用政府、立法及市场的机制保障产学研协同创新和知识产权合作。

日美欧促进产学研协同创新和知识产权合作的调节机制各有侧重，如前所述，日本机制设计重在强调政府的规划和引导作用，从战略层面对产学研协同及知识产权合作在国家发展中的核心地位进行国家层面的布局和推动，以国家之力推动知识产权战略的实施，并在政策配套、政策执行、政策评价上进行全方位的顶层设计，从上至下推广和实施国家战略和国家政策，为产学研协同创新和知识产权合作提供最大助力；美国强调运用立法来激发产学研协同创新和知识产权合作的动力，不断通过国家立法为产学研协同合作和知识产权成果转化扫清法律障碍，提供法律保障，解决产学研合作各主体的后顾之忧，在各主体中产生内在协同合作的动力，其产学研联盟内部和知识产权合作的权利义务受法律保护和调节；欧盟的机制设计重在打造产学研协同和知识产权合作的市场生态，在促进产学研协同创新和知识产权合作中，注重杠杆调节，着力提高市场自由度、透明度，建设知识产权合作软硬件基础设施，为产学研知识产权合作创新创造土壤与环境。日美欧三种机制共同重视科技中介主体在国家创新体系中的协调和协同作用，着力发挥其核心作用，并将知识产权中介服务体系在产学研知识产权合作中的引入和建设提到战略高度的关键位置，从各自的角度对知识产权中介主体和产学研知识产权协同创新的耦合进行了激励机制的设计和保障。日美欧三种机制共同重视政府、立法和市场三个方面的协调共振，从日本的《产业活力再生特别措施法》的颁布和实施，美国最发达的、专业化程度最高的科技中介服务业，到欧盟成员国政府提供产学研软硬件基础设施，三种模式各有鲜明的特色和侧重，但又同时显示出政府、立法和市场机制的相互支撑和深度融合。

第二，全方位完善知识产权合作的资源配置机制，打造产学研联盟稳定运行的基础环境。

日美欧不同国家通过制定政府政策、颁布相关法案或打造市场机制等方式，明确国家产学研联盟知识产权转化与利益分配在不同情况下的方案，解决知识产权冲突、知识产权成果归属及成果转化执行当中的问题，减少产学研联盟的知识产权冲突的可能性，进一步提高了产学研协同创新联盟的稳定性。在资金方面，明确相关政府职能和科学技术基金的资金的来龙去脉，以法律形式进一步保障产学研知识产权合作的资金来源。在市场环境方面，打造良好的知识产权市场投资环境，通过颁布法案或政策，降低产学研知识产权合作的风险，吸引更多投资者进入知识产权市场。在资源配置方面，引入科技决策咨询制度，建立知识产权市场数据库和信息网，明确各方需求和自身条件，增加市场透明度和知识产权相关主体合作配对的效率，打造利益分配、资金保障、信息流动等方面健全的知识产权资源配置机制，从源头减少产学研联盟合作出现知识产权冲突的诱因，为产学研联盟稳定性的提高提供基础环境。

第三，明确知识产权合作不同主体的定位和作用，促进产学研联盟各方协同合作。

为了促进产学研合作创新快速健康地发展，美国和欧盟相继出台了相关的政府政策和法律法规，实施各种金融财税优惠政策，产学研市场主体对产学研研究方向有自主选择的自由度，政府作为引路者，引导知识产权市场的走向。而日本政府偏向于成为国家科技战略的关键参与者，设立相关政府部门，直接或间接指导产学研联盟，主导市场走向。日美欧政府定位和市场产学研主体角色的功能性不同。日美欧国家都鼓励大型企业与高校或科研机构结成联合产学研研究中心，增强工业创新力、成果转化力和各产学研创新主体自主创新力。在支持中小企业参与产学研结合创新方面，支持科技型中小企业和科技中介型企业的培育和发展，给予科技型中小企业和科技中介型企业综合立法和政策支持，让它们成为知识产权市场中最活跃的因子，为产学研合作创新的发展营造优良的环境。在人才方面，日美欧国家和组织鼓励创新人才流动、培养产学研技术创新人才等举措在提高知识产权合作参与者素质、实现技术溢出中也扮演着十分关键的角色。通过明确产学研不同主体在国家知识产权战略中的不同作用，有针对性地提出政策支持或者法律保障，明确产学研各方参与知识产权合作的权利、利益、责任、义务，提高产学研合作联盟的协同性和稳定性，减少知识产权冲突产生的可能。

以上日美欧国家和组织促进产学研知识产权合作并使协同创新联

盟稳定运行的共同经验在政府、法律和市场等方面提供了引导工具和方向借鉴，并在产学研多主体激励和知识产权资源优化配置等方面为本书进行促进产学研协同创新联盟稳定运行的知识产权冲突管理机制的研究和后续提出相应对策建议提供了参考借鉴。

第四章 影响产学研协同创新联盟稳定性的知识产权冲突成因分析

第一节 联盟稳定性中的知识产权冲突问题

知识产权是一种不同于动产和不动产所有权的知识财产所有权,其区别于其他财产权利的属性在于其客体的非物质性,同时,知识财产也作为精神内在或客观化的知识体系,具有可认知性和可复制性,能通过一定形式的"表达"取得外部的"定在",由此具备了权利的一般性特征,即客观性,因此也成为权利标的的一种,受到国家法律的尊重和保护(吴汉东,2011)。但也由于知识产权的内容——"知识"的易传播性、无消耗性和无排他性以及知识产权载体的虚置性,决定了知识资源无法以实体控制方式进行保护,从而在上述特性的关联特征上(张耀辉,2011),产生了知识的公共品公用性和私人品求利性的矛盾,知识资产的传播性和独占性之间的矛盾,"搭便车"带来的知识投入不足和知识权利人激励带来的知识生产过度和闲置之间的矛盾,使知识产权的保护和实施有着内生冲突发生的根本来源。

产学研协同创新联盟以产学研合作研发契约为纽带和基础,具有多主体特征、主体异质性特征、协同行动特征、共同利益导向特征,知识产权在其中连接各种资金、人才、信息等基础要素,通过知识的流动与传递,连接从投入到转化的产学研协同创新全过程,最后形成受法律保护的知识产权，以此为法定权属，保障协同创新联盟合作各方的根本权益，体现合作各方的最终合作诉求，是产学研多主体协同创新下的各方资源及利益表达的核心集中载体。然而，也正是因为产学研协同创新联盟的多主体异质性和协同共同利益导向性的潜在矛盾，又由于合作中知识产权保护的仍然是知识和知识资产的流动和汇集，前述三个方面的知识产权保护中的内在矛盾性，在产学研协同创新联盟中的异质性主体和协同利益导向的这一特定矛盾情景中被放大了。由此，产生了知识生产者和知识使用者之间的知识产权冲突，知识生产的抽象性环节和知识转化的实践性环节的冲突，各主体异质性知识产权利益及联盟共同知识产权利益的冲突，并因此触发其他关联资源，即资金、人才、信息等要素合作链条的断裂，导致合作破裂，联盟协同性和稳定性受到破坏，最终走向失败。知识产权冲突构成产学研协同创新联盟稳定性被破坏的核心影响因素。本书基于第二章的关键概念定义和知识产权冲突在产学研协同创新联盟中的特殊性分析，进一步在实践中寻找产学研协同创新联盟知识产权冲突引发联盟稳定性被破坏的真实具体原因，并从不同角度研究、探索、解决及管理产学研协同创新联盟知识产权冲突的方法和路径。

第二节　联盟稳定性破坏的知识产权冲突原因分析

以本书开篇及核心概念定义中提到的诉求为目标，为解决政府在战略退出后的产学研联盟的长期稳定运行问题，本书对产学研合作开发中没有政府直接支持，仅由产学研各方依据技术研发合同而组成的简单产学研协同创新联盟的知识产权冲突的引发原因进行分析，认为这一联盟形式是更为复杂的官产学研用等产学研协同创新联盟的构成原子，也是产学研联盟知识产权冲突的主要关联方，而以技术研发合同为约束和权利义务规范则体现了有着共同的利益目标和合作目的、优势互补、资源互通的产学研协同创新联盟知识产权合作的协同性和联盟性特征。这一分析思路旨在直接寻找在没有政府的信誉作为担保的条件下，由产学研双方自行组成研发联盟进行协同合作时可能产生的知识产权冲突及引发因素。为了直观分析产学研联盟合作过程中的知识产权冲突本身，本书区别于传统以文献和问卷调查为代表的产学研知识产权冲突原因分析方法，选择根据契约结成的产学研简单联盟体的知识产权纠纷的法律案件文书对纠纷本身进行原因的直接提炼。因为已成为法律案件，必然是产学研合作破裂的结果，所以，能直接观察到产学研稳定性受到破坏的知识产权影响因素，有助于对产学研知识产权冲突的引发原因和引发机制产生直观的判断，也能够寻找到更好的角度和素材对应已有的知识产权冲突理论，并有可能从新的视角提炼新的理论，更深入地研究我国产学研创新联盟在合作过程中的知识产权冲突管理问题。

当前学界对产学研联盟中知识产权冲突原因的研究主要着力于三个方面，即从知识产权冲突的表现形式、形成因素和风险点三个方面来描述产学研联盟合作中知识产权冲突的可能原因和引发因素。在知识产权冲突的表现形式方面，章进和赵美珍（2008）认为产学研协同创新联盟知识产权冲突的主要表现是知识产权的归属问题和知识产权的利益分配问题。周竺和黄瑞华（2004）指出联盟关系的破裂往往伴随利益遭受巨大的冲击或联盟出现严重的信任危机等现象。在知识产权冲突的形成因素方面，董静等（2008）通过企业视角进行实证研究，认为产学研知识产权冲突的引发原因主要有四个，即未预见到的意外事件、受利益驱动的故意违背约定、理解不一致以及目标文化差异。在知识产权冲突的风险点方面，王怀祖和黄光辉（2015）将产学研合作中的知识产权风险点划分为产权风险、成果流失风险、侵权风险以及成果实施风险。宋春艳（2016）将产学研合作知识产权共享中存在的冲突风险按阶段分为权利形成过程中以及权利形成后知识产权共享存在的风险。戴勇和林振阳（2018）从管理学角度对知识产权风险进行深入的探索后，提出产学研合作中企业与学研方的知识势差会对知识产权风险产生影响。

目前各界学者在产学研联盟知识产权冲突原因方面虽然已经有了不少有价值的结论,但是不难发现,出于研究方法和研究侧重点的不同,学界关于产学研联盟知识产权冲突的引发原因的结论不尽相同。在研究视角上,已有研究角度包括从契约缔结概念上寻找变量、从知识势差角度寻找影响因素、从企业视角实证研究影响因素等,尚未出现从产学研协同创新联盟知识产权冲突的法律文本进行分析,探究知识产权冲突的影响因素,为后续研究留下空间。本章基于知识产权法律纠纷文本,继续深入探究产学研联盟知识产权冲突的直接引发原因。

一 扎根理论研究方法与数据来源

近十年来,我国产学研协同创新联盟知识产权纠纷案件数量日渐增多,各类知识产权纠纷案件的特点和原因也随着时间的推移趋于多元化。鉴于知识产权纠纷的复杂性,本书通过收集发生在中国的产学研合作联盟知识产权纠纷案件的司法案例文本,采用质化研究(Qualitative Research)方法探索产学研协同创新联盟知识产权纠纷的直接表现及原因。本章以扎根理论(Ground Theory)作为分析技术,扎根理论强调以经验事实为依据,归纳总结原始资料并将其上升为理论,使理论有着实际的用途,可以用来指导人们的实践(陈向明,1999)。作为从足量原始资料中逐层归纳提取核心关键词,从而以概念之间的联系构建适应于所需领域的全新理论的研究方法,它能以归纳的方式对文本本身进行科学规范的研究,从而避免分析过程中的主观推断,得到更公正、更全面的结果(黄萃等,2015)。在本书产学研知识产权纠纷司法案例的搜集中,笔者在我国权威、全面的法律信息检索数据库"北大法宝"中,以"知识产权""专利""公司""企业""大学""研究院""研究所"等为关键字,考虑"产学""产研"两个主体合作为主的简单产学研协同创新联盟形式，以2000—2017年作为时间范围，进行知识产权法律纠纷文本检索，共获得了143份司法案例文本，在剔除了少数与本课题相关性低的司法案件纠纷（如建筑工程合同纠纷、网络传播权纠纷等）以及若干语焉不详的庭外调解和已撤诉案件之后，从中挑选出2/3作为主要文本进行分析，剩余1/3留作理论饱和度检验。

通过对所收集的司法案例文本进行开放式编码（Opening Coding）、主轴编码（Axial Coding）和选择性编码（Selective Coding）三个步骤来探索产学研联盟知识产权合作冲突的影响因素模型。在进行文本比较时，本章沿袭传统的持续比较（Constant Comparison）的分析思路，不断提炼，不断修正，直到达到理论饱和，使用于理论饱和度检验的资料不再对理论构建有新的贡献。

二 范畴提炼

（一）开放式编码

开放式编码即一级编码，是指从原始资料中寻找、标签并登录与研究目标相关的原始语句，再从中提炼初始概念的范畴化过程。为了更加清晰地展现知识产权纠纷内核并减少主观因素的杂入，我们尽量以知识产权纠纷司法案例文本的原本内容逐字逐句登录，以此作为支撑，提炼知识产权冲突原因的原始概念及形成范畴。面对大量且相互交叉的原始语句，本章先将它们无规则打乱以避免"定见"，并从中提炼出近400条原始语句以及与之相关的初始概念，进而对其进行第一次范畴化。

在范畴化的过程中，我们剔除了重复频率少于两次的初始概念（如质疑伙伴审计机构的权威性）、有一定频率但与知识产权冲突相关性不高的初始概念（如质疑初审法院管辖权的合理性）。表4－1反映了得到的初始概念和相关范畴。为节省篇幅，每个范畴仅选择部分原始语句和相应初始概念进行阐释，完整的关于每个范畴的对应原始语句和相应初始概念请见附录一。为隐去案件中涉及的高校、研究院所及公司，本书遵循司法案例文本中的原句，将原句中所涉单位的全称进行简写，将所涉人员姓名都用大写字母代替。

表4-1　　　　　　　开放式编码范畴化（部分）

范畴	原始语句（初始概念）
联盟知识产权技术合格标准认知分歧	E5：FD大学研究开发的设备不合格。上海二中院判决所依据的"现场安装调试结论"不能证明FD大学交付的医用纯水设备的制水已符合USR22美国药典标准，电导率8-10us/cm不是USR22美国药典标准（技术合格标准认知分歧） G10：由于NFYK大学生产工艺不成熟和技术不稳定，未能按约生产出合格的报检样品，致使涉案相关合同无法履行，导致BS公司签订涉案新药技术转让合同的目的无法实现，并造成了严重的经济损失（技术可否投入市场使用的认知分歧） H12：HDLG大学没有完成转让技术中的大部分工作，转交了生产技术工艺资料并不意味着达到了合同要求的指标。HDLG大学主张由我方提交产品不合格的证据是颠倒黑白（技术是否达到标准的证明方式分歧）
联盟知识产权主体信息不对称导致技术欺诈纠纷	F7：HDLG大学将根本不成熟的技术冒充成熟的生产技术向YL公司进行转让，其行为属于以欺诈的手段使YL公司在违背真实意思的情况下与其订立合同（质疑伙伴冒用不成熟技术欺诈） D3：写明的开发内容"微生物发酵法生产衣康酸"技术已申请国家专利，是可以通过市场轻易获得的成熟技术（质疑伙伴利用已成熟技术欺诈） J1：NH材料厂还编造"5.2.2"项使用性能的全部数据（质疑伙伴利用虚假数据）
联盟知识产权交易价格认知冲突	D1：原告虽然已预先支付了人民币九百五十万四千元，但被告DZ研究所为履行本合同已支付的相关费用早已超过了人民币九百五十万四千元，被告也因此遭受了重大经济损失（研发出的知识产权内涵成本已经高出事前约定的转让费导致的知识产权定价分歧） F2：BH大学在《示范项目申请报告》中报称整条工业化生产线的制造成本为3.15亿元，其与QZRF公司据此签订了涉案合同。但BH大学向ZGGYXY高科技集团有限公司（简称XY公司）发包生产线制造项目的总费用仅为1.702亿元，其虚报的技术开发成本金额高达1.448亿元（研发出的知识产权内涵成本远远低于事前转让费导致的知识产权定价认知分歧） E7：今未获批临床研究批准文件，也未说明任何正当理由，严重损害了SDNN制药厂的财产权益。为此，诉请法院判令解除双方签订的技术转让合同，FD大学返还SDNN制药厂技术转让款150万元（对于超出约定时间审批的知识产权定价的认知分歧）

续表

范畴	原始语句（初始概念）
联盟知识产权市场价值认知冲突	L4：在加工制造过程中被告专利技术本身可行性的原因，致使 SZJW 公司无法使用该技术加工制造上述设备，依照约定被告应向原告返还技术使用费 38 万元（生产可行性低的知识产权市场价值的认知分歧） H3：但 JH 公司因经济条件和经营思想变化，从 2003 年 12 月 1 日起，单方要求解除合同，取回生产设备，已构成重大违约。在双方就终止合作、补偿损失问题进行磋商期间，JH 公司派员硬闯基地，而非 NJLG 大学违约（公司经营理念变化后知识产权市场价值认知分歧） Q9：尚有 30 台产品客户要求退货，其余 23 台产品在退货过程中……返还 OSG 公司已付的研发费用 50 万元（市场环境变化后的知识产权市场价值的认知分歧）
联盟知识产权边界模糊导致认知冲突	G4：向原告支付违约金 30 万元、赔偿原告经济损失 30 万元……我方承认申报获奖一事，双方协议约定共享的技术成果并非是高赖氨酸玉米的育种方法，而是用该方法培育的品种，我方并没有自行将品种用于申请专利或获奖（合同契约中知识产权的边界模糊造成价值冲突） N7：判令 GY 大学、MCF 向我公司返还转让费 300 万元，并向我公司支付违约金 30 万元……我方与 GCYD 公司所转让的技术仅包括《技术转让合同》约定的五个实用新型专利权和两个发明专利申请权，不包括其他内容（合同契约中知识产权的边界模糊造成价值冲突）
质疑联盟知识产权合作伙伴所属单位	D1：GFKJ 大学作为 DZ 研究所的开办单位，对 DZ 研究所没有实际投入开办资金和拨付经费，依法应当对 DZ 研究所的债务承担连带责任（质疑研究所和所属高校的合法关系） E4：HN 大学信息技术开发研究所并未经工商登记，亦非 HN 大学的内设机构（质疑研究所和所属高校的合法关系）
质疑联盟伙伴知识产权开发过程未尽其责	M3：HNLG 大学没有依据《项目合作协议》和《项目合作补充协议》约定的时间进度和项目主要内容履行职责（质疑伙伴研发过程未尽其责） D1：被告 DZ 研究所一直未完成设备调试工作，更不用说投产并生产出合格产品（质疑伙伴在研发准备工作未尽责任） K3：被告具体开发糖尿病基础治疗流程。被告未按约启动研究（质疑伙伴未启动项目研究）
质疑联盟伙伴知识产权成果转化过程未尽其责	E2：将该项目的所有实验数据和实验资料对我公司人员实行技术封锁（质疑伙伴进行技术封锁） F6：不履行为 LP 公司培训技术人员（质疑伙伴成果转换环节未进行人员培训支持） J2：HAGY 大学在收取上述费用后，未按合同约定的计划进度完成科研项目的开发并通过验收与技术鉴定，且至今未向 JNT 公司交付科研项目成果（质疑伙伴未按合同约定交付成果）
质疑联盟伙伴擅自利用知识产权牟利	G4：擅自利用双方技术成果向国家知识产权局申请（质疑伙伴擅自申请专利） Q11：原告将被告 GY 大学享有的专利用于申报物联网发展专项资金获利（质疑伙伴擅自利用专利谋取利润） O1：ZN 大学所主张的 GZDY 矿业有限公司泄露技术秘密（质疑伙伴向第三方泄露秘密）

续表

范畴	原始语句（初始概念）
设备配置的低效性导致联盟知识产权合作破裂	F2：其技术没有问题，试验不成功的原因主要是原料浓度不够，其次是仪器设备太差，没有实现合同目的责任应由 JX 公司承担还是 QH 大学承担（资源设备质量低下） Q14：SL 公司未完全按照 SDSF 大学的指导进行关键设备的选择，并有许多设备未购入，生产工艺未全部完成，从而导致建成生产线未能达到年产 600 吨的产量（购置设备的效率低下） L1：对方长期拖欠我方技术转让费和原材料、设备等费用（材料、设备经费无法到账）
资金配置的低效性导致联盟知识产权合作破裂	N3：企业配套经费 80 万元不到位，致使项目样机产业化现场测试实验无法进行（配套经费无法到账） L2：JNT 公司未向聘用人员发放工资，导致其中 7 人离职，直接造成项目研究工作的停滞（工资经费无法到账） H2：被告未按约定支付测试费用 255000 元，且在之后的承诺付款期限内仍未付清相应款项（拖欠测试经费）
材料配置的低效性导致联盟知识产权合作破裂	K2：德国 E 公司承诺的发货期一拖再拖，一直未予发货（采购材料的效率低下） E1：被告诉用巨额资金购买大量原材料并造成损失，是原告缺少经营管理所致，应自担风险，且此原材料系签订合同前购买（原材料的配置效率低下） L1：对方长期拖欠我方技术转让费和原材料、设备等费用（材料、设备经费无法到账）
人员配置的低效性导致联盟知识产权合作破裂	E2：将该项目的所有实验数据和实验资料对我公司人员实行技术封锁（人员学习渠道不畅通） F6：不履行为 LP 公司培训技术人员（人员培训低效率） E1：ZHM 在其后不久便不辞而别，我公司采用各种通信方式，至今仍无回音，其行为违背了技术服务合同，也直接影响了我公司药芯焊丝技术的研究和产品开发（研发过程人员配置低效率）
联盟背景知识产权配置不对等	D3：写明的开发内容"微生物发酵法生产衣康酸"技术已申请国家专利，是可以通过市场轻易获得的成熟技术（背景知识产权信息不对称） D4：美国 ALP 公司已就合同产品提出行政保护申请并进而获得授权，合同已无履行的必要（背景知识产权配置低效率）
非技术原因造成的联盟知识产权合作失败后的责任归属分歧	H6：JH 公司因经济条件和经营思想变化，单方要求解除合同，取回生产设备，已构成重大违约（伙伴经济条件和经营思想转变后的合作失败） N8：SDHH 集团未经依法清算向工商登记部门办理了注销登记，注销时 HHSY 公司保证承担 SDHH 集团的所有债务，WB 公司作为 SDHH 集团的股东、ZZQ 作为 SDHH 集团的实际控制人依法应当对其债务承担清偿责任（伙伴被吊销营业执照导致合作失败） F9：主管领导变动等原因未将我校提供的技术实际投入生产（伙伴管理不善导致合作失败）

续表

范畴	原始语句（初始概念）
由技术原因造成的联盟知识产权合作失败后的责任归属分歧	D1：可见该生产线并不是现成的，乙方（DZ 研究所）的技术要转化为生产力，还有一个过程，也存在一定风险（技术无法转化为生产力的责任归属） P5：科学研究创作是有特殊性的，是有风险的，与一般的合同不同，如果科研失败就由科研单位来承担后果，这对科研单位不公平（技术研发失败的责任归属） L2：JNT 公司负有向 HNGY 大学提供科研项目经费及完成相关辅助性工作义务，不具有承担进行实质性技术开发的义务，HNGY 大学负有承担科研项目的研制、开发并向 JNT 公司交付技术成果的义务（技术责任承担归属分歧）
联盟知识产权合作履约义务认识分歧	E7：双方签订的是《技术开发合同》而不是技术转让合同（合约属性认识不同） D2：被告违反 9.8 合同第三条的约定，无法交付合格的设备……被告已履行主合同的义务，向原告交付了一套制药工艺用纯水处理设备（伙伴义务是否完成认识分歧） F12：HDLG 大学已经依双方合同的约定履行了合同约定的义务（伙伴义务是否完成认识分歧）
拖欠联盟知识产权合同应付费用	N1：被告违反合同约定，没有按期支付技术服务费 27000 元（拖欠技术服务费） I5：质保金，一直未予支付，原告经多次催讨未果，遂向本院提起诉讼（拖欠质保金） M4：约定被告应向原告返还技术使用费 38 万元（拖欠技术使用费）
联盟知识产权合作中个人与组织利益冲突	O12：HBGY 大学只向 FJS、PYT、TXH 三人课题组分期支付了 100 万元技术转让收益的 86%（知识产权合作中学研方未对联盟中个人履行相应的责任） E1：ZHM 在其后不久便不辞而别，我公司采用各种通信方式，至今仍无回音，其行为违背了技术服务合同，也直接影响了我公司药芯焊丝技术的研究和产品开发，阻碍企业的发展，给我公司造成了巨大的经济损失（知识产权合作中个人未对联盟履行相应的责任）

（二）主轴编码

主轴编码即轴心登录，其内核在于从开放式编码得到的范畴中寻找范畴与范畴之间的逻辑含义和逻辑联系，发现并发展其中的主范畴和副范畴。本书在上述范畴基础之上对知识产权冲突的类别进行了相应的归类，归纳出了四个主要类属以及与之相对应的次要类属。表4-2为主轴编码提炼后的主范畴和相应的副范畴及其关系内涵。

表4-2　主轴编码提炼后的主范畴和相应的副范畴及其关系内涵

主范畴	副范畴	关系内涵
知识产权异质性主体认知冲突（技术认知冲突、价值认知冲突）	联盟知识产权技术合格标准认知分歧	产学研协同创新联盟各方对技术合格标准、可否投入市场标准、技术是否达标的证明方式的分歧
	联盟知识产权主体信息不对称导致技术欺诈纠纷	产学研协同创新联盟各方利用各自掌握信息的不对称性，进行数据伪造、技术冒充和销毁数据等不正当行为
	联盟知识产权交易价格认知冲突	产学研协同创新联盟各方对相关知识产权在转让过程中对知识产权本身的定价的认知分歧
	联盟知识产权市场价值认知冲突	产学研协同创新联盟各方对相关知识产权在投入市场过程中对知识产权市场价值的认知分歧
	联盟知识产权边界模糊导致认知冲突	产学研协同创新联盟各方对合作的知识产权的边界认知模糊，造成知识产权合作破裂
知识产权信任冲突（执行行为偏差）	质疑联盟知识产权合作伙伴所属单位	在知识产权合作过程中关于联盟伙伴上层单位的信任危机
	质疑联盟伙伴知识产权开发过程未尽其责	在知识产权合作中关于产学研协同创新联盟各方在准备工作、产品研发等开发过程中的行为是否尽其责任的信任危机
	质疑联盟伙伴知识产权成果转化过程未尽其责	在知识产权合作中关于产学研协同创新联盟各方在技术转移、培训人员等成果转化中的行为是否尽其责任的信任危机
	质疑联盟伙伴擅自利用知识产权牟利	在知识产权合作中质疑产学研协同创新联盟中其他主体单方面擅自申请专利、向第三方泄露产权或利用共有产权擅自申报基金等利用知识产权擅自谋取利益
知识产权资源投入配置冲突（综合保障缺位）	设备配置的低效性导致联盟知识产权合作破裂	关于技术开发所需要的设备低效率的采购与分配、质量低下造成的产学研协同创新联盟知识产权合作分歧
	资金配置的低效性导致联盟知识产权合作破裂	关于技术开发所需要的资金没有及时到位造成的产学研协同创新联盟知识产权合作分歧
	材料配置的低效性导致联盟知识产权合作破裂	关于技术开发所需要的原材料低效率的采购和分配造成的产学研协同创新联盟知识产权合作分歧
	人员配置的低效性导致联盟知识产权合作破裂	关于人力资源（相关人员转移、人员培训）配置的不对等和低效性造成的产学研协同创新联盟知识产权合作分歧

续表

主范畴	副范畴	关系内涵
知识产权资源投入配置冲突（综合保障缺位）	联盟背景知识产权配置不对等	关于背景知识产权等无形资源的配置不对等性造成的产学研协同创新联盟知识产权合作分歧
知识产权成果转化利益冲突（失败后责任归属冲突、联盟最终履约义务认识冲突、成功后利益分配冲突）	非技术原因造成的联盟知识产权合作失败后的责任归属分歧	由于政策变化、产学研协同创新联盟伙伴经营不善、联盟伙伴投资思想转变等非技术因素导致的知识产权合作破裂后的责任归属问题
	由技术原因造成的联盟知识产权合作失败后的责任归属分歧	技术研发失败、技术成果被抢先注册、技术成果无法投入市场等技术原因导致的产学研协同创新联盟知识产权合作破裂后的责任归属问题
	联盟知识产权合作履约义务认识分歧	对于知识产权合作的产学研协同创新联盟契约属性、合作联盟各方最终履约义务范围划分产生分歧
	拖欠联盟知识产权合同应付费用	拖欠应付款项，拖欠遗留存款、拖欠遗留开发经费、拖欠合同规定的其余费用
	联盟知识产权合作中个人与组织利益冲突	产学研协同创新联盟中个人出于个人利益，不履行联盟要求其应当履行的义务，影响知识产权合作的推进；或者联盟特定主体出于主体利益，不给予联盟中个人约定的报酬

从表4-2的主轴编码中可以看到，产学研简单协同创新联盟合作破裂的知识产权冲突原因可以分为知识产权异质性主体认知冲突（技术认知冲突、价值认知冲突）、知识产权信任冲突（执行行为偏差）、知识产权资源投入配置冲突（综合保障缺位）、知识产权成果转化利益冲突（失败后责任归属冲突、联盟最终履约义务认识冲突、成功后利益分配冲突）。这四个冲突共同的驱动因素都是来自产学研合作的主体异质性，异质性合作面临资源信息、技术信息、市场信息及其他合作信息不对称的联盟条件；知识产权合作缔约异质性各方存在的可能的逆向选择和道德风险等。相关研究显示，产学研主体异质性会给产学研协同创新联盟合作带来比企业间创新合作更大的破裂风险，基于共同理解和共同意图的合作只对企业间合作产生影响，而对产学研

合作没有产生显著影响（林筠等，2011），这表明产学研协同创新合作中会更多出现双方信息不对称及行为不对等问题，使联盟合作更容易走向失败。基于主体异质性导致的分歧从联盟合作破裂的司法案例文书的以下四个方面可以观察到。

首先，除了传统认为的论文发表和职称考核所带来的双方知识产权合作冲突的因素，开放式编码和主轴编码发现，产学研双方合作破裂的知识产权原因不完全是考核机制和诉求的不同，而是在合作诉求相同的协同创新联盟条件下，合作联盟各方异质性主体对知识产权的技术合格标准不同和掌握的技术信息不同，导致了知识产权交易价格和市场价值在研发中和研发后的评估分歧和认知分歧，是技术标准冲突导致的知识产权价值认知冲突，从而导致了产学研协同创新联盟知识产权合作的破裂。

其次，主体异质性分歧会带来对产学研协同创新联盟合作主体知识产权合作过程中的责任、义务的承担和执行程度等方面的行为差异，行为差异导致了信任分歧，而信任分歧又进一步加深了行为差异。与企业间同质性主体合作相比，产学研异质性主体间不信任的来源主要不是来自对合作伙伴失去合作信任后转变为竞争对手的情形（汪忠和黄瑞华，2005），而是基于对合作伙伴特殊的异质性所带来的声誉与行为不一致，在研发合作过程及成果转化中未能尽责的质疑，由此带来产学研主体异质性根源下的信任分歧和执行分歧，从而导致联盟不稳定。信任分歧贯穿于产学研协同创新知识产权冲突案件的各个阶段，与已有理论一致（周竺和黄瑞华，2004），本书所采用的法律案例文书为信任导致的知识产权合作破裂提供了案例支持和机制补充。

再次，知识产权资源投入分歧在产学研联盟合作各方的知识产权合作中成为一个主要的合作破裂点，产学研异质性主体对于形成知识产权成果的资源要素有着不同的要求，产学研协同创新联盟合作各方的资源互补是协同创新、共同形成具备市场价值的知识产权成果的重要特征和必备条件，产学研协同合作各方的资源异质性程度高，互补性程度高，由此合作各方对合作伙伴的资源配置有效性具有特殊的高要求，一旦合作各方资源配置不力，容易引发知识产权冲突，导致合作破裂。协同创新合作各方要形成知识产权成果并具备市场转化价值需要的资源配置，要求具备设备的配置质量、资金的配置时效、原料的配置效率、人员的配置渠道、背景知识产权的配置有效性等合作要件。合作各方的要求和结果差距大，来自设备、资金和材料等有形资源与人力、知识等无形资源的不对等性、低效率以及配置缺位、错位，都将带来知识产权资源配置纠纷，说明知识产权的资源投入及使用目前缺乏综合有效的协同配置手段，较难形成统一的规则和标准，其作为知识产权成果形成及成功转化的综合因素亟须制度保障。

最后，在产学研知识产权合作后期，产学研成果转化难引发产学研合作受到阻碍（胡冬雪和陈强，2013）的问题再次被扎根理论提取的主范畴所验证，知识产权成果转化环节是产学研协同创新联盟能否持续稳定运行的关键阶段，是知识产权成果最终能否实现其价值、走向市场化和产业化、产生实际经济效益的最后一个环节，是产学研协同创新联盟知识产权协同合作的最终诉求。该环节合作破裂的知识产权原因主要包括合作失败之后的责任纠纷，责任纠纷又包含技术责任和非技术责任纠纷、义务违反纠纷，主体异质性带来合作各方对转化义务的认识不同，对转化失败的责任归属认识不同，从而对知识产权成果转化为实际生产力产生不利冲击和影响，出现了大量权利和义务未能匹配或履行的分歧。同时，在这一阶段经常出现的冲突的表现形式还包括个人和联盟的利益分配分歧，破坏了创新联盟合作的稳定性。以上主体异质性在知识产权成果转化阶段和合作后期引发的纠纷表明，国家大力推行的科技成果转化政策在实践当中依然存在可能的缺位，在政策法规的可达性和对知识产权成果转化环节的冲突的实际调节能力上尚待改进和完善。

（三）选择性编码

选择性编码是从主范畴中进一步挖掘核心范畴，分析核心范畴与主范畴和其他范畴之间的内在关系，并以构建相应"故事线"逻辑解释行为现象及其发生的背景条件，进而产生新的实质性理论框架。在本书中，主范畴的典型关系结构如表4-3所示。

表4-3　　　　　　　　主范畴的典型关系结构

典型关系结构	关系结构的内涵
初始契约—价值分歧—知识产权认知冲突	产学研协同创新联盟合作双方的本身性质决定其对知识产权合作契约的执行标准产生分歧，就契约认识与契约核心知识产权成果及交易价格、价值产生预期而言，各主体在合作期间不断将预期和合作的现实情况进行对比，判断合作可否持续
伙伴行为—尽责分歧—知识产权信任冲突	产学研协同创新联盟合作参与者对伙伴在知识产权合作中的行为预期与现实伙伴行为的差异，影响参与者对伙伴知识产权行为的信任度，进而影响参与者对合作可否持续的判断
资源能力—配置分歧—知识产权保障冲突	产学研协同创新联盟合作参与者对合作过程中知识产权形成的相关所需资源投入和分配的效率预期和实际效率的差异，影响参与者对合作可否持续的判断
预期结果—转化分歧—知识产权利益冲突	产学研协同创新联盟知识产权合作个体对合作结果的成功利益和失败责任预期与现实的差异，影响参与者对合作可否持续的判断

　　如前所述的四种知识产权冲突纠纷产生的源头来自产学研合作的主体异质性，四种纠纷发生的引发点及参照标准分别是初始契约、伙伴行为、资源能力及预期结果，产学研协同创新联盟合作方在知识产权合作过程中不断在合作各阶段将实际情况与参照标准进行对比和判断，并由于与参照标准有异而产生价值分歧、尽责分歧、配置分歧及转化分歧，进而带来认知偏差、行为偏差、配置偏差和责任偏差等执行偏差，最终导致产学研联盟各方决定停止合作，合作走向破裂，联盟协同性和稳定性受到破坏。而要对产学研协同创新进行知识产权冲突的规避和联盟稳定性的维护，需要从源头到结果进行全方位的考虑和机制制度设计。

　　围绕上述核心范畴，产学研协同创新联盟知识产权合作破裂的原因及结果的故事线可以被归纳为上述四个方面知识产权冲突的典型关系结构，以此为框架，可以总结出全新的理论构架，本书称之为"产学研协同创新联盟稳定性的知识产权冲突影响机理模型"，该模型具体定义为"主体异质性—参照基准—执行分歧—冲突爆发—联盟非稳定"的理论模型（见图4-1）。

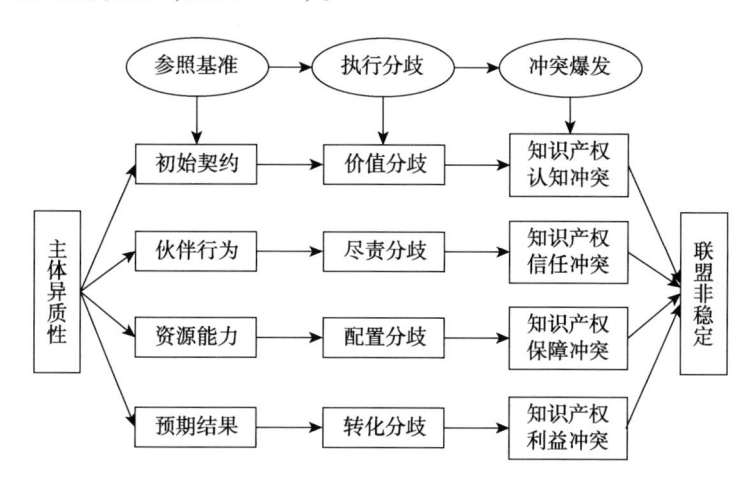

图4-1 产学研协同创新联盟知识产权冲突来源

由"产学研协同创新联盟稳定性的知识产权冲突影响机理模型"和图4-1可知，知识产权合作中产学研协同创新联盟主体会不断对合作伙伴标准、行为、能力、利益等方面对比初始参照基准进行观察，并将之反馈于自身的诉求，判断合作可持续与否。不同的情境可以影响知识产权合作联盟中不同的主体诉求和行为，一旦产生执行过程中的分歧，则根据对联盟伙伴行为观察的结果和产生的分歧来最终选择是否继续合作，如果出现不可调和的知识产权冲突，则中止合作，合作破裂，联盟走向非稳定的状态。

除此之外，在上述初始概念和相应范畴的分析中还发现，产学研简单协同创新联盟知识产权合作各主体不仅是具有独立属性的个体，也是从属于知识产权合作相关网络中的组成部分，具有多样化的属性。一些产学研知识产权合作联盟网络中的冲突产生原因如下：公共部门中的外界政策的变化，研究方中研究所、学院、相关人员的上级单位权威性的动摇，资本方在生产过程中发现利益相关方经营情况不佳，资源供给第三方配置效率低下等，证明联盟各方的诉求和行为的变化亦可受到简单合作联盟之外的产学研知识产权合作网络的外部因素的影响。

（四）理论饱和度检验

如前文所言，本章在收集的法律纠纷文本中预留了总数量的1/3进行理论饱和度检验。结果显示，模型的范畴已然足够丰富，在不断的比较中，从新的法律文本中无法发现可以对模型有新的贡献的范畴。换言之，所有的法律文本都已经归属于上述的核心类属之中（"初始契约—价值分歧—知识产权认知冲突""伙伴行为—尽责分歧—知识产权信任冲突""资源能力—配置分歧—知识产权保障冲突""预期结果—转化分歧—知识产权利益冲突"），而这四个主范畴也没有发现全新的因子。由此可以得出，上述的"主体异质性—参照基准—执行分歧—冲突爆发—联盟非稳定"模型是理论饱和的。

三 机理模型阐释和理论分析

分析发现，用上述"主体异质性—参照基准—执行分歧—冲突爆发—联盟非稳定"模型可以解释产学研合作创新联盟的知识产权纠纷的原因和四个方面的典型关系结构。四个典型关系结构对产学研协同创新联盟知识产权合作的影响机理不尽相同，具体阐述如下。

（一）"初始契约—价值分歧—知识产权认知冲突"典型关系结构

任何一种具有法律效应的合作都必须由有效的契约进行合作关系的缔结，契约是产学研各方形成协同创新、利益共享、风险共担的共同联盟形式的核心标志。而已签订的契约内容往往包含着产学研协同创新联盟合作各方对合作过程以及收益成果的初始认知。然而，不同于企业与企业之间的主体同质性商业合作，产学研协同创新联盟知识产权合作是以具有资本优势的企业和具有高度科研能力的高校和研究所为主，以公共部门、资源供给方等其他参与者为辅的联盟网络多边创新型知识产权合作体。联盟主体不仅在结构和人员组成上具有高度的异质性，在经营思想、收益诉求上也会有较大的不同，而这直接决定了合作各方对于契约合作的认识和预期通常存在不同。这样的分歧主要表现为，在缔结契约后的产学研协同联盟对研发产品知识产权技术标准认知和研发过程及最终知识产权的交易价格和转化价值认知的分歧。

另外，在最初签订契约期间，出于"机会主义"的影响，也为了更有效地与处于合作"蜜月期"的伙伴达成合作关系，合作各方都会在签订合约时对自己的认识和预期进行一定程度的隐瞒，从而导致主体异质性带来的认知分歧被暂时隐藏。然而，随着合作不断地深入，距离合作知识产权成果的完成越接近，初始的认知分歧被一定程度地验证和放大，联盟各主体都有可能认为己方是受损一方，而其他方对于契约没有足够程度的履行，从而在合作过程中出现消极和不配合行为，导致合作关系进一步受到破坏。同时，内外部环境也在不断变化，产学研协同创新合作主体在对不断变化的内外部环境所导致的知识产权效益与价值的变化与初始契约中知识产权的预期效益和价值进行对比的过程中，一旦认为出现了严重危及自身利益的契约执行偏差，涉及双方技术执行不到位、技术标准认知错位、知识产权权利义务不匹配等，便会反映到合作各方对研发费用、知识产权交易价格及知识产权成果的最终价值的判断和要求上，合作各方出现严重的分歧，选择不持续合作，最终导致合作破裂，这是产学研简单联盟协同合作稳定性受到破坏的源头性知识产权冲突。有必要对微观正式契约机制和其中的知识产权定价机制进行设计，从合作初期的契约谈判及签订阶段就进行契约优化，以在早期规避可能出现的知识产权定价冲突，并在合作中加强微观正式契约机制对产学研协同创新联盟各方的知识产权研发行为的调节和管理作用。

（二）"伙伴行为—尽责分歧—知识产权信任冲突"典型关系结构

在这一典型关系结构维度上，合作各方将会观察到伙伴的行为与信任绑定，并不断与参照标准进行比对，进而判断合作可否持续。信任程度越低，观察伙伴行为并产生怀疑的可能性就越高，影响合作双方的可持续性也就越大。此典型关系结构只与伙伴行为有关，不受合作开发的不同阶段影响，可以在合作的任何阶段出现，造成合作危机。在研发技术阶段，合作双方由于不同的性质，存在较为明显的义务划分，此时的不信任主要表现为对伙伴在履行契约所约定的研发义务时是否尽责产生的质疑，对合作伙伴是否存在"机会主义"或"搭便车"等行为存在高度警惕和不信任的危机，容易导致尽责分歧，使合作难以持续。在成果转化和利益分配阶段，由于主要研发任务已经完成，利益分配和产权保护变得至关重要，此时联盟双方的信任危机表现为对伙伴在履行契约约定的利益分配义务时是否尽到责任产生的质疑，或是为了尽可能地保证研发阶段的投入可以具有可观回报，高度提防伙伴泄露知识产权，从而产生不信任，导致协同合作产生破裂。除此之外，异质性主体非常看重高校或研究机构的合作伙伴所属单位的权威性和真实性，如出现所属单位权威性和真实性的怀疑，则极易导致知识产权信任冲突。信任分歧属于微观主体行为管控型分歧，显而易见，实践中有对于微观信任机制培养的重要制度需求。

（三）"资源能力—配置分歧—知识产权保障冲突"典型关系结构

在这一典型关系结构中的知识产权冲突危机同样出现在简单产学研协同创新联盟合作的各个阶段，高效的资源配置是知识产权合作顺利展开的必要条件。在产学研协同创新合作资源配置低效性的主范畴下，是资金配置的低效性、设备配置的低效性、材料配置的低效性、人员配置的低效性、背景知识产权的投入质量低等具体表现形式。可以看出，对于点对点的简单产学研知识产权合作联盟，作为一个单一的合作机制，对合作伙伴资源配置的程度和效率低下往往缺少足够的控制力和解决办法，为此需要考虑更大范围的解决方案。考虑到资源作为产学研协同联盟合作中流动的"血液",往往深受联盟生态的影响,应更多考虑构建联盟资源配置的生态形式。例如,在资金配置方面,资金的流通受企业方所在生态的影响,企业方所在市场的消费者条件、竞争对手的策略、企业方母公司的经营策略都会深深地改变资金在整个网络中流通的效率。同时,保障资源配置的无形机制不直接为知识产权研发提供材料、设备、人员和背景知识产权的第三方"资源供给方及其生态"(金融、中介公司、仲裁机构、政府)等的加入,会增强联盟内的资源流动性,提高资源配置效率,拓宽资源配置渠道。产学研协同创新的资源配置的生态打造意味着综合运用系统、市场、政府等多种机制倒逼联盟各方投入关键知识产权资源,减少知识产权资源配置上的合作冲突,加强资源在联盟伙伴间的协同配置和使用,最大限度地发挥联盟各方的资源优势,实现协同创新效应,改善联盟知识产权合作的可持续性和联盟稳定性。因此,需要从产学研协同创新联盟中观生态构建的层面寻找解决方案,为通过联盟知识产权合作的资源配置优化来实现联盟稳定性提供中观网络型机制保障。

(四)"预期结果—转化分歧—知识产权利益冲突"典型关系结构

这一典型关系结构中的分歧主要出现在合作后期利益分配阶段的关系调节中,主要表现为非技术原因导致合作破裂的风险承担、技术原因导致合作破裂的风险承担、契约义务认识不同、合作双方中单方拖欠款项等冲突,转化阶段中合作双方对于最终的结果导向由己方的预期作为参照基准,然而在实际转化过程中,最后的利益分配环节有可能由于联盟内部的意见分歧,技术转化力不匹配,对预期成果和效果的期望值不一致等使其在转化过程中出现分歧,从而对转化结果产生负面影响。进一步地看,一旦合作不能进行下去,合作破裂的责任由谁来承担,是合作各方主要矛盾产生的焦点,对技术责任和非技术责任的归属主体,对个人与联盟的利益和知识产权成果的权利归属的分配争议,都将导致合作各方走向法院,合作彻底破裂。国家和地方出台了很多政策法规对相关冲突进行管理和治理(胡冬雪和陈强,2013),

但其依然成为实践中知识产权冲突爆发的主要原因,这意味着宏观法规和政策的权威性、可执行性以及对产学研协同创新联盟知识产权成果转化环节有针对性的宏观调节作用需要进一步地加强和改进。

如上述所示,通过四个维度的现实情况与参照标准的持续对比,联盟各方会不断地评估联盟合作关系中各方的行为偏差是否超出可接受范围,以判断合作的可持续性,进而在现实层面选择是否维持合作关系,满足"产学研协同创新联盟稳定性的知识产权冲突影响机理模型"的完整链条。有必要从契约源头、合作过程到最终成果转化环节进行有针对性的微观契约机制、微观信任机制、中观网络化机制和宏观政策法规机制的构建,以对产学研协同创新联盟的知识产权冲突进行管理和调节,从而发挥产学研协同创新合作的协同增效效应,保证联盟的稳定性。

第三节 知识产权冲突管理机制对联盟稳定性影响机理

一 知识产权冲突管理有利于联盟合作稳定性机理

(一)知识产权冲突微观契约和信任管理对产学研协同创新联盟稳定性的优化

由上述产学研简单协同创新联盟知识产权冲突原因分析可见,产学研知识产权合作在微观层面面临的难题集中于契约认知分歧、合作主体的不信任因素等。而其中契约作为协同创新合作关系缔结的标志,是产学研协同创新联盟协同合作性的体现和正式制度来源。有效的契约管理,将联盟各方紧密联系,为合作各方提供有效的内部控制,使产学研合作联盟各方对研发过程和结果形成稳定的预期,从而减少契约在执行过程中不断受到因内外部环境变化而带来的不确定性所造成的影响,提升联盟各方的契约共识和知识产权合作共识,增强联盟稳定性。此外，高效透明的契约管理能减少产学研联盟各方的信息不对称程度，增加双方的履约意识和动机，从观念和根源上减少协同创新过程中因主体异质性带来的认知分歧和标准分歧破坏联盟稳定性的行为。同时，作为微观非正式制度管理的信任管理也可以有效降低产学研协同创新联盟的不稳定性。信任机制作为契约等正式机制的补充，亦可有效抑制合作伙伴的"机会主义"动机或利用声望帮助联盟伙伴进行知识产权管理，减少协同创新合作的不确定性，降低冲突发生的可能性。不仅如此，微观层面管理中的信任管理还为知识产权合作各方开辟畅通的正式和非正式信息沟通渠道，增加合作各方之间知识和信息交互的方式和频率，提高了合作各方的行动协同程度，进而增加产学研协同创新联盟的稳定性。

（二）知识产权冲突中观网络化管理对产学研协同创新联盟稳定性的保障

合理的知识产权冲突网络化管理改变产学研协同创新联盟主体内部、外部知识产权合作资源配置机制，保障协同创新合作的维持。产学研协同创新网络化管理在给予企业、高校、研究所、政府等产学研和泛产学研主体充分的自由度的同时，也将各方紧密地联系起来，提高协同创新联盟中核心角色与外界进行知识、资金、材料等创新资源协调配置的效率，能让联盟处于更加稳定的协同动态平衡状态。同时，网络化管理也能有效降低产学研协同创新知识产权冲突管理成本，并且能够提供知识产权冲突管理的多种资源和多种机制，协同配置网络中各种有利于知识产权合作的关键渠道，分散单个核心主体的创新风险，在漫长的研发过程中给予合作各方内部动力，保障合作进程。除此之外，有序发展的创新网络有利于创新网络所在市场和区域的开放与规范，通过竞争等机制，推动知识产权冲突的解决，促成合作相关主体维持合作关系，提高知识产权区域合作稳定性。通过中观层面的知识产权冲突网络化管理，优化创新联盟所在市场的市场设施，增加市场的开放程度，提高协同创新联盟竞争力。利用网络中的市场机制淘汰落后企业,给予网络中各主体协同创新的外部动力,让它们为了生存与发展保持与伙伴的合作关系,解决关键知识产权冲突,推动合作各方协同合作,促使各方保证产学研协同创新联盟的稳定性。

(三) 知识产权冲突宏观政策法规管理对产学研协同创新联盟稳定性的调节

张弛有度的宏观政策法规可以填补国家创新市场制度中尚存的空白,引导区域、行业相互联系,维持产学研协同创新体系的合作。在产学研知识产权成果最关键和作为焦点的成果转化环节的大量纠纷,构成了产学研协同创新联盟知识产权稳定破裂的主要威胁,国家和地方政府在这一环节的权威性和中立性,将有助于打通产学研协同创新知识产权合作的末端渠道,实现知识产权合作的终极目标,即知识产权成果的市场化和产业化,打造稳定的、卓有成效的产学研协同创新联盟。在知识产权成果转化环节中,政府政策法规通过维护契约的权威性,对转化环节容易发生的经济利益纠纷进行中立调节,对在知识产权成果转化环节中的关键个人和组织,制定符合市场规律的激励政策和权益保护政策法规,能有效激发知识产权合作中的内生动力,从宏观机制上解决产学研知识产权合作的后顾之忧和核心关切,打造知识产权法制文化。总之,完善的国家和地方政府政策法规环境和制度将从宏观上帮助实现产学研协同创新联盟知识产权合作的稳定性。

二 联盟稳定运行有利于国家各层面创新行为的机理

(一) 产学研协同创新联盟的稳定性有利于微观企业和研发方提高自身创新水平

稳定的产学研协同创新联盟可以为企业提供优质的知识管理。多元化的协同创新体系中不可或缺的部分便是联盟中具有大量创新人才和前沿研究知识的高校和研究所,它们为企业的知识获取提供了优质理想的外部知识资源。协同创新联盟的稳定合作,通过契约规范联盟各个主体之间的合作义务和独立空间，在保证联盟免受知识产权冲突影响的同时，规定企业与研究方研究人员具有规范的正式技术交流渠道，使技术知识得以在渠道中获得流通，使不断积累的知识要素为企业创新提供条件。此外，稳定的协同创新合作机制，在联盟缔结中就明确了知识产权合作的目标和利益分配，为企业带来了先进的可投入市场的专利技术，营造可观的收入。而企业管理者对企业创新战略重视程度的提高，会使企业 R&D 部门所获得的投资也因此提升，有利于企业吸纳创新人才，购置研究设备，大幅提升企业的创新水平。而对于高校和研究院所而言，稳定的协同创新联盟能够优化高校的研发机制，使之不断适应合作创新的需要，同时由于有稳定的市场化力量的参与，与社会需求接轨的稳定的科研人才队伍能够得到培养和巩固，在高校和研究院所当中优质的研发资源得以提高使用效率，破除高校及研究院所和社会之间的障碍和藩篱，大大地助推高校和研究院所在国家创新体系中发挥更大的作用，做出更大的贡献。

（二）稳定的产学研协同创新联盟可以为中观区域和产业注入创新活力

首先，稳定的协同创新模式可以优化区域的创新环境。产学研协同创新联盟的长期稳定为区域不断创造信息传递媒介和知识流动网点，通过知识产权合作项目的招引、建设、转入市场，高新技术、新兴专利将连同资本在区域沉淀，既促进相关产业在区域内聚集发展，为区域创新提供优质外部条件，又为区域注入创新文化，为区域创新提供良好的内部条件。其次，以企业为主导、高校与研究院所为支撑的稳定的区域产学研协同创新联盟关系，在稳定知识产权合作的同时，也可以推动区域汲取多方优势，对相关人才吸引起到正向作用。多元一体化的创新模式为区域企业带来具有高度创新能力的专业人才，又有效解决了高校和科研机构人才模式僵化的问题，疏通了人才流动渠道，加大了区域人才吸引力。目前，国内的产学研协同创新联盟研究方不乏国内外顶级科研团队，极具权威性的相关领域尖端人才的稳定引入不仅直接为产业带来空前的创新能力,还可作为行业学习模板,吸引更多业内投资人士眼光,为投资带来信心,为行业引入资金,提高产业创新竞争力,稳固中观区域和产业知识产权合作根基,提升区域创新水平,为产业的进一步升级营造技术条件。

(三) 稳定的产学研协同创新模式有效地优化宏观国家创新系统

产学研协同创新机制的稳定可以促进国家自身产学研模式的改革。稳定的产学研合作机制鼓励产学研项目中的相关人士敢于改革,敢于进行结构创新和机制创新。目前我国产学研模式已经趋于多元化,具有多元资源的产学研协同创新联盟联动各方,打破了信息、知识、资金壁垒,有效地发挥产学研联盟为产业带来的技术辐射,孵化极具活力的新兴企业和培育高潜力人才。宏观层面知识产权合作破裂可能性的减少和稳定的国家产学研协同创新机制都有助于国家科技战略超前布局,联动各区域优势,整合各行业资源配置,有利于改变原有的封闭式、散点式技术输出方式,优化国家从创新到生产力之间的路径,提高我国的技术产出效率。此外,稳定的产学研国家体系有利于国家从长期规划科技战略,封闭的创新主体往往受限于所在平台和视野而趋于短期利益,其创新策略难以与国家宏观战略达成长期"共振"。而产学研协同创新模式中的研发方多以高校、研究院所为主,拥有更广阔的视野和更优质的研发资源,而企业方拥有雄厚的资本和敏锐的市场意识,这样的产学研协同创新联盟将比其他的战略联盟更能够顶天立地,高度呼应国家号召,配合国家科技战略,在市场上能够将国家战略和市场需求进行对接,有助于战略实现。因此,优质稳固的产学研协同创新体系能够打造出国家创新能力从宏观体系到微观机制的战略提升通道,大幅改善我国的创新系统。

第四节 本章小结

本章从知识产权的权利属性和其中的知识这一特殊内容载体的特

征出发，描述了知识产权内在的多角度、多方面冲突的发生原理，同时认为，产学研协同创新联盟这一组织的多主体性、异质性、协同性、共同利益导向性等特征，放大了知识产权的内生冲突，并在产学研协同创新联盟的稳定性遭到破坏的过程中起到关键触发机制的作用。在此基础上，本章根据近十年我国产学研协同创新联盟的知识产权纠纷案件的法律文本，寻找实践中导致简单产学研协同创新联盟稳定性破坏的真实知识产权冲突原因，运用扎根理论，逐层归纳提取核心概念和范畴并进行理论饱和度检验，最终提炼出引发联盟破裂的四个方面的知识产权冲突原因，包括针对初始契约产生价值判断上的知识产权认知冲突，对合作伙伴的合作行为产生尽责质疑的知识产权信任冲突，对合作伙伴的资源保障能力及配置效率产生分歧的知识产权保障冲突以及在成果转化环节的知识产权权利义务承担的利益冲突，最终形成"主体异质性—参照基准—执行分歧—冲突爆发—联盟非稳定"的冲突引发、形成并破坏联盟稳定性的机理模型及相应四个方面的典型关系结构，在此基础上提出产学研协同创新联盟知识产权冲突管理的微观契约、微观信任、中观网络、宏观政策法规的解决机制的路径，为后文提供研究思路和依据，并从微观、中观和宏观层面阐述知识产权冲突解决和管理对产学研协同创新联盟稳定性提高的有利机理，以及联盟稳定性对国家创新系统各层面创新的全面激发作用。

第五章　知识产权冲突管理微观契约及信任机制研究

随着中国创新活动的日益多元化和市场化，产学研协同创新合作正经历从非正式合作转变为运用以价值交换为基础的契约关系及手段进行调节的正式合作（周竺和黄瑞华，2004），而研发的不可预测性往往会破坏合作的契约基础，研发过程中的变化将导致契约不完全，初始契约无法对协同知识产权合作的全过程进行冲突管理和约束，从而将如第四章扎根理论研究结果所述，在研发中间过程阶段，由于知识产权合作各方异质性主体对研发控制权的分割和界定出现模糊，对技术标准以及研发完成度产生的理解分歧会引发知识产权冲突和合作破裂；进而在成果转化和收益分配阶段，合作各方由于对知识产权的交易价格和市场价值等的判断发生变化而产生分歧，也导致了契约理解和执行的分歧，成为该阶段产学研合作破裂的主要原因，需要对契约机制进行优化。

在产学研协同创新合作各方的信任关系构建上，如前所述，异质性主体之间存在于合作各阶段的行为差异导致的尽责分歧也带来了知识产权信任冲突，其行为差异背后的研发合作各方的合作动机和非合作动机也影响到合作的成效与结果，为此，建立合作各方的信任机制，既可作为正式契约机制的补充，也对产学研协同创新联盟知识产权合作的稳定性产生影响。Michael 和 Shanthi（2013）认为当企业有稳定的文化并对合作伙伴有更多信任时，知识产权冲突会大大减少。据此，如何搭建产学研联盟微观正式契约机制和非正式信任机制以维持联盟合作的持续稳定成为本章拟解决的关键问题。

本章主体分为两个部分，第一部分进行产学研协同创新联盟的知识产权冲突管理的正式契约机制分析，运用不完全契约理论，进行协同创新无外部约束合作联盟微观知识产权契约缔结机制分析，用于解决产学研异质性主体背景下、不确定性环境下、不对称信息条件和行动条件下以及无法缔约状态依赖的不完全契约情形下，协同创新联盟知识产权冲突的契约管理机制。第二部分进行产学研协同创新联盟的非正式机制，即信任机制的研究分析，运用微分博弈理论研究非合作和合作条件对产学研协同创新联盟信任机制建立的作用。综合考虑环境和支付信息，针对产学研协同创新联盟异质性主体信任机制稳定性条件以及知识产权不同信任动机对联盟均衡稳定状态的影响，设计联盟机制对产学研各主体知识产权信任冲突进行长效管理，保障产学研协同创新联盟在微观层面能够稳定运行。

第一节　基于参照点的微观契约机制研究

一　影响联盟稳定性的知识产权冲突中的契约不完全机理分析

第一，初始契约无法考虑后续协同创新联盟知识产权研发及转化的所有情况。

产学研在以共同利益为目标结成协同联盟的过程中，正式的联盟知识产权合作都会以契约开始，产方和学研方（以下将学研方合并为研发一方）双方初期以契约明确合作中各自的权利和义务，但契约执行情况会随着时间的推移而变化，联盟双方在核心知识产权投入、评估和形成新的知识产权过程中会发生泄露、转移用途以牟取私利、窃取等侵权事件。由于企业与学研方合作的参与主体的有限理性，很难事先预测所有可能发生的事件，导致出现初始契约无法约束后续新发生的意外事件的情况。同时，具有高创新性的知识产权成果形成的活动本身就具有高度不确定性，导致合同无法全面地、清晰地描述创新中的未来事件，也引发了联盟契约的效力缺失问题，以上因素使合作各方对知识产权交易价格和市场价值产生认知分歧，引发冲突并导致联盟合作破裂。另外，合作中双方的机会主义行为的存在往往具有隐蔽性，如果要事先约束机会主义行为，就必须制定复杂的契约来进行合作过程中努力程度的管理，往往会导致契约的交易成本和执行成本过高，创新效率低下，因此，在考虑契约制定和实施效率的条件下，不得不制定简化且易于执行的契约。以上三个方面的因素导致初始签订的契约不可避免地存在某些漏洞，一旦知识产权侵权行为和机会主义行为发生，不完全契约很难根据现行规定对此行动实施制裁，联盟合作的协同稳定发展将无法得到有效保障。

第二，协同创新联盟知识产权合作外部市场环境和制度环境的不确定、不完善。

市场需求的不确定性、专业司法制度的不完善以及风险补偿不足都阻碍了产学研合作契约的执行，给合作蒙上阴影。首先，知识产权成果的形成周期较长，从形成过程到最终可商业化，中间将经历众多干扰因素的影响，随着研发过程的深入，产学研利用各自的优势联合研究，但仍然有可能跟不上市场需求的变化，知识产权研发面临的市场不确定性将导致契约的失效，合作双方自身的市场敏感度不同和在合作知识产权的市场价值波动的情况下的契约执行水平将影响联盟合作的协同稳定程度。其次，产学研联盟个体之间的合作丰富多样，而具体的契约文件相对单一，合作各方面对应的制度环境有所差别，对于一些知识产权冲突的出现，产学研协同创新联盟契约异质性缔结方运用各自不同的机制和制度来进行不同的解读，使之成为行动的依据，而双方对契约的认知不同，使异质性各方的合作意愿和合作行为协同度下降，导致契约未能按最初缔约的情形执行。

二 不完全契约理论与产学研知识产权冲突问题相关研究

知识产权交易的契约性质最早起源于科斯（Coase），科斯在《企业的本质》（1937）和《社会成本问题》（1960）的奠基性文献中明确了契约和产权在企业理论中的核心地位，开创了新制度学派和企业产权契约理论。根据《新包格拉夫经济学辞典》，科斯的产权被西方学界权威解读为财产的法定所有权（高鸿业，1991）。而知识产权作为一种本质上的财产的法定所有权（吴汉东，2011），也成为科斯产权理论的一个重要研究对象（Aghion 和 Tirole，1994；张耀辉，2011）。与此同时，知识产权也具有特殊性：由于交易双方交易的是知识产品，知识产品具有难以量化的特征，在转移的过程中很难估计其合理价值（米捷和林润辉，2015），导致了在事实和预期上双方对于知识产权的价值认知产生差异性，张耀辉（2011）认为这种差异性会导致知识产权交易动力的缺失，这为知识产权合作和交易的契约设计和执行带来困难。进一步可以描述为，契约不完全的因素在知识产权合作背景下表现得尤为明显：知识的非独占性、事前的不可描述性和事后的不可验证性等都会引发契约的不完全性（Aghion 和 Tirole，1994；Arrow，1962；费方域等，2009），其不完全性使学者在不完全契约的框架下得以分析知识产权交易双方的产权分割和交易机制（Aghion 和 Tirole，1994）。本书通过遵循科斯关于"出于难以预测的原因，决定商品和劳务生产的契约的期限越长，契约实现的可能性将变小，买方将不能明确规定对方该干什么"（Coase，1937）的最初的不完全契约思想提供的学理基础，选取产学研异质性主体的知识产权合作作为研究对象，探讨交易双方因知识产权价值的不可预测性和认知差异而产生的契约不完全问题，从而在不完全契约框架下研究双方合作的契约实现机制。

经典的不完全契约理论对研发合作的事前和事后效率问题进行了研究。事前研究认为，契约的不完全性会导致双方事前研发投资无效率的问题。Aghion 和 Tirole（1994）开创性地利用不完全契约理论对研发活动的边界及产权安排问题进行了讨论，关注事前创新产权分配对事前投资效率的影响。在事后研究方面，关于事后效率的讨论放松了"科斯再谈判"的假定，即事后可以进行有效率的谈判，而专门研究事后无法达成有效率的谈判的情况，因此，事后效率的最大化问题使契约理论的现实解释力更强，成为该领域的重要研究方向。Hart 和 Moore（2008）从事后交易价格的契约设计角度提出参照点契约理论：事前契约为事后多方交易关系的调整和各方的权益最大化提供了参照点。同时，Hart（2009）指出契约的参照点解释了研发契约中事前契约交易价格对事后效率的影响，参与方将基于参照点，通过减少事后不可缔约的帮助行为、退出契约等向另一方实施"敲竹杠"行为，造成事后效率损失，并针对这一问题的解决进行了契约设计。Herweg 等（2018）的最新研究分析指出，在不完全契约下，契约当事方依靠再谈判可以提高事后效率，同时可以缓解传统的"套牢"问题。

运用经典的不完全契约理论，研究者对研发合作的知识产权冲突问题进行了讨论。Carson 和 John（2013）认为，随着创新环境的不确定性不断增加，代理方事前要求的知识产权也随之增加。Panico（2017）指出在对称产权控制下，更多的价值被创造出来，这限制了合作终止的可能性，但也加剧了参与方对价值的竞争。此后，Dechenaux 等（2011）通过分析在事前契约中对研发合作事后支付方式的选择，解决学研方的道德风险问题。Crama 等（2013）从多阶段研发项目契约的角度，对契约事后执行价格以及技术转移时机进行最佳设计。面对广泛存在的知识产权冲突，已有研究普遍从契约出发，设计研发合作知识产权冲突管理机制，研究者通过分析创新者和开发商之间的授权契约（Martimort 等，2010）、核心契约环境（Panico，2011）、研究伙伴的最优策略和制度设计（Okamuro 和 Nishimura，2013），减轻知识产权冲突，增加对合作伙伴的激励,提高产学研合作的效果。

已有对产学研合作的研究更多的是单独考虑事前或事后阶段的契约治理的问题,并对双方事前产权的配置、事后的折减行为进行对称情况的假定,对产学研合作的主体异质性带来的合作破裂问题较少进行研究,同时缺乏对事前知识产权的灵活分配以及参照点偏差(Fehr等,2015)所带来的事后效率损失问题提出相应的解决方案。基于以上不足,根据第四章对实践法律案例中的知识产权冲突发生原因的梳理,本节选取产学研协同创新联盟合作中知识产权收益的价值体现的两个核心维度,也是引发双方知识产权冲突的关键因素,即知识产权交易价格和知识产权成果价值,从解决双方对以上两个关键价值因素的认知冲突的视角,综合考虑包括事前和事后两个阶段的连续契约设计,放松双方事前产权对称和事后折减对称假定,研究产学研异质性背景下知识产权冲突的契约协调解决问题,用于维系微观环境下联盟协同合作的稳定。

三 阶段描述及研究假设

考虑一对以契约为初始合作条件的、无外部约束的产学研协同创新联盟合作的双方,企业方(记为B)和学研方(记为S),根据产学研合作特点对整个研发合作过程的事前阶段和事后阶段及相关五个子时期进行了定义(见图5-1),并进行阶段描述及提出研究假设。

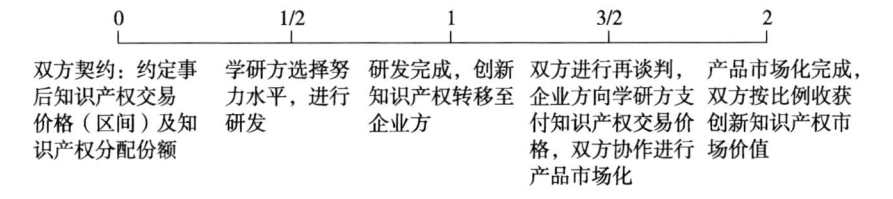

0	1/2	1	3/2	2
双方契约:约定事后知识产权交易价格(区间)及知识产权分配份额	学研方选择努力水平,进行研发	研发完成,创新知识产权转移至企业方	双方进行再谈判,企业方向学研方支付知识产权交易价格,双方协作进行产品市场化	产品市场化完成,双方按比例收获创新知识产权市场价值

图5-1 产学研研发合作的时期进程

（一）事前阶段：时期0到时期1

时期0：企业方委托学研方进行研发工作，双方经过缔约谈判，签订研发合作契约，约定企业方对学研方知识产权投入成本和对研发收益进行支付的弹性知识产权交易价格 $[\underline{p}, \overline{p}]$（Hart 和 Moore，2008），以及事后知识产权成果最终市场价值分配份额。时期1/2：学研方根据初始契约在时期1/2付出的努力水平 e 进行研发工作，$0 < e < 1$，e 同时也表示项目研发成功的概率。时期1：学研方完成研究并将形成的创新知识产权转移至企业方，随着创新知识产权研发的完成，由于企业方和学研方对知识产权成果市场价值认知不同，引发的冲突在此阶段会显化。

（二）事后阶段：时期3/2到时期2

时期3/2：在此阶段，前期的市场价值认知差异会导致双方认为自身权益受到侵害，发生如隐瞒、不配合、降低努力程度等机会主义行为，导致知识产权市场价值折损，为此双方以契约约定的弹性价格 $[\underline{p}, \overline{p}]$ 作为参照点，双方都认为应获得契约允许的最大权益，对最优知识产权交易价格产生分歧，因此需要就 p 点进行再谈判，双方拟从知识产权交易价格中得到其认为的由对方机会主义行为造成的对己方利益侵害的补偿，计算企业方向学研方支付的最佳知识产权交易价格 p，以完成知识产权转移，同时双方协作开发可市场化的产品。时期2：产品市场化完成，双方按照事前契约约定的知识产权分配份额，获得创新产品的最终市场价值。

为构建产学研协同创新联盟知识产权合作的契约治理模型，本章进行如下假设。

假设5.1：双方在时期0签订一个研发合作契约，约定事后阶段知识产权成果交易价格的弹性契约 $[\underline{p}, \overline{p}]$ 以及知识产权成果市场价值分配份额 c（$c_B \in (0, 1]$ 或 $c_S \in [0, 1)$）。

假设5.2：不同于企业间合作，在学研方和企业的异质性联盟合作中，学研方较企业方而言更远离市场，企业方对研发方的努力水平不可观察，双方信息不对称导致对知识产权成果市场价值的认知出现分歧，企业方认为创新成果的市场价值为 v，学研方认为创新成果的市场价值为 π、学术价值为 μ，存在 $v\neq\pi$。在研发完成且后续交易顺利的情况下，企业方能获得的研发成果市场价值的期望值为 ev，学研方能获得的研发成果市场价值的期望值为 $e\pi$、学术价值的期望值为 $e\mu$（Aghion 和 Tirole，1994），市场价值认知分歧导致事后知识产权成果在市场化阶段双方出现折减（Shading）等影响联盟协同性和稳定性的行为。

假设 5.3：由于创新知识的边界难以界定，对于在参与方共享知识过程中出现的如不提供部分知识资产或核心知识资产、展示显性知识而保留隐性知识、提供通用性知识而隐匿专有知识等（祁红梅和黄瑞华，2004）机会主义行为，难以通过事前契约进行约束。因此，在研发过程中，双方仅部分行为可在事前契约中进行约束，从而可能出现事后不合作的现象。

假设 5.4：由于企业方与学研方主体性质的差异，创新成果的学术价值 μ 仅与学研方有关，故其事前不可证实性不影响产学研联盟合作的整体事后效率。

假设 5.5：事后阶段，双方在时期 3/2 时，只执行契约约定的对产品市场化有帮助的行为和进行所有对产品市场化有帮助的行为的知识成本是无差异的。如果合作顺利，在时期 3/2 时双方将进行所有对产品市场化有帮助的行为，双方最终获得创新产品的市场价值与双方事前预期相同。如果任意一方采取"敲竹杠"行为，在时期 3/2 时只执行契约约定的对产品市场化有帮助的行为，则创新产品知识产权对双方的市场价值将降低到 $\min(\pi,v)$。如果冲突难以调和，双方未能在时期 3/2 时完成交易，合作破裂，那么双方只能转向潜在的外部合作方开展研发。

四 模型的构建和求解

(一) 事前阶段的知识产权配置确定

基于前述背景及假设，在时期 0，协同创新联盟产学研异质性双方通过谈判确定各自占有的创新成果知识产权份额，而由哪一方主导知识产权的配置取决于双方在事前谈判中所具有的议价能力（Douglas 和 Alvarez，2010）。

1. 企业方主导的情形

若企业方 B 凭借其资金优势在事前缔约谈判中处于优势地位而拥有主导议价能力时，由企业方在时期 0 配置其占有的创新成果知识产权份额为 c_B，同时，因进行配置行为而付出的知识产权份额配置成本为 $\frac{c_B}{2}$ （Lerner 和 Malmendier，2010），企业方在研发合作中获得创新产品的市场价值中的一部分，因此 $0 < c_B \leq 1$；在时期 1/2，学研方根据合约选择付出的努力水平为 e，所对应的成本为 $\frac{e^2}{2}$。

产品市场化完成后，企业方和学研方从契约结果中可能得到的总收益分别为 $u_B = c_B ev - \hat{p} - \frac{c_B^2}{2}$ 和 $u_S = (1-c_B)e\pi + e\mu + \hat{p} - \frac{e^2}{2}$，其中，$c_B \in (0, 1]$，$e \in (0, 1)$。

在双方动态博弈背景下，本章使用逆向归纳法来进行创新产权的最优配置。首先，对学研方努力水平 e 的最优化问题进行求解（通过求一阶导），得：$e^* = (1-c_B)\pi + \mu$，$\frac{\partial e^*}{\partial c_B} = -\pi < 0$，$\frac{\partial e^*}{\partial \pi} = 1 - c_B > 0$，$\frac{\partial e^*}{\partial \mu} = 1 > 0$，$\frac{\partial e^*}{\partial \pi} < \frac{\partial e^*}{\partial \mu}$。

将学研方最优努力水平 e^* 代入企业方总收益，求得企业方知识产权份额 c_B 的纳什均衡解为：$c_B^* = \dfrac{v(\pi+\mu)}{1+2v\pi}$。

2. 学研方主导的情形

同理，若学研方 B 的研发能力使其获得优势地位，那么在时期 0 的谈判中学研方将具有主导议价能力，因而由学研方在时期 0 配置其占有的知识产权份额为 c_S，付出知识产权份额配置成本为 $\frac{c_S^2}{2}$，由于企业方在研发合作中只能获得创新产品的市场价值，故 $0 \leqslant c_S < 1$；在时期 1/2，学研方选择努力水平 e 所付出的成本为 $\frac{e^2}{2}$。

企业方和学研方从契约结果中可能得到的总收益分别为 $u_B = (1 - c_S) ev - \hat{p}$，和 $u_S = c_S e\pi + e\mu + \hat{p} - \frac{e^2}{2} - \frac{c_S^2}{2}$，其中，$c_S \in [0, 1)$，$e \in (0, 1)$。

根据知识产权份额配置与努力水平选择的时序，相似地，使用逆向归纳法，首先对学研方努力水平 e 的最优化问题求解，得：$e^* = c_S \pi + \mu$，$\frac{\partial e^*}{\partial c_S} = \pi > 0$，$\frac{\partial e^*}{\partial \pi} = c_S > 0$，$\frac{\partial e^*}{\partial \mu} = 1 > 0$，$\frac{\partial e^*}{\partial \pi} < \frac{\partial e^*}{\partial \mu}$。

将学研方最优努力水平 e^* 代入学研方总收益，对学研方知识产权份额 c_S 的最优化问题求解，得：$c_S^* = \frac{\pi\mu}{1 - \pi^2}$。

由上述分析可得如下命题。

命题 5.1：学研方的最优努力水平随着企业方知识产权份额的增大而减小，随着获得价值的增大而增大，而与事后交易价格无关。在企业方具有议价能力的情况下，0 时期契约中所配置的最优知识产权份额为 $c_B^* = \frac{v(\pi + \mu)}{1 + 2v\pi}$；在学研方具有议价能力的情况下，0 时期契约中所配置的最优知识产权份额为 $c_S^* = \frac{\pi\mu}{1 - \pi^2}$。

命题 5.1 的第一项结论与 Grossman 和 Hart（1986）以及 Aghion 和 Tirole（1994）的思想一致：拥有产权的一方将付出更多的努力。由于学研方的总收益在两种情况下可分别表示为 $(1 - c_B) e\pi + e\mu +$

$\hat{p} - \frac{e^2}{2}$ 和 $c_s e\pi + e\mu + \hat{p} - \frac{e^2}{2} - \frac{c_s^2}{2}$，故无论是在何种议价能力条件下，学研方所获得的知识产权越多，其努力水平的边际收益就越大。

同时，命题5.1的第二项从理论上回答了产学研研发合作中知识产权成果的事前最优配置问题，通过知识产权的事前最优配置，使学研方的努力程度最大化，能有效提高研发合作的价值产出；同时，事前的最优为事后的最优提供了可能，在双方各自作为主导方的情形下的最优知识产权份额也为事后知识产权市场价值的最优分配奠定了基础。

（二）知识产权市场价值认知差异下的事后自我履约区间求解

根据前述阶段划分及假设5.2、假设5.3，在时期1，即研发完成阶段，企业方及学研方分别就知识产权成果的市场价值进行判断，企业方和学研方的主体异质性因素带来的技术标准认知冲突和市场环境变化等，导致知识产权市场价值认知分歧，认为未获得各方期望的收益，感觉受到侵害，由于市场价值分配最佳比例已经确定，这一比例在实践案例中也显示出不能事前约定、不能事后更改的特征，大量案例同时表明双方在事后再谈判中将以初始弹性价格契约 $[\underline{p}, \overline{p}]$ 作为参照点，对契约中的知识产权交易价格 p 进行讨价还价，以寻求己方损失的补偿，并进而选择在时期3/2提供有帮助的行为或"敲竹杠"行为。因此，为使合作继续进行，联盟契约得以执行，需计算双方对知识产权交易价格的履约临界价格，确定契约自我履约（Self-enforcing）区间。

由于契约双方必须采取合作或有帮助的行为，才能在时期2完全实现合作收益。但是在时期3/2，即产品市场化过程中，所有能够促进产品市场化的行为中只有部分是事前契约约定的。因此，参与方若对合作收益不满，将通过威胁在产品市场化过程中采取不合作的态度，仅提供契约约定的帮助行为，不进行额外的有必要的协作，从而使创新产品的市场价值降低至 $\min(\pi, v)$，以此向对方实施"敲竹杠"行为。若冲突激化致使联盟合作破裂，双方转向外部合作方进行研发所能够获得的相应的外部选择（Outside Option），其收益分别为 r_B，r_S。

按照 Hart（2009）的假设，当"敲竹杠"行为发生后，双方将按 50∶50 的比例对再谈判剩余 G 进行分配，那么双方的收益分别是 $u_B = r_B + \frac{1}{2}G$ 和 $u_S = r_S + \frac{1}{2}G$，其中，$G = e^* \min(\pi, v) + e^*\mu - \frac{e^{*2}}{2} - \frac{c^{*2}}{2} - r_B - r_S$。

引入临界价格 p_H 和 p_L，p_H 为企业方支付知识产权交易价格 p 和对学研方实施"敲竹杠"行为间的临界价格，p_L 为学研方在接受知识产权交易价格 p 和对企业方实施"敲竹杠"行为间的临界价格。沿用前文对双方事前议价能力的讨论，分析事后"敲竹杠"行为发生的费用区间。

1. 企业方主导的情形

此时，进一步推导得出双方临界价格分别为 $p_H = c_B^* e^* v - \frac{c_B^{*2}}{2} - r_B - \frac{1}{2}G$ 和 $p_L = \frac{e^{*2}}{2} - (1 - c_B^*) e^* \pi - e^* \mu + r_S + \frac{1}{2}G$。

假设双方接受外部选择，仅对其获得的产品市场价值造成影响，而不影响成本，且双方再谈判产生的合作剩余大于双方外部选择收益。那么，假设企业方与学研方的外部选择收益分别为 $r_B = \lambda_B c_B^* e^* v - \frac{c_B^{*2}}{2}$ 和 $r_S = \lambda_S (1 - c_B^*) e^* \pi + e^* \mu - \frac{e^{*2}}{2}$。其中，$\lambda_B, \lambda_S \in [0, 1]$ 为常量，分别表示企业方与学研方各自的外部选择相较于原期望收益减少的程度，其值取决于联盟各方对创新成果的掌握程度，掌握程度越高，寻求外部选择的收益相较于原期望收益减少得越小。λ_B, λ_S 满足：

$$e^* \min(\pi, v) > \lambda_B c_B^* e^* v + \lambda_S (1 - c_B^*) e^* \pi$$

由此可以推导出：

$$p_H - p_L = c_B^* e^* v + (1 - c_B^*) e^* \pi - e^* \min(\pi, v)$$

2. 学研方主导的情形

同理，根据前文推导，得出双方临界价格分别为：

$$p_H = (1 - c_S^*) e^* v - r_B - \frac{1}{2} G$$

$$p_L = \frac{e^{*2}}{2} + \frac{c_S^2}{2} - c_S e^* \pi - e^* \mu + r_S + \frac{1}{2} G$$

假设企业方与学研方的外部选择收益分别为 $r_B = \lambda_B (1 - c_S^*) e^* v$ 和 $r_S = \lambda_S c_S^* e^* \pi + e^* \mu - \frac{e^{*2}}{2} - \frac{c_S^{*2}}{2}$。

其中，λ_B，λ_S 满足：

$$e^* \min(\pi, v) > \lambda_B (1 - c_S^*) e^* v + \lambda_S c_S^* e^* \pi$$

由此可以推导出：

$$p_H - p_L = (1 - c_S^*) e^* v + c_S^* e^* \pi - e^* \min(\pi, v)$$

$p_H - p_L$ 反映了企业方与学研方在时期1再谈判过程中冲突的大小。由于 c_B, $c_S \in (0, 1)$，那么只有当双方对研发产品的市场价值无认知差异，即 $v = \pi$ 时，$p_H = p_L$，此时不存在事后"敲竹杠"行为，导致双方联盟合作关系的破裂。当双方出现价值认知差异，即 $v \neq \pi$ 时，根据前述分析计算结果，$p_H > p_L$ 恒成立，企业方对学研方实施"敲竹杠"行为的临界价格严格大于学研方对企业方实施"敲竹杠"行为的临界价格。而学研方在知识产权交易价格 $p = p_L$ 时，对企业方实施"敲竹杠"行为与否是无差异的。同样，当 $p = p_H$ 时，企业将相机对学研方实施"敲竹杠"行为。因此，当 $p < p_L$ 或者 $p > p_H$ 时，"敲竹杠"行为必然存在，只有在 $p_L < p < p_H$ 时，才能避免事后机会主义行为。此时，$[p_L, p_H]$ 可以被认为是研发合作双方的自我履约价格区间，事前价格落在该自我履约区间内时将不会有事后"敲竹杠"行为发生。

命题5.2：联盟协同研发合作的事后效率损失来源于企业方和学研方对创新成果市场价值的认知差异。由于 c_B, $c_S \in (0, 1)$，仅当创新知识产权成果的市场价值全部为事前可缔约的明确价值,即 $v=\pi$ 时,不存在事后效率损失。当创新知识产权成果市场价值无法在事前完全确定时,即存在 $v\neq\pi$ 时,缔约双方只有使事后交易费用 p 位于自我履约区间 $[p_L, p_H]$ 内,才能避免事后效率损失。

假设创新成果的知识边界清晰,不存在隐性知识,双方对创新知识产权成果市场价值的认知差异将不存在,即 $v=\pi$,那么在时期 0 时双方就可以将创新成果明确的市场价值引为契约的一部分。在此情形下,即便此后研发合作发生纠纷,第三方如法院能根据契约约定进行强制执行,此时 $p_H=p_L$,则不存在事后效率损失。

然而在实际研发合作中,创新成果市场价值往往无法在事前完全确定,因此在一般情况下,企业方和学研方对知识产权成果市场价值的认知差异难以消除,即 $v\neq\pi$ 成立,因此,存在事后效率损失,双方只有通过选取一个位于自我履约区间 $[p_L, p_H]$ 的事后交易费用,才能避免事后效率损失。

(三) 弹性契约的事后知识产权交易价格选取

根据上文的推导,履约区间为知识产权交易价格初始弹性契约 $[\underline{p}, \overline{p}]$ 提供了可行性的约束。考虑到缔约双方以契约 $[\underline{p}, \overline{p}]$ 为参照点,判断己方利益被侵犯并进行报复,从而发生"折减",需在履约区间基础上,考虑企业方和学研方不对称折减行为带来的影响,以便最终确定知识产权交易的价格。给定一份弹性契约,知识产权交易价格 $\hat{p} \in [\underline{p}, \overline{p}]$。为避免事后效率损失,缔约双方都面临着履约区间的约束:企业方不能期望支付费用低于 p_L,学研方不能期望得到报酬超过 p_H,否则交易将无法达成。因此,企业方感觉有权仅支付 $p_B = \max(p_L, \overline{p})$,学研方感觉有权获得 $p_S = \min(p_H, \overline{p})$。

为保证交易的可能性,假设价格可行集 $\Omega = [\underline{p}, \overline{p}] \cap [p_L, p_H] \neq \Phi$。此时,即使不会发生将导致合作破裂、联盟稳定性被破坏的事后"敲竹杠"行为,双方仍然会出于对契约参照点不一致的认知而对知识产权交易价格感到不满,从而进行折减,减少研发过程中对对方提供非契约约定的协作行为，影响合作事后效率，同样影响到联盟的稳定性。

若企业方与学研方的折减行为对创新价值的影响程度分别为 θ_B，θ_S，其中，$0 < \theta_B$，$\theta_S \leq 1$。

企业方和学研方的净收益分别为 $U_B = u_B - \theta_S [\min(p_H, \bar{p}) - \hat{p}]$ 和 $U_S = u_S - \theta_B [\hat{p} - \max(p_L, \underline{p})]$。

Hart 和 Moore（2008）的研究假设折减系数 θ 是对称且恒定的。在此基础上，本章拓宽了这一假定，认为折减系数 θ 是产学研异质性双方对于对方折减行为造成了市场价值的贬损所做出的己方的相应折减行为的系数，是双方由于对方折减行为带来的市场价值认知分歧的函数。因而，本章对产学研双方折减系数做了不对称假定，当双方存在知识产权市场价值认知差异时，企业方和学研方的折减系数是不同的。当主观认知的市场价值偏低时，参与方对己方参照点实现的要求将更为严格。

对于企业方而言，其折减系数可表示为 $\theta_B = \dfrac{\beta}{v}$。此时，$\dfrac{\partial \theta_B}{\partial v} = -\dfrac{\beta}{v^2} < 0$。即企业方获得的研发成果市场价值越小，对收益分配不公平就越敏感，那么，造成的折减损失增加得就越快。

相似地，对于学研方而言，其折减系数可表示为 $\theta_S = \dfrac{\beta}{\pi}$，那么，总剩余为 $W = U_B + U_S = u_B + u_S - \Delta S$，其中，因折减而导致的剩余损失 ΔS 为 $\Delta S = \hat{p}(\theta_B - \theta_S) + \dfrac{\beta}{\pi}\min(p_H, \bar{p}) - \dfrac{\beta}{v}\max(p_L, \underline{p})$，则 ΔS 为 $\hat{p}$ 的线性函数，$\dfrac{\partial \Delta S}{\partial \hat{p}} = \dfrac{\beta}{\pi} - \dfrac{\beta}{v}$，因此，求解最优契约：

$$\max_{\hat{p}} \int W dF(\omega)$$

$$s.t. \ [\underline{p}, \bar{p}] \cap [p_L, p_H] \neq \Phi$$

对上式进行求解，可得命题 5.3。

命题 5.3：产学研协同创新合作双方在事前缔结弹性价格契约 $\hat{p} \in$

$[\underline{p}, \bar{p}]$ 时，双方事后效率最大化的最优契约解决机制为：

$$\max W = \begin{cases} \int^{p} [u_B + u_S - \Delta S(\max(p_L, \underline{p}))] dF(\omega_1) + \\ \qquad\qquad v \leqslant \pi, \\ \int [u_B + u_S - \Delta S(\min(p_H, \bar{p}))] dF(\omega_2) \\ \qquad\qquad v \geqslant \pi \end{cases}$$

其中，ω_1 为 $v \leqslant \pi$ 的情形，ω_2 为 $v \geqslant \pi$ 的情形，F 为自然状态 ω_i ($i=1, 2$) 的分布函数。

对于事前缔结的弹性契约 $[\underline{p}, \bar{p}]$（$\hat{p} \in [\underline{p}, \bar{p}]$，$[\underline{p}, \bar{p}] \cap [p_L, p_H] \neq \varphi$），企业方以 $p_B = \max(p_L, \underline{p})$ 为契约参照点，而学研方以 $p_S = \min(p_H, \bar{p})$ 为契约参照点。这样，双方由于折减而产生剩余损失 ΔS。

因此，一份事后效率最大化的最优契约将最大化扣除剩余损失的合作总剩余。对于双方不同的市场价值认知状况，有最优契约解决机制：当 $v > \pi$ 时，学研方对于对方的折减更为敏感，$\frac{\beta}{v} < \frac{\beta}{\pi}$，故当 $\hat{p} = \min(p_H, \bar{p})$ 时，剩余损失 ΔS 最小，实现事后效率最大化。当 $v < \pi$ 时，企业方对于对方的折减更为敏感，$\frac{\beta}{v} > \frac{\beta}{\pi}$，故当 $\hat{p} = \max(p_L, \underline{p})$ 时，剩余损失 ΔS 最小，实现事后效率最大化。当 $v = \pi$ 时，双方对价值认知无差异，$\frac{\beta}{v} = \frac{\beta}{\pi} = \theta$，且根据上述分析，此时 $p_L - p_H = 0$，即履约价格区间 $[p_L, p_H]$ 将收缩为一个点。故此时，当 $\hat{p} = p_H = p_L$ 时，实现事后效率最大。

五 仿真分析

（一）初始参数设置

为进一步揭示协同创新联盟合作方企业和高校、科研院所在研发合作中对创新知识产权的最优分配、最优事后价格选取，本节通过构建仿真模型，结合算例对前文所求得的理论结论进行进一步考察。

对模型中相关参数进行设置（见表 5-1），在模型的可行集内，为使仿真结果形象地展示模型结果，将研发成果对企业方的市场价值 v、对学研方的市场价值 π、对学研方的学术价值 μ 均标准化在（0，1）取值范围内。在情形 ω_1 ($v \leqslant \pi$) 下，学研方认知的知识产权市场价值大于企业方，取 $v_1 = 0.5$，$\pi_1 = 0.55$，满足 $0 < v < \pi < 1$ 的条件；在情形 ω_2 ($v \geqslant \pi$) 下，企业方认知的知识产权市场价值大于学研方，取 $v_2 = 0.8$，$\pi_2 = 0.5$，满足 $0 < \pi < v < 1$ 的条件。学研方努力水平 e^* 由模型计算所得，根据模型设定，双方外部选择小于原期望收益，因此取 $\lambda_B = 0.1$，$\lambda_S = 0.9$，满足 $e^* \min (\pi, v) > \lambda_B c_B^* e^* v + \lambda_S (1 - c_B^*) e^* \pi$ 或 $e^* \min (\pi, v) > \lambda_B (1 - c_S^*) e^* v + \lambda_S c_S^* e^* \pi$，同时折减系数 $\beta \in$ （0，1）。

表 5-1　　　　　　　　　　仿真参数赋值

情形	知识产权市场价值认知差异	v	π	μ	λ_B	λ_S	β
ω_1	学研方大于企业方（$v \leqslant \pi$）	0.5	0.55	0.1	0.1	0.9	0.5
ω_2	企业方大于学研方（$\pi \leqslant v$）	0.8	0.5				

（二）事前创新知识产权的分配

以企业方主导为例，仿真计算研发合作中创新知识产权分配的最优解为 c_B^*。取企业方支付费用 $p = 0.01$，在情形 ω_1 ($v \leqslant \pi$) 和情形 ω_2 ($v \geqslant \pi$) 下，分别考察做出产权分配决策的企业方从契约结果中得到的总收益 u_B 和企业方获得的知识产权份额 c 的变化关系（见图 5-2）。可以看到，企业方总收益 u_B 与知识产权份额 c 呈抛物线趋势变化，即 u_B 随着 c_B 先增大后减小，在最优解 c_B^* 处取得最大值。此外，在 v，$\pi \in$（0，1）范围内进行多组数据的仿真，得到的结论一致。这是由于企业不断扩大己方知识产权份额虽然能在产品价值分配上攫取较多的收益，但由于损害了学研方的利益而使其降低努力程度，导致双方收益都因产品价值的降低而减少。因此，在事前谈判主导方进行知识产权份额的选择时，应以全局的视角考量份额的变动对产学研合作整体效率的影响，以提高联盟协同合作成效。

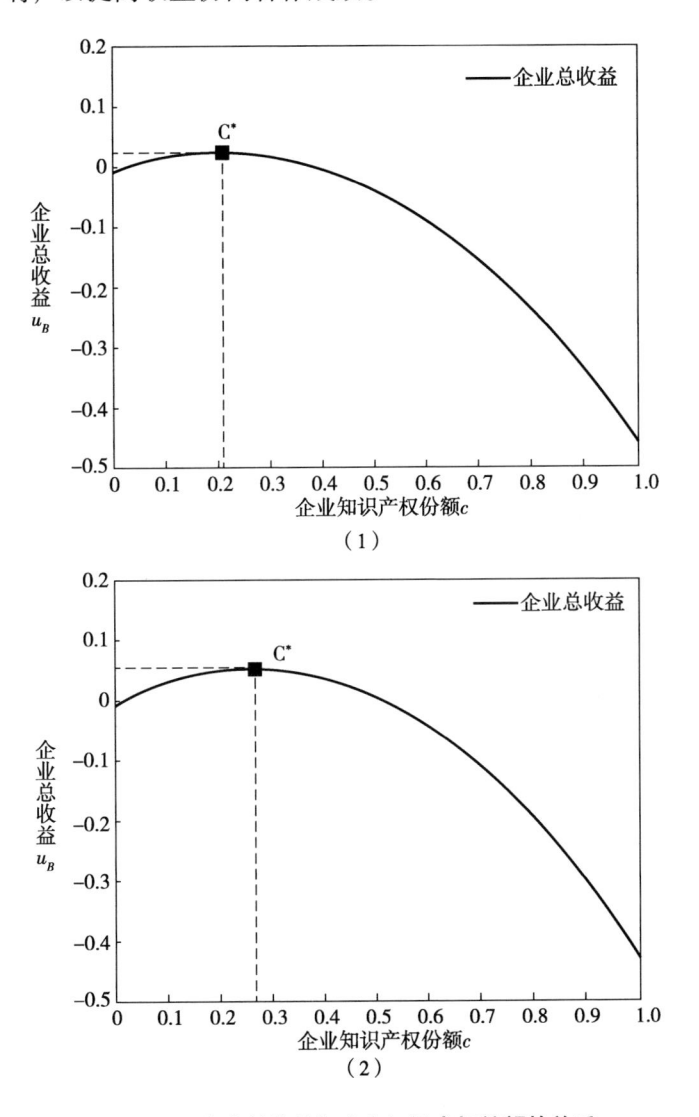

图 5-2　企业总收益与企业知识产权份额的关系

此外，为了检验结果的普适性，再引入企业方支付费用 p 作为变量，得到图5-3。u_B-p 截面呈线性下降趋势，故无论企业方支付费用 p 取何值，都不影响总收益 u_B 和随企业方获得的知识产权份额 c 的变化关系，因此根据命题5.2求解的最优知识产权份额 c_B^* 对任何 p 都不失有效性。

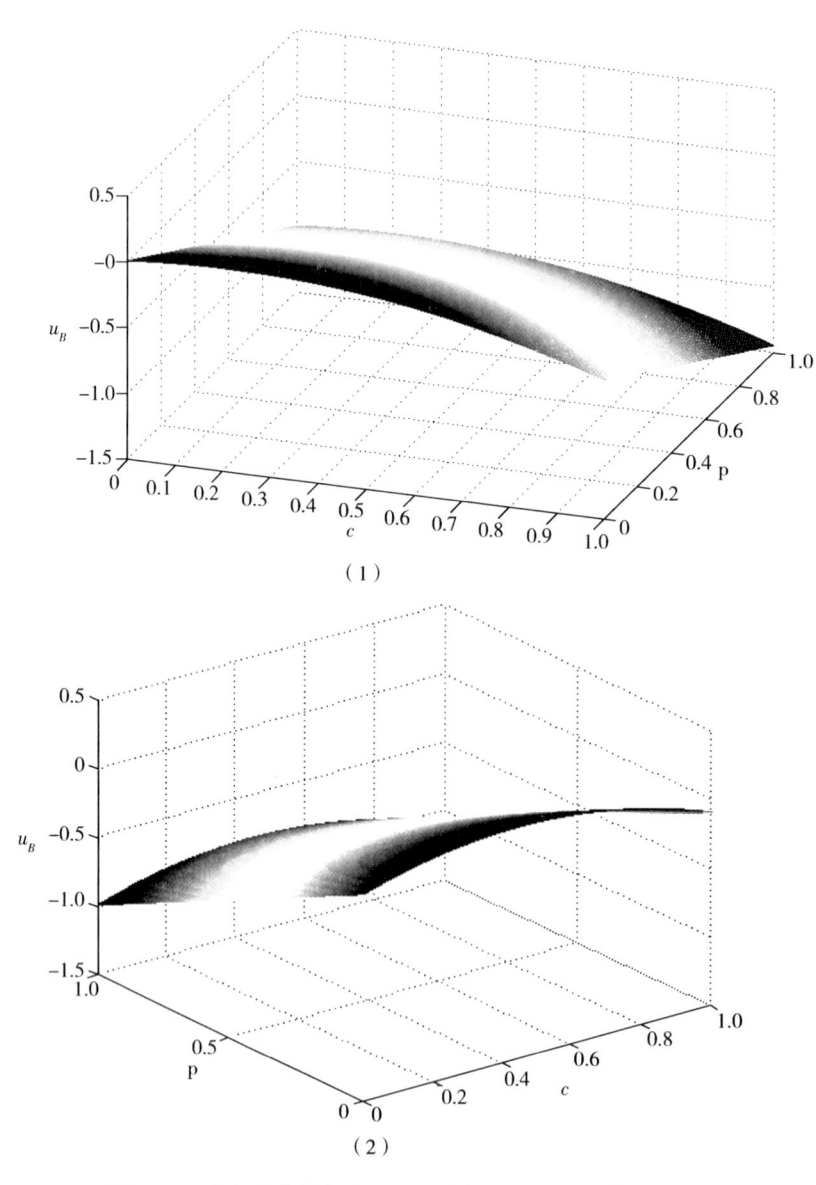

图5-3 企业总收益与企业知识产权份额和支付费用的关系

（三）事后知识产权交易价格选取

在相同参数设定的基础上，同样对于情形 ω_1（$v \leq \pi$）和情形 ω_2（$v \geq \pi$），以企业方主导为例，取 $\underline{p}=0.015$，$\bar{p}=0.045$，考察契约双方总剩余 W 与事后价格 p 之间的关系（见图 5-4），当双方价值认知存

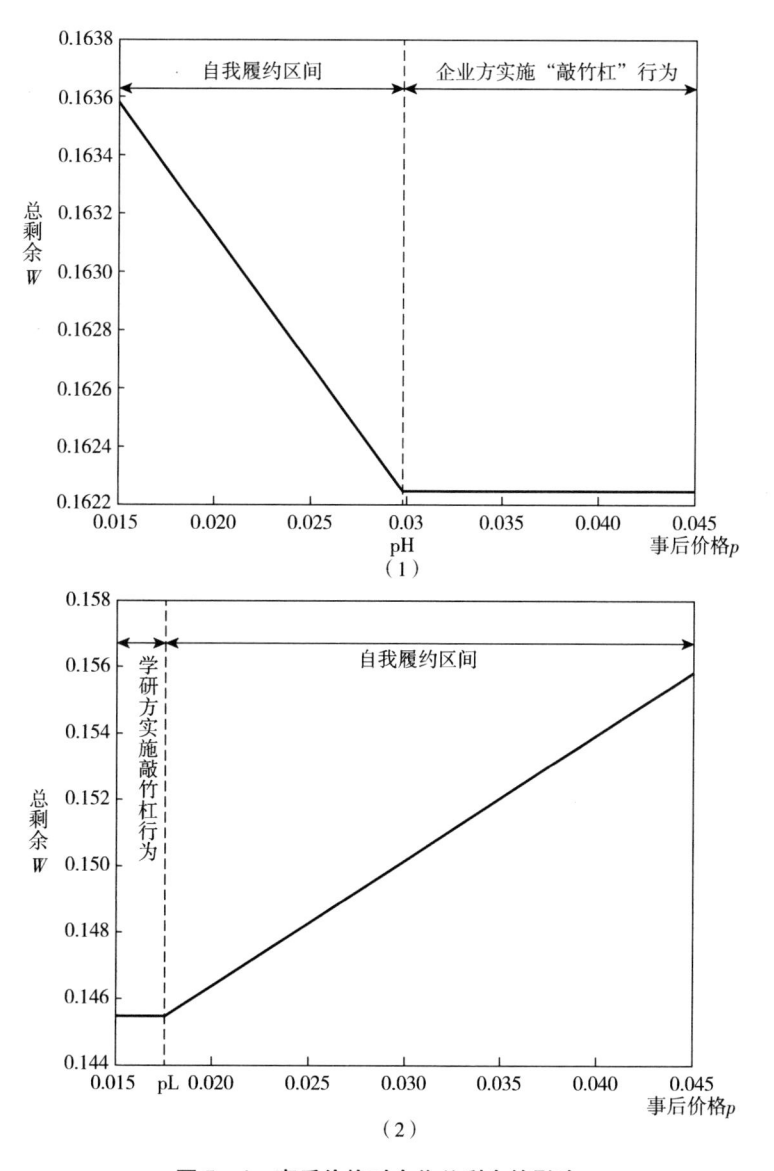

图 5-4　事后价格对合作总剩余的影响

在差异时，自我履约价格区间内双方总剩余随事后价格呈线性变化，而在自我履约区间之外，由于"敲竹杠"行为导致事后效率损失，使总剩余恒处于最低水平。在最优事后价格的选取上，则遵循了最优契约模型的结论，在情形 ω_1 ($v \leqslant \pi$) 下选择事后价格，$\hat{p} = \max(p_L, \underline{p}) = p_L = 0.0015$；在情形 ω_2 ($v \geqslant \pi$) 下选择事后价格 $\hat{p} = \min(p_H, \bar{p}) = p_H = 0.0045$，缔约双方将实现契约的最优，事后效率得以最大化。同样地，在 $v, \pi \in (0, 1)$ 范围内进行多组数据的仿真，结论一致。

仿真结果与模型结果的一致进一步验证了理论模型推导的结论。结果表明，自我履约价格区间内价值认知差异越小，越有利于合作双方获得最大总剩余，避免事后效率损失，但双方由知识产权价值认知差异引发的折减行为仍广泛存在，这不利于产学研协同联盟整体事后效率最大化。因此，在事后再谈判中，应根据双方价值认知差异状况对知识产权交易价格进行优化选取，从而使产学研合作联盟整体效率达到最优。

六 模型与仿真结果

本章研究了无外部约束的简单产学研协同创新联盟中的知识产权冲突契约协调机制设计问题。本章在产学研联盟合作事前阶段设计以激励学研方最佳努力水平的知识产权分配参数，并在参照点契约分析框架下，引入企业方和学研方议价能力不对称、价值认知不对称及折减行为不对称的假定，建立了产学研合作背景下的事后效率模型。理论和仿真分析表明，对创新知识产权分配份额进行事前优化配置，能够使学研方的努力程度达到最大，进而提高研发合作的价值产出；缩短契约自我履约空间内价值差异的长度，在一定程度上能够避免事后效率的损失，但由双方价值认识分歧导致的折减行为依然存在，需要双方通过事后知识产权交易价格的优化选取后，才能实现产学研合作整体效率的最大化，并有如下机制含义。

第一，产学研协同创新联盟事前契约的订立阶段应以共同利益最大化为目标。

针对联盟事前契约签订阶段的知识产权收益分配比例的冲突，企业方与学研方订立研发合作契约时，拥有主导议价能力的一方对知识产权份额的选取，既关系到己方的分配份额，同时也影响着对学研方研发努力水平的激励程度，事前谈判中处于优势地位的主体应在这一阶段先弱化对价格因素的考虑，并从双方合作最优化意义上对知识产权分配的最优份额进行准确估算与制定，充分发挥契约条款对事前阶段学研方努力水平的激励作用，为研发合作的后续协同稳定提供保障。

第二，通过契约再谈判及互动学习机制有效缩短契约自我履约空间内价值的差异长度，降低双方知识产权市场价值的认知差异。

在知识产权成果形成阶段，双方对知识产权市场价值判断产生分歧，企业方和学研方对创新知识产权成果市场价值的认知差异将通过契约参照点偏差影响其公平感知，其感知差异的大小将影响自我履约价格空间内价值认知差异带来的冲突或摩擦的大小，即自我履约空间价格执行的长度，构成下一阶段的最优价格选取的条件，自我履约空间内价值差异区间过长将对事后阶段最优价格机制的执行带来负面影响，造成后续知识转移及知识产权市场化过程中的合作冲突，破坏联盟协同性和稳定性。为此，引入契约再谈判机制和异质性主体互动学习机制有助于降低由双方知识产权标准不同和市场变化等带来的价值认知差异，减少履约空间内价值差异长度和摩擦的大小，增强联盟稳定性。

第三，优化知识产权成果市场价值评估机制和交易价格确定机制，培育契约履约意识，增强联盟协同稳定性。

在契约最终履约阶段，事前契约中弹性价格区间和事后自我履约价格区间交集中的价格选择将使知识产权交易双方避免"敲竹杠"行为，然而在信息不完全、不确定性大的创新合作实践中，契约仍然具有不完备性，双方认为获得的研发成果市场价值越小，对收益分配不公平就越敏感，在后续知识产权成果市场化阶段中仍会出现折减行为，从而将从知识产权交易价格中寻求补偿并讨价还价造成知识产权契约冲突。对此，研究结论揭示了明确最优价格和最优价格机制的必要性：充分运用中立权威的市场、政府及联盟内部各方力量，对知识产权成果进行有效评估，根据价值的客观评估引导双方差异化感知缩小，对知识产权弹性交易价格进行合理的选取和磋商，带来在自我履约空间中不同的最优价格选择，避免事后效率损失。同时，应培育契约共同履约意识，最大限度减少折减行为，提高产学研创新联盟的协同稳定性。

第二节　基于微分博弈的微观信任机制研究

基于第四章知识产权冲突原因的扎根理论分析，在产学研稳定运行的主要障碍里，知识产权合作信任冲突构成了影响无外部约束联盟合作破裂的主要原因，并存在于产学研合作的每个阶段，而且对双方行为偏差的观察和努力程度的怀疑，导致了大量的知识产权合作纠纷，形成了对联盟协同性和稳定性的破坏。在正式契约激励机制发挥作用的同时，良好信任关系的积极期望对于正式契约机制更好地实施和合作的稳定发展也至关重要，将增进产学研异质性主体间的协同性，为未来共同承担风险。因此，联盟稳定发展迫切需要知识产权信任协调机制。

一　影响联盟稳定性的知识产权冲突的信任缺失机理分析

本章认为以下三个方面的因素将导致产学研协同创新的信任缺失，并引发产学研知识产权冲突和联盟协同性和稳定性的下降。

（一）产学研双方知识产权供需信息隐瞒和信息披露机制不匹配

首先，在产学研协同创新联盟中，大学和科研机构获得的重要知识产权核心技术信息在交易没有完成前不会完全或轻易披露给企业方，避免技术过早被收购后由企业方获得该技术的后续开发主动权，令高校和科研机构丧失先机，学研方将蒙受损失和失去后续知识产权收益取得的谈判能力。在这样的条件下，大学或科研机构具有信息优势，企业方处于信息劣势，所带来的结果是企业方难以准确了解到大学或科研机构的知识产权的真实技术价值，同样对研发过程的耗时长短、知识产权形成后的转化难度以及知识产权成果未来的应用前景和经济价值等方面难以及时评估和掌握，进而导致对学研方的不信任。

其次，企业方在寻求学研方进行知识产权合作时，往往会出于战略保护意图而选择保留企业的核心知识产权需求信息，避免失去市场优势。在这种情况下，学研方难以了解企业方的知识产权合作能力和合作需求，对企业方的知识产权合作行为难以准确判断，处于信息劣势，导致对处于市场信息优势方的企业方有所质疑和不信任。

最后，在产学研联盟异质性主体合作过程中，合作成员属于制度类型不同的组织，双方的知识产权信息披露机制不对称，披露诉求不一致，学术型知识产权成果披露动机和商业型知识产权保护动机很容易发生冲突，因此信息共享可能存在一些扭曲和不确定性。总之，产学研各方处于信息优劣势交织的状态，双方信息的披露完全性、披露时机和披露方式都关乎各自的生存，将对合作双方信任水平带来负面影响，一旦有一方对另一方产生猜疑，将很有可能升级为双方互信的丧失，威胁到联盟协同性，这是导致信任危机和产学研协同创新联盟知识产权合作破裂的主要诱因。

（二）产学研协同创新联盟异质性主体间的高昂知识产权合作协同成本

在产学研协同创新联盟合作中，定位差异、目标差异和背景差异构成了合作各方的异质性，在定位差异方面，学研方，尤其是高校，在中国的国情下，首先定位于公益事业，总体更为注重知识产权的社会效益；而企业方的经济驱动动机较强，将优先关注知识产权的经济效益，并在此基础上关注社会效益，在效益关注点上优先次序不同，带来双方的定位也不同。在目标差异方面，以高校为主的学研方参与合作的主要目的是产生高水平的知识产权成果，培养高水平的精英，提高学术声誉，并获得企业方的财务支持；而企业方的目标是获得高校等科研机构的知识产权成果并加以商业化，对学术声誉的维护和通用型人才的培养职能较弱，使双方的合作存在目标差异。在背景差异方面，大学、研究机构拥有相对丰富的研究型智力资源，众多专家、研究人员、研究生形成专业领域内的有学术影响力的知识产权研发团队，具有学术特质；企业方则拥有密切的市场关系、实践经验丰富的应用人才以及战略目标导向下的知识产权研发成果运营机制，具有市场特质，带来双方合作背景的差异。

以上三个方面的差异使合作双方在话语体系、希望达成的目标诉求、各自的知识结构优势以及对彼此需求的回应方面各不相同，从而导致主观和客观上双方对对方的要求并不总是能够完全满足，存在复杂的沟通障碍和额外的协同成本，容易导致知识产权冲突，增大联盟合作的难度，降低联盟信任水平，影响产学研协同创新联盟的稳定性。

（三）产学研合作各方的知识产权"机会主义"行为

根据新制度学派的思想，经济主体在追求自身利益最大化过程中容易产生机会主义的动机和行为。在产学研联盟中，"搭便车"等机会主义行为在很大程度上仍然存在。由前述法律案例文本可以看出，产学研双方在属于信任问题导致的合作破裂范畴中，比较突出的一个原因是质疑对方未尽其责，这说明产学研双方对于对方在履行合作义务时是否努力程度最大极为关注，由此常常引发知识产权冲突。一方面，企业方有可能借助产学研机会获得学研方核心知识产权或通过产学研合作获取政策补贴或扶持，对于真正的知识产权成果的研发及转化往往并不关注，可能采用半积极的态度进行合作，甚至采用实质性不合作的消极态度处理合作中的问题，由此可能引发学研方的不满和质疑，从而破坏联盟信任关系；另一方面，学研方也有可能因为学术考核和晋升需要和企业方签订产学研合作协议,为获得企业方的资金支持,或完成考核任务而进行形式上的合作,而在具体进行过程中,却采取消极态度和消极行为来对待合作。但是,机会主义动机往往非常隐蔽,合作双方都小心地隐瞒自己的投机行为或"搭便车"行为,所以机会主义行为很难被直接观察到。但是,当双方都根据自己的需求、对契约的初始期望以及合作研发过程中对合作方的观察来判断对方的行为和态度时,一旦知识产权成果前景未达到己方预期,预期高的一方就会对另一方的努力程度形成负面判断,并将合作失败的原因归结于对方的努力程度不够或"搭便车"的机会主义行为,严重时付诸法律来解决这一问题。因此,机会主义不必然导致信任的破裂,但信任的破裂很有可能被合作双方由于不能达到己方要求而归结为机会主义行为,因此,其仍然构成信任破裂、联盟无法稳定协同合作的影响因素。

二 产学研知识产权合作信任问题相关研究

(一) 产学研知识产权合作信任的概念界定

信任主题在诸如社会学、心理学和经济学等许多领域中广泛活跃,学者根据不同的立场和观点来定义信任,以了解信任的本质。Inkpen 和 Tsang (2005) 基于社会资本理论,将社会信任视为基于他人人格和能力的社会判断。杨静 (2006) 认为组织间信任是基于合作者对其他合作主体履行契约的意愿和能力的期望,并认为合作伙伴不会利用对方的弱点来谋取个人利益。李东红和李蕾 (2009) 研究信任的基本特征,认为信任是双向关系的表达以及成员有一定的风险合作的意愿。

总之,信任一方面表示为对他人行为和能力的积极期望,另一方面表示愿意承担可能发生的意外损失。在此基础上,本书将产学研协同创新知识产权合作成员的信任定义如下:确保知识产权合作伙伴即使在不受监控的情况下也不会以损害己方利益的方式行事,并且他们相信对方有足够的能力和资源来履行知识产权合作契约,并愿意接受知识产权研发及转化的过程中可能发生的意外损失。

(二) 信任对产学研联盟知识产权稳定合作的促进

战略联盟的稳定维持,要求盟员在合作过程中重视与伙伴的互动,观察并理解伙伴的行为并在此基础上对自身行为进行适度调整,与此同时,也对盟员从联盟以外获取知识并转化成内部创新的能力有一定要求。

产学研知识产权战略联盟,基于盟员的多元性和合作目标的特殊性,对上述联盟中盟员的互动和知识流动环境要求只增不减。Inkpen 和 Currall (2004) 指出信任为早期战略联盟创造良好的盟员互动环境,可以有效地减少盟员摩擦的可能。Maurer (2010) 则从联盟知识流动的角度,调查了 144 个战略联盟,发现联盟盟员之间的信任可以鼓励盟员寻求更多的外部知识,从而促进联盟内部的知识创新,有利于知识产权的研发与转化。除此之外,Nielsen 和 Nielsen (2009) 从组织行为、知识流动和资金运作的视角,分析了 120 家国际战略联盟,不仅得出了和 Maurer (2010) 相似的结论,还指出联盟成员的信任关系可以增加联盟产品对外交易的数量。

国内学者对产学研联盟与信任相关关系的研究更加广泛。朱永跃和顾国庆 (2013) 对研究产学研协同创新的信任问题也得出结论:信任有助于降低产学研联盟知识产权合作的成本。陈柳 (2015) 实证分析了信任等社会资本资源可以有效加深产学研合作模式的合作深度,提高了知识产权合作效率和知识产权产出率。朱少英和齐二石 (2016) 基于关系联结理论,也指出信任对产学研联盟伙伴关系品质有显著的正向影响。

(三) 信任作为非正式制度对产学研知识产权合作正式制度的补充的必要性

越来越多的学者开始强调信任作为对正式制度的补充对产学研知识产权合作的必要性。

从产学研联盟合作阶段角度，Inkpen 和 Currall（2004）认为当联盟中的盟员关系从初始关系发展到紧密关系时，盟员之间的信任关系可以影响并加强联盟正式制度对联盟创造的内部控制。从知识产权合作中知识流动的角度，学界强调了信任对于产学研联盟隐性知识获得的必要性。Li 等（2010）指出了产学研联盟对隐性知识的获取必须基于盟员之间存在一定信任关系的这一必要前提。刁丽琳和朱桂龙（2015）则证实了产学研联盟中的契约控制机制在促进联盟显性知识流动的同时，也抑制了隐性知识的传播，而盟员之间的信任对两种知识的流动都具有一定的促进作用，对隐性知识的促进则尤为明显。在知识产权合作过程中，产学研联盟往往会出现正式制度难以控制机会主义风险的情况，黄劲松和郑小勇（2015）认为信任可以有效减少产学研联盟的不确定性。此外，周竺和黄瑞华（2004）指出信任是产学研联盟知识产权合作中区别于正式法律占有产权的一种非正式知识产权保护方式，是产学研联盟风险管控的重要手段。

三　模型选择、假设与变量设计

（一）产学研协同创新联盟微分博弈模型背景

在产学研协同创新联盟内，在研发初期的知识产权合作信任协调机制方面，参与者根据合作伙伴过去的知识产权合作经验以及知识产权合作声誉对其进行初始的、积极的信任水平评价，便于合作关系始于良好的开端，为后续项目的顺利合作打下基础，建立起基于声誉水平的个人信任。

在知识产权研发进行过程中，双方对知识产权合作的信任关系维持的努力建立在各方的行为和时间基础上。基于持续努力行为的信任机制，随着知识产权共享频率和程度的加深，所积累起的异质性主体知识产权合作经验使这种差异转化为互补的创新优势，不仅促进了联盟的显性知识产权知识的分享，还可以促进隐性知识产权知识的共享，在此阶段合作双方将建立起过程信任。

在知识产权成果转化阶段，信任类型应从初期的个人信任到中期的过程信任，再发展到最后的制度信任，双方基于前期的知识产权合作，建立起符合双方行为和努力程度的协同行动规范，最终在知识产权成果转化阶段达到高度的协调和互信，对知识产权成果转化过程中引起的利益纠纷，能够通过双方协商和沟通达成一致，为联盟长期稳定合作打下基础。

当然，仍然要看到，信任机制可以并有必要在知识产权合作前、合作中产生出来，个人信任、过程信任和制度信任将交织于知识产权合作的全过程，并非简单的线性关系或替代关系，因此，产学研知识产权合作研发信任机制的建立是非线性的、多类型信任关系演变的复杂动态路径。

如第四章所述，在产学研协同创新知识产权合作的背景下，信任冲突所涉及的阶段包括产学研合作的全过程和技术研发及转化的所有阶段，从双方的背景知识产权以及创新相关资源的投入到合作研发，再到取得最终知识产权并转化成市场成果，其过程包含连续的策略变化，适用于微分博弈的时间不间断的动态情形。同时，在产学研知识产权合作信任机制的建立过程中，博弈局中人将存在非合作动机和合作动机及相应的努力水平，其中非合作动机包括了企业方和学研方互相套取关键知识产权成果或研究资金等研究资源，而不希望付出过多代价的机会主义动机，相应的行为则为"搭便车"等努力水平较低的合作行为；而合作动机则指产学研各方都以共同利益最大化为目标，以获得共同高新技术知识产权成果和产品，提高技术研发水平或培养研发及管理人才为合作动机，其行为表现为尽力投入己方资源以进行实质性合作，并包括能持续进行规范化程度高的管理以建立信任关系等努力水平高的合作行为。动机不一样，则影响到信任机制的建立及其维护的努力水平不同，从而导致知识产权成果所带来的个人利益和团体利益不同，博弈的形式及结果也不同。赵琳（2018）运用微分博弈进行了产学研合作信任机制的分析,本书选取该思路,运用微分博弈对产学研协同创新知识产权合作信任机制的构建与维护进行博弈模型研究,分析产学研各方知识产权的动态博弈在非合作和合作动机下的各方信任水平、努力水平、个体利益和团体利益以及产学研各方博弈机制与博弈结果。

（二）模型假设与变量设计

基于定量研究的需要,相关的非经济效益统一包含在纯经济效益中,根据本章的研究对象介绍,本节考虑的是由企业方和学研方组成的无约束的简单产学研协同创新知识产权合作联盟,考察其信任协调机制的建立及维护问题,并有如下假设。

假设5.6：产学研双方为进行各自维护知识产权合作信任的努力行为,将付出对信任机制建设和维护的相应成本,即知识产权合作信任机制建设及维护成本为双方努力行为水平的严格凸增函数,即可设企业与学研方的成本均为二次函数,即：

$$C_A(t) = 0.5 * \theta_A(t) A^2(t)$$

$$C_B(t) = 0.5 * \theta_B(t) B^2(t)$$

其中,$A(t)$、$B(t)$分别是学研方和企业方为建设和维护双方知识产权合作信任机制而付出的努力水平,是双方进行的决策变量；$\theta_A(t)$、$\theta_B(t)$分别代表了学研方与企业方的努力行为对其知识产权决策成本的影响系数；$C_A(t)$、$C_B(t)$则分别表示学研方与企业方建设和维护知识产权信任机制的成本,t为时间因素；假设5.6的成本函数符合边际成本递增的一般规律。

假设5.7：联盟知识产权合作信任水平与学研方和企业的努力水平有关,即努力程度越高,触发知识产权冲突的可能性越低,双方信任水平将越高,并呈现严格下凸的趋势,可以视为动态演变的过程,由此可设合作双方的知识产权合作信任水平的动态变化规律符合下列微分方程（Nerlove和Arrow,1962）,即：

$$\begin{cases} \dot{ul}(t) = \rho_A(t)A(t) + \rho_B(t)B(t) - \delta(t)ul(t) \\ ul(0) = ul_0 > 0 \end{cases}$$

其中，变量 ul(t) 表示 t 时期联盟双方协同合作过程中累计形成的知识产权合作信任水平，其中初始信任水平为 ul(0) = ul_0 > 0，代表知识产权合作开始的信任基础；ρ_A > 0、ρ_B > 0 分别表示产学研双方的机制建设与维护努力对累计知识产权合作信任水平的影响因子；δ > 0 表示产学研双方不付出合作努力，在内外部影响下，其知识产权合作相互信任的衰减系数。

假设 5.8：为激励学研方投入核心技术及背景知识产权，企业方对学研方在目前的信任水平下给予补偿激励 m(t)ul(t)，对学研方的知识产权创新成本予以弥补，m(t) 为补偿带来的边际影响。

假设 5.9：假设学研方与企业方通过建设和维护知识产权合作信任机制得到合作的收益回报，并按事先约定的比例进行分配，则学研方获得 $\alpha(t) \in (0,1)$，企业方获得 $1 - \alpha(t)$。

假设 5.10：由信任机制带来的外部经济预计将促进技术创新效率的提高，同时也会产生技术合作和知识产权成果市场化等规模经济（马歇尔，2009）。基于此，设产学研合作在具有共同信任水平 ul(t) 时，协同联盟的总收益 R(t) 在时刻 t 为（张建军等，2012）：

$$R(t) = \lambda(t)ul(t)^2$$

其中，$\lambda(t)$ 表示协同创新联盟在时刻 t 时拥有的信任水平对协同联盟知识产权总收益的影响系数。

假设 5.11：对于时间价值问题，设双方目标为在合作的时域内付出努力水平以建构获取利润最大化的联盟知识产权合作信任机制，在过程中对信任机制进行维护，设学研方和企业方在任意时刻 t 有同样的贴现因子 e^{-rt}，其中 r 是贴现率，并且 r > 0。

考虑到动态环境变量 $\theta_A(t)$、$\theta_B(t)$、$\alpha(t)$、$\rho_A(t)$、$\rho_B(t)$、$\delta(t)$、m(t)、$\lambda(t)$ 在随时间变化的条件下会对微分博弈模型的显

性解析解的求解带来困难,因此,为便于研究,设前述各动态环境系数为与时间无关的常数,即 $\theta_A(t) \equiv \theta_A$、$\theta_B(t) \equiv \theta_B$、$\alpha(t) \equiv \alpha$、$\rho_A(t) \equiv \rho_A$、$\rho_B(t) \equiv \rho_B$、$\delta(t) \equiv \delta$、$m(t) \equiv m$、$\lambda(t) \equiv \lambda$。

四 联盟知识产权非合作动机信任协调机制建设的博弈情形

(一) 非合作动机下产学研协同创新联盟知识产权信任维护决策模型构建

当学研方与企业方在联盟知识产权合作中采用追求自身利益最大化的动机,采用非合作态度,各自为政且不考虑对方及合作总体利益时,联盟各方将出现机会主义行为或"搭便车"等行为,根据前述假设,学研方的全部期望收益为:

$$TR_A(A(t)) = \int_0^{+\infty} [\alpha R(t) - 0.5 * \theta_A A^2(t) + m\mathrm{ul}(t)] e^{-rt} dt$$

则学研方优化问题的目标函数为:

$$\max_{A(t)} \left\{ TR_A(A(t)) = \int_0^{+\infty} [\alpha R(t) - 0.5 * \theta_A A^2(t) + m\mathrm{ul}(t)] e^{-rt} dt \right\} \tag{5-1}$$

同理可得企业方优化问题的目标函数为:

$$\max_{B(t)} \left\{ TR_B(B(t)) = \int_0^{+\infty} [(1-\alpha) R(t) - 0.5 * \theta_B B^2(t) - m\mathrm{ul}(t)] e^{-rt} dt \right\} \tag{5-2}$$

且式(5-1)和式(5-2)均受以下微分方程的约束:

$$\begin{cases} \dot{\mathrm{ul}}(t) = \rho_A A(t) + \rho_B B(t) - \delta \mathrm{ul}(t) \\ \mathrm{ul}(0) = \mathrm{ul}_0 > 0 \end{cases} \tag{5-3}$$

(二) 博弈均衡表达式

记 $A^*(t)$、$B^*(t)$ 分别为学研方与企业方的均衡策略,为研究书写方便,记:

$$J_A(A(t), \text{ul}(t), t) = \alpha R(t) - C_A + M$$

$$J_B(B(t), \text{ul}(t), t) = (1-\alpha) R(t) - C_B - M$$

且学研方自 t 时刻的共同信任水平 ul(t) 以后的最大化收益函数为：

$$R_A^*(\text{ul}(t), t) = \max_{A(t)} \int_t^{+\infty} J_A(A(s), \text{ul}(s), s) e^{-rs} ds$$

(5-4)

同理，企业方自 t 时刻的共同信任水平 ul(t) 以后的最大化收益函数为：

$$R_B^*(\text{ul}(t), t) = \max_{B(t)} \int_t^{+\infty} J_B(B(s), \text{ul}(s), s) e^{-rs} ds$$

(5-5)

综上，有如下命题。

命题5.3：产学研协同创新联盟知识产权信任协调机制建构的微分非合作博弈问题具有如下 Hamilton-Jacobi-Bellman（HJB）方程：

$$\begin{cases} -\dfrac{\partial R_A^*}{\partial t} = \max_{A(t)} \left[J_A(A, \text{ul}, t) e^{-rs} + \dfrac{\partial R_A^*}{\partial \text{ul}} (\rho_B B(t) + \rho_B B(t) - \delta \text{ul}) \right] \\ -\dfrac{\partial R_B^*}{\partial t} = \max_{B(t)} \left[J_B(B, \text{ul}, t) e^{-rs} + \dfrac{\partial R_B^*}{\partial \text{ul}} (\rho_A A(t) + \rho_B B(t) - \delta \text{ul}) \right] \end{cases}$$

(5-6)

证明：

将式（5-4）值函数的区间 $[t, +\infty)$ 分解为 $[t, t+\Delta t]$ 和 $[t+\Delta t, +\infty)$ 两个子区间，即：

$$R_A^*(\text{ul}, t) = \max_{\substack{A(t) \\ t \leq s \leq t+\Delta t}} \left\{ \int_t^{t+\Delta t} J_A(A, \text{ul}, s) e^{-rs} ds + R_A^*(\text{ul}+\Delta \text{ul}, t+\Delta t) \right\}$$

(5-7)

将函数 $R_A^*(\text{ul}+\Delta \text{ul}, t+\Delta t)$ 在 (ul, t) 处展开，可得：

$$R_A^*(\text{ul}+\Delta \text{ul}, t+\Delta t) = R_A^*(\text{ul}, t) + \dfrac{\partial R_A^*}{\partial t}(\text{ul}, t) \Delta t +$$

$$\dfrac{\partial R_A^*}{\partial \text{ul}}(\text{ul}, t) \Delta \text{ul} + h.o.t.$$

(5-8)

且由中值公式可知，存在 $\tilde{t} \in [t, t+\Delta t]$ 满足：

$$\int_{t}^{t+\Delta t} J_A(A, \mathrm{ul}, s) e^{-rs} ds = J_A(A(\tilde{t}), \mathrm{ul}(\tilde{t}), \tilde{t}) e^{-rs} \Delta t$$

因此，

$$R_A^*(\mathrm{ul}, t) = \max_{\substack{A(t) \\ t \leq s \leq t+\Delta t}} \left\{ J_A(A(\tilde{t}), \mathrm{ul}(\tilde{t}), \tilde{t}) e^{-rs} \Delta t + \frac{\partial R_A^*}{\partial t}(\mathrm{ul}, t) \right.$$

$$\left. \Delta t + \frac{\partial R_A^*}{\partial \mathrm{ul}}(\mathrm{ul}, t) \Delta \mathrm{ul} + h.o.t \right\} \qquad (5-9)$$

令 $\Delta t \to 0$，得 $\tilde{t} \to t$ 及下列方程式：

$$0 = \max_{A(t)} \left\{ J_A(A(t), \mathrm{ul}(t), t) e^{-rs} + \frac{\partial R_A^*}{\partial t}(\mathrm{ul}(t), t) + \right.$$

$$\left. \frac{\partial R_A^*}{\partial \mathrm{ul}}(\mathrm{ul}(t), t) \dot{\mathrm{ul}} \right\} \qquad (5-10)$$

由此可得学研方优化问题的等价方程：

$$0 = \max_{A(t)} \left\{ J_A(A, \mathrm{ul}, t) e^{-rs} + \frac{\partial R_A^*}{\partial t}(\mathrm{ul}, t) + \right.$$

$$\left. \frac{\partial R_A^*}{\partial \mathrm{ul}}(\mathrm{ul}, t)(\rho_A A(t) + \rho_B B(t) - \delta \mathrm{ul}) \right\} \qquad (5-11)$$

据此，学研方 $[t, +\infty)$ 的优化问题可等价于式（5-11）给出的优化问题，即 Hamilton-Jacobi-Bellman（HJB）方程，企业方优化问题的 HJB 方程同理也可按前述分析过程得到，则命题 5.3 证毕。

记：

$$\Gamma_A(\mathrm{ul}(t)) = e^{rt} R_A^*(\mathrm{ul}(t), t)$$

$$\Gamma_B(\mathrm{ul}(t)) = e^{rt} R_B^*(\mathrm{ul}(t), t) \qquad (5-12)$$

命题 5.4：产学研协同创新联盟在知识产权非合作动机下的信任机制建设的微分博弈问题即式（5-1）、式（5-2）和式（5-3），其最优共同信任水平随时间变化的路径为：

$$\mathrm{ul}^*(t) = e^{Pt}\left(\mathrm{ul}_0 + \frac{Q}{P}\right) - \frac{Q}{P}$$

其中，

$$P = \frac{2X_1^* \rho_A^2}{\theta_A} + \frac{2X_2^* \rho_B^2}{\theta_B} - \delta$$

$$Q = \frac{Y_1^* \rho_A^2}{\theta_A} + \frac{Y_2^* \rho_B^2}{\theta_B}$$

建设和维护联盟共同信任机制的最优努力水平随时间变化的路径为：

$$\begin{cases} A^*(t) = \dfrac{\rho_A (2X_1^* \text{ul} + Y_1^*)}{\theta_A} \\ B^*(t) = \dfrac{\rho_B (2X_2^* \text{ul} + Y_2^*)}{\theta_B} \end{cases}$$

两者的均衡利润的路径为：

$$\begin{cases} R_A^* (\text{ul}(t), t) = (X_1^* \text{ul}^2 + Y_1^* \text{ul} + Z_1^*) e^{-rt} \\ R_B^* (\text{ul}(t), t) = (X_2^* \text{ul}^2 + Y_2^* \text{ul} + Z_2^*) e^{-rt} \end{cases}$$

考虑参数 X_1、Y_1、Z_1、X_2、Y_2、Z_2 的拟约束方程组有解（X_1^*，Y_1^*，Z_1^*，X_2^*，Y_2^*，Z_2^*），即：

$$\begin{cases} rX_1 = \alpha\lambda + \dfrac{2X_1^2 \rho_A^2}{\theta_A} + \dfrac{4X_1 X_2 \rho_B^2}{\theta_B} - 2X_1 \delta \\ rY_1 = \dfrac{2X_1 Y_1 \rho_A^2}{\theta_A} + m + \dfrac{2\rho_B^2 (X_1 Y_2 + X_2 Y_1)}{\theta_B} - Y_1 \delta \\ rZ_1 = \dfrac{Y_1^2 \rho_A^2}{2\theta_A} + \dfrac{X_1 X_2 \rho_B^2}{\theta_B} \\ rX_2 = (1-\alpha)\lambda + \dfrac{2X_2^2 \rho_B^2}{\theta_B} + \dfrac{4X_1 X_2 \rho_A^2}{\theta_A} - 2X_2 \delta \\ rY_2 = \dfrac{2X_2 Y_2 \rho_B^2}{\theta_B} - m + \dfrac{2\rho_A^2 (X_1 Y_2 + X_2 Y_1)}{\theta_A} - Y_2 \delta \\ rZ_2 = \dfrac{Y_2^2 \rho_B^2}{2\theta_B} + \dfrac{Y_1 Y_2 \rho_A^2}{\theta_A} \end{cases} \quad (5-13)$$

证明：

由式（5-12）对 t 和 ul 求偏导后，代入微分博弈的 HJB 方程，即

式 (5-6)，得：

$$\begin{cases} r\Gamma_A(\mathrm{ul}(t)) = \max_{A(t)} [J_A(A, \mathrm{ul}, t) + \Gamma'_A(\mathrm{ul}(t)) \\ \qquad\qquad\qquad (\rho_A A + \rho_B B - \delta \mathrm{ul})] \\ r\Gamma_B(\mathrm{ul}(t)) = \max_{B(t)} [J_B(B, \mathrm{ul}, t) + \Gamma'_B(\mathrm{ul}(t)) \\ \qquad\qquad\qquad (\rho_A A + \rho_B B - \delta \mathrm{ul})] \end{cases}$$

$$(5-14)$$

由最优性条件推导可得：

$$\begin{cases} A(t) = \dfrac{\rho_A \Gamma'_A}{\theta_A} \\ B(t) = \dfrac{\rho_B \Gamma'_B}{\theta_B} \end{cases} \quad (5-15)$$

将式（5-15）代入式（5-14）中，预估微分方程式具有关于 ul 的二次多项式的解析式，即：

$$\begin{cases} \Gamma_A(\mathrm{ul}(t)) = X_1 \mathrm{ul}^2 + Y_1 \mathrm{ul} + Z_1 \\ \Gamma_B(\mathrm{ul}(t)) = X_2 \mathrm{ul}^2 + Y_2 \mathrm{ul} + Z_2 \end{cases} \quad (5-16)$$

由同次方系数相等原则结合已知命题条件可知，式（5-13）的拟约束方程组有解 $(X_1^*, Y_1^*, Z_1^*, X_2^*, Y_2^*, Z_2^*)$，进一步可得 $\Gamma_A(\mathrm{ul}(t))$、$\Gamma_B(\mathrm{ul}(t))$ 函数的两种状态的表达式分别为：

$$\begin{cases} \Gamma_A^*(\mathrm{ul}) = X_1^* \mathrm{ul}^2 + Y_1^* \mathrm{ul} + Z_1^* \\ \Gamma_B^*(\mathrm{ul}) = X_2^* \mathrm{ul}^2 + Y_2^* \mathrm{ul} + Z_2^* \end{cases} \quad (5-17)$$

$$\begin{cases} \Gamma'^{*}_A(\mathrm{ul}) = 2X_1^* \mathrm{ul} + Y_1^* \\ \Gamma'^{*}_B(\mathrm{ul}) = 2X_2^* \mathrm{ul} + Y_2^* \end{cases} \quad (5-18)$$

将式（5-17）代入式（5-12）可得均衡利润路径为：

$$\begin{cases} R_A^*(\mathrm{ul}(t), t) = (X_1^* \mathrm{ul}^2 + Y_1^* \mathrm{ul} + Z_1^*) e^{-rt} \\ R_B^*(\mathrm{ul}(t), t) = (X_2^* \mathrm{ul}^2 + Y_2^* \mathrm{ul} + Z_2^*) e^{-rt} \end{cases} \quad (5-19)$$

将式（5-18）代入式（5-15），则可得建设与维护联盟知识产权共同信任机制的最优努力水平随时间变化的路径为：

$$\begin{cases} A^*(t) = \dfrac{\rho_A (2X_1^* \mathrm{ul} + Y_1^*)}{\theta_A} \\ B^*(t) = \dfrac{\rho_B (2X_2^* \mathrm{ul} + Y_2^*)}{\theta_B} \end{cases} \quad (5-20)$$

将式（5-20）代入式（5-3）中，则可得联盟最优知识产权共同信任水平随时间变化的路径为：

$$\mathrm{ul}(t) = \left(\dfrac{2X_1^* \rho_A^2}{\theta_A} + \dfrac{2X_2^* \rho_B^2}{\theta_B} - \delta\right)\mathrm{ul}(t) + \left(\dfrac{Y_1^* \rho_A^2}{\theta_A} + \dfrac{Y_2^* \rho_B^2}{\theta_B}\right)$$
$$(5-21)$$

对式（5-21）求解，可得通解，即：

$$\mathrm{ul} = e^{\int P dt} \left(\int Q e^{-\int P dt} dt + c\right)$$

其中，

$$P = \dfrac{2X_1^* \rho_A^2}{\theta_A} + \dfrac{2X_2^* \rho_B^2}{\theta_B} - \delta$$

$$Q = \dfrac{Y_1^* \rho_A^2}{\theta_A} + \dfrac{Y_2^* \rho_B^2}{\theta_B}$$

利用微分方程 ul(0) = ul$_0$ > 0 的初始边界条件，可得 ul(t) 满足的特解，即：

$$\mathrm{ul}^*(t) = e^{Pt}\left(\mathrm{ul}_0 + \dfrac{Q}{P}\right) - \dfrac{Q}{P}$$

命题5.4得证。

五 联盟知识产权合作动机信任协调机制建设的博弈情形

（一）合作动机下产学研协同创新联盟知识产权信任维护决策模型构建

当学研方与企业方具有知识产权成果的合作研发和转化的联盟总体利益最大化的合作动机时，即合作双方以联盟协同整体合作帕累托最优为目标，理性付出努力的程度，则基于前述假设，学研方与企业方的总和期望收益表示为以下合作支付：

$$TR_{A_k B_k}(A_h(t), B_h(t)) = \int_0^{+\infty} [R(t) - 0.5 * \theta_A A_h^2(t) - 0.5 * \theta_B B_h^2(t)] e^{-rt} dt$$

由此可得产学研优化问题的目标函数变为上述总体的合作支付最大化，即：

$$\underset{A_k(t)B_k(t)}{\text{Max}} \{TR_{A_k B_k}(A_h(t), B_h(t)) = \int_0^{+\infty} [R(t) - 0.5 * \theta_A A_h^2(t) - 0.5 * \theta_B B_h^2(t)] e^{-rt} dt\} \quad (5-22)$$

同样，式（5-22）受约束于以下微分方程：

$$\begin{cases} \dot{ul}(t) = \rho_A A_h(t) + \rho_B B_h(t) - \delta ul(t) \\ ul(0) = ul_0 > 0 \end{cases} \quad (5-23)$$

（二）博弈均衡表达式

记 $A_h^*(t)$、$B_h^*(t)$ 分别为学研方和企业方的均衡合作策略，为研究书写方便，记：

$$J_{A_k B_k}(A_h(t), B_h(t), ul(t), t) = R(t) - C_{A_k} - C_{B_k}$$

且学研方与企业方在 t 时刻的信任水平 $ul(t)$ 以后的合作最优收益值为：

$$R_{A_k B_k}^*(ul(t), t) = \underset{A_k(t)B_k(t)}{\max} \int_t^{+\infty} J_{A_k B_k}(A_h(t), B_h(t), ul(t), t) e^{-rs} ds \quad (5-24)$$

综上，有命题如下。

命题5.5：产学研协同创新联盟知识产权信任协调机制建设的微分合作博弈问题具有如下 Hamilton-Jacobi-Bellman（HJB）方程：

$$-\frac{\partial R_{A_k B_k}^*}{\partial t} = \underset{A_k(t)B_k(t)}{\max} \left[J_{A_k B_k}(A_h(t), B_h(t), ul(t), t) e^{-rs} + \frac{\partial R_{A_k B_k}^*}{\partial ul}(\rho_A A_h(t) + \rho_B B_h(t) - \delta ul) \right] \quad (5-25)$$

证明：

将式（5-24）值函数的区间 $[t, +\infty]$ 分解为 $[t, t+\Delta t]$ 和 $[t+\Delta t, +\infty]$ 两个子区间，即：

$$R^*_{A_hB_h}(\mathrm{ul}, t) = \max_{\substack{A_h(t)B_h(t) \\ t \leq s \leq t+\Delta t}} \left\{ \int_t^{t+\Delta t} J_{A_hB_h}(A_h(t), B_h(t), \mathrm{ul}(t), t) e^{-rs} ds + R^*_{A_hB_h}(\mathrm{ul}+\Delta\mathrm{ul}, t+\Delta t) \right\} \quad (5-26)$$

将函数 $R^*_{A_hB_h}(\mathrm{ul}+\Delta\mathrm{ul}, t+\Delta t)$ 在 (ul, t) 处展开，可得：

$$R^*_{A_hB_h}(\mathrm{ul}+\Delta\mathrm{ul}, t+\Delta t) = R^*_{A_hB_h}(\mathrm{ul}, t) + \frac{\partial R^*_{A_hB_h}}{\partial t}(\mathrm{ul}, t)\Delta t + \frac{\partial R^*_{A_hB_h}}{\partial \mathrm{ul}}(\mathrm{ul}, t)\Delta\mathrm{ul} + h.o.t. \quad (5-27)$$

由中值公式可知，存在 $\tilde{t} \in [t, t+\Delta t]$ 满足：

$$\int_t^{t+\Delta t} J_{A_hB_h}(A_h(t), B_h(t), \mathrm{ul}(t), t) e^{-rs} ds = J_{A_hB_h}(A_h(\tilde{t}), B_h(\tilde{t}), \mathrm{ul}(\tilde{t}), \tilde{t}) e^{-rs}\Delta t.$$

因此，

$$R^*_{A_hB_h}(\mathrm{ul}, t) = \max_{\substack{A_h(t)B_h(t) \\ t \leq s \leq t+\Delta t}} \left\{ J_{A_hB_h}(A_h(\tilde{t}), B_h(\tilde{t}), \mathrm{ul}(\tilde{t}), \tilde{t}) e^{-rs}\Delta t + R^*_{A_hB_h}(\mathrm{ul}, t) + \frac{\partial R^*_{A_hB_h}}{\partial t}(\mathrm{ul}, t)\Delta t + \frac{\partial R^*_{A_hB_h}}{\partial \mathrm{ul}}(\mathrm{ul}, t)\Delta\mathrm{ul} + h.o.t. \right\} \quad (5-28)$$

令 $\Delta t \to 0$，得 $\tilde{t} \to t$ 和如下方程式：

$$0 = \max_{A_h(t)B_h(t)} \left\{ J_{A_hB_h}(A_h(t), B_h(t), \mathrm{ul}(t), t) e^{-rs} + \frac{\partial R^*_{A_hB_h}}{\partial t}(\mathrm{ul}(t), t) + \frac{\partial R^*_{A_hB_h}}{\partial \mathrm{ul}}(\mathrm{ul}(t), t)\dot{\mathrm{ul}} \right\} \quad (5-29)$$

即可得产学研知识产权合作优化问题的下列等价方程：

$$0 = \max_{A_h(t)B_h(t)} \left\{ J_{A_hB_h}(A_h, B_h, \mathrm{ul}, t) e^{-rs} + \frac{\partial R^*_{A_hB_h}}{\partial t}(\mathrm{ul}, t) + \frac{\partial R^*_{A_hB_h}}{\partial \mathrm{ul}}(\mathrm{ul}, t)(\rho_A A_h(t) + \rho_B B_h(t) - \delta\mathrm{ul}) \right\} \quad (5-30)$$

据此，$[t, +\infty]$ 区间的合作优化问题可等价于式（5-30）Hamilton-Jacobi-Bellman（HJB）方程给出的优化问题，即命题 5.5 证毕。

记：
$$\Gamma_{A_hB_h}(\mathrm{ul}(t)) = e^{rt}R^*_{A_hB_h}(\mathrm{ul}(t), t) \quad (5-31)$$

命题 5.6：产学研协同创新联盟在知识产权合作动机下的信任机制微分博弈问题即式（5-22）和式（5-23），其最优信任水平随时间变化的路径为：

$$\mathrm{ul}^*(t) = e^{wt}\left(\mathrm{ul}_0 + \frac{V}{W}\right) - \frac{V}{W}$$

其中，
$$W = \frac{2X^*_3\rho^2_A}{\theta_A} + \frac{2X^*_3\rho^2_B}{\theta_B} - \delta$$

$$V = \frac{Y^*_3\rho^2_A}{\theta_A} + \frac{Y^*_3\rho^2_B}{\theta_B}$$

最优信任机制建设与维护努力水平随时间变化的路径为：

$$\begin{cases} A^*_h(t) = \dfrac{\rho_A(2X^*_3\mathrm{ul} + Y^*_3)}{\theta_A} \\ B^*_h(t) = \dfrac{\rho_B(2X^*_3\mathrm{ul} + Y^*_3)}{\theta_B} \end{cases}$$

且总利润均衡路径为：
$$R^*_{A_hB_h}(\mathrm{ul}(t), t) = (X^*_3\mathrm{ul}^2 + Y^*_3\mathrm{ul} + Z^*_3)e^{-rt}$$

考虑关于未知参数 X_3、Y_3、Z_3 的拟约束方程组有解 (X^*_3, Y^*_3, Z^*_3)，即：

$$\begin{cases} rX_3 = \lambda + \dfrac{2X^2_3\rho^2_A}{\theta_A} + \dfrac{2X^2_3\rho^2_B}{\theta_B} - 2X_3\delta \\ rY_3 = \dfrac{2X_3Y_3\rho^2_A}{\theta_A} + \dfrac{2\rho^2_BX_3Y_3}{\theta_B} - Y_3\delta \\ rZ_3 = \dfrac{Y^2_3\rho^2_A}{2\theta_A} + \dfrac{Y^2_3\rho^2_B}{2\theta_B} \end{cases}$$

证明：

由式（5-31）可得：

$$\begin{cases} \dfrac{\partial R^*_{A_hB_h}(\mathrm{ul}(t),t)}{\partial t} = -r e^{-rt} \Gamma_{A_hB_h}(\mathrm{ul}(t)) \\ \dfrac{\partial R^*_{A_hB_h}(\mathrm{ul}(t),t)}{\partial \mathrm{ul}} = e^{-rt} \Gamma'_{A_hB_h}(\mathrm{ul}(t)) \end{cases} \quad (5-32)$$

将式（5-32）代入式（5-25），可得 HJB 方程的等价形式如下：

$$r\Gamma_{A_hB_h}(\mathrm{ul}(t)) = \max_{A_h(t)B_h(t)} [J_{A_hB_h}(A_h, B_h, \mathrm{ul}, t) + \Gamma'_{A_hB_h}(\mathrm{ul}(t))$$
$$(\rho_A A_h + \rho_B B_h - \delta \mathrm{ul})] \quad (5-33)$$

分别求 HJB 方程关于 $A_h(t)$、$B_h(t)$ 的一阶条件，得到：

$$\begin{cases} A_h(t) = \dfrac{\rho_A \Gamma'_{A_hB_h}}{\theta_A} \\ B_h(t) = \dfrac{\rho_B \Gamma'_{A_hB_h}}{\theta_B} \end{cases} \quad (5-34)$$

将式（5-34）代入式（5-33）中，可得：

$$r\Gamma_{A_hB_h}(\mathrm{ul}(t)) = \max_{A_h(t)B_h(t)} \left[\lambda \mathrm{ul}^2 + 0.5 * \dfrac{\rho_A^2 \Gamma'^2_{A_hB_h}}{\theta_A} + 0.5 * \dfrac{\rho_B^2 \Gamma'^2_{A_hB_h}}{\theta_B} - \delta \mathrm{ul} \Gamma'_{A_hB_h} \right]$$
$$(5-35)$$

由于式（5-35）所具有的阶数特征，猜测式（5-35）具有关于 ul 的二次多项式的解，即：

$$\Gamma_{A_hB_h}(\mathrm{ul}(t)) = X_3 \mathrm{ul}^2 + Y_3 \mathrm{ul} + Z_3 \quad (5-36)$$

其中，X_3、Y_3、Z_3 均为待定系数，将式（5-36）代入式（5-35）中，根据同次方系数必相等原则，可得前述拟约束方程组有解（X_3^*，Y_3^*，Z_3^*），可得 $\Gamma_{A_hB_h}(\mathrm{ul}(t))$ 的函数表达式为：

$$\Gamma^*_{A_hB_h}(\mathrm{ul}) = X_3^* \mathrm{ul}^2 + Y_3^* \mathrm{ul} + Z_3^* \quad (5-37)$$

及

$$\Gamma'^*_{A_hB_h}(\mathrm{ul}) = 2X_3^* \mathrm{ul} + Y_3^* \quad (5-38)$$

将式（5-37）代入式（5-31），可得联盟总利润均衡路径为：

$$R^*_{A_hB_h}(\text{ul}(t), t) = (X_3^* \text{ul}^2 + Y_3^* \text{ul} + Z_3^*) e^{-rt}$$

将式 (5-38) 代入式 (5-34), 可得最优努力水平随时间变化的路径为:

$$\begin{cases} A_h^*(t) = \dfrac{\rho_A (2X_3^* \text{ul} + Y_3^*)}{\theta_A} \\ B_h^*(t) = \dfrac{\rho_B (2X_3^* \text{ul} + Y_3^*)}{\theta_B} \end{cases} \quad (5-39)$$

将式 (5-39) 代入式 (5-23) 中, 可得最优知识产权合作信任水平随时间变化的路径为:

$$\dot{\text{ul}}(t) = \left(\dfrac{2X_3^* \rho_A^2}{\theta_A} + \dfrac{2X_3^* \rho_B^2}{\theta_B} - \delta\right) \text{ul}(t) + \left(\dfrac{Y_3^* \rho_A^2}{\theta_A} + \dfrac{Y_3^* \rho_B^2}{\theta_B}\right)$$

$$(5-40)$$

对式 (5-40) 进行求解, 可得通解为:

$$\text{ul} = e^{\int W dt} \left(\int V e^{-\int W dt} dt + c\right) \quad (5-41)$$

在式 (5-41) 中, c 为任意常数, 结合 $\text{ul}(0) = \text{ul}_0 > 0$ 的初始边界条件, 可得特解为:

$$\text{ul}^*(t) = e^{Vt}\left(\text{ul}_0 + \dfrac{V}{W}\right) - \dfrac{V}{W}$$

至此, 命题 5.6 证毕。

六 仿真分析

根据前述博弈模型分析, 为探寻产学研协同创新联盟知识产权合作异质性主体的信任建立和维护努力水平演变机制以及信任机制对合作各方的利益最大化影响, 本节依据前文分析, 通过数值模拟仿真来对均衡结果进行验证。在设置初始经验参数过程中, 根据前述假设中的参数含义, 考虑产学研知识产权合作异质性主体特征, 认为由于面临背景知识产权、人员、资金等知识产权合作创新要素的投入限制以及需要进行的在知识产权合作管理、合作运营等方面与企业的耦合和对接的合作机制转换,学研方比企业方在知识产权合作过程中受到更大的资源投入及合作运行的约束,其付出努力水平以维持信任机制对其成本的增加有更大的影响,故有 $\theta_A > \theta_B$。另外,认为企业方比学研方对知识产权合作信任机制的建立有着更高的影响水平,由于企业方靠近市场和技术需求,在知识产权合作中首先释放关键需求信息将能够帮助产学研协同创新联盟建立起互信关系,有助于形成后续信任机制,故有 $\rho_A < \rho_B$。学研方在知识产权合作中由于是主要的资源受约束方,其参数设置应具有基准含义,故对 θ_A 和 ρ_A 赋值接近于 0.5。据此,对各仿真参数赋值如表 5-2 所示。

表 5-2　　　　　　　　仿真初始经验参数赋值

参数	λ	θ_A	ρ_A	ul_0	r
赋值	0.3	0.55	0.55	0.4	0.8
参数	α	θ_B	ρ_B	δ	m
赋值	0.4	0.35	0.75	-4	0.6

依据前述理论证明,将仿真初始经验参数带入前述微分博弈运算步骤求均衡解,可得结果如图 5-5 所示。

由图 5-5 可知,产学研协同创新联盟知识产权的合作在合作动机下和非合作动机下的最优信任水平都呈现出先大幅递增后趋于平缓稳定的过程,表明产学研联盟知识产权合作的早期是建立联盟双方信任关系和信任机制的关键阶段,合作初期信任关系的建立将极大地加强联盟信任水平的快速发展,以致后期走向联盟稳定的状态。同时,知识产权合作动机下的最优信任水平高于非合作动机下的最优信任水平,表明合作动机的形成确实能提高产学研联盟各异质性主体的信任水平。因此,加大对合作动机的培养是产学研合作长期稳定持续的必要措施。

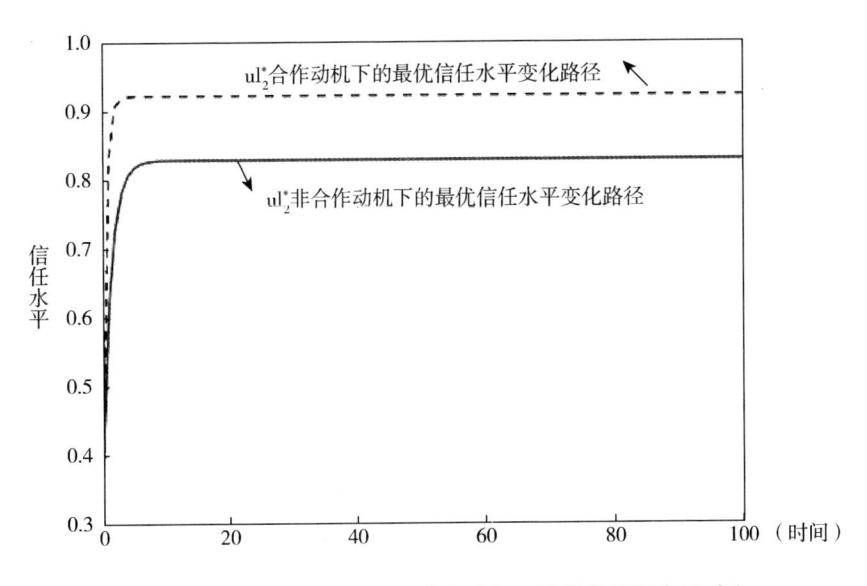

第五章　知识产权冲突管理微观契约及信任机制研究　111

图 5-5　知识产权非合作与合作动机下的最优信任水平对比

在此基础上，对产学研双方建设和维护联盟最优共同信任所付出的努力水平求解，可以得到双方努力水平变化路径（见图 5-6 至图 5-8）。

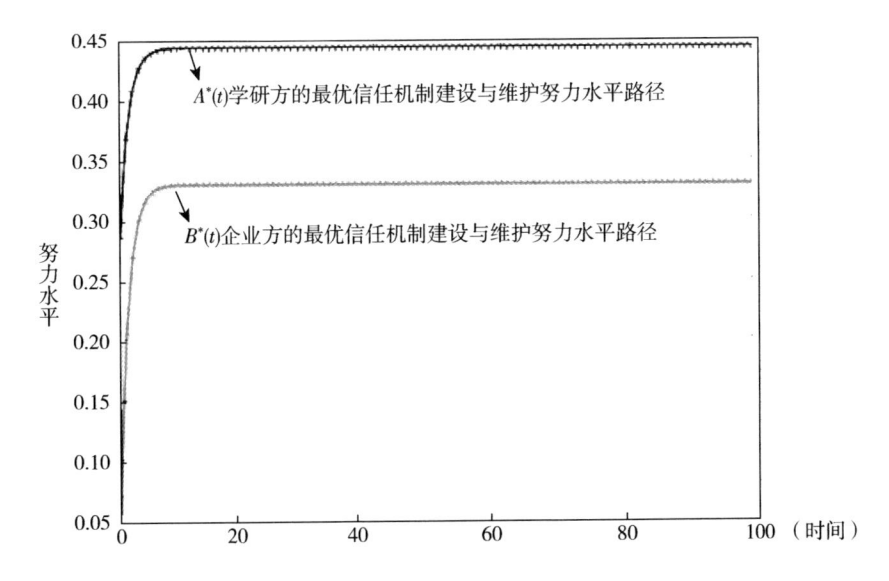

图 5-6　知识产权非合作动机下的学研方和企业方最优努力水平变化对比

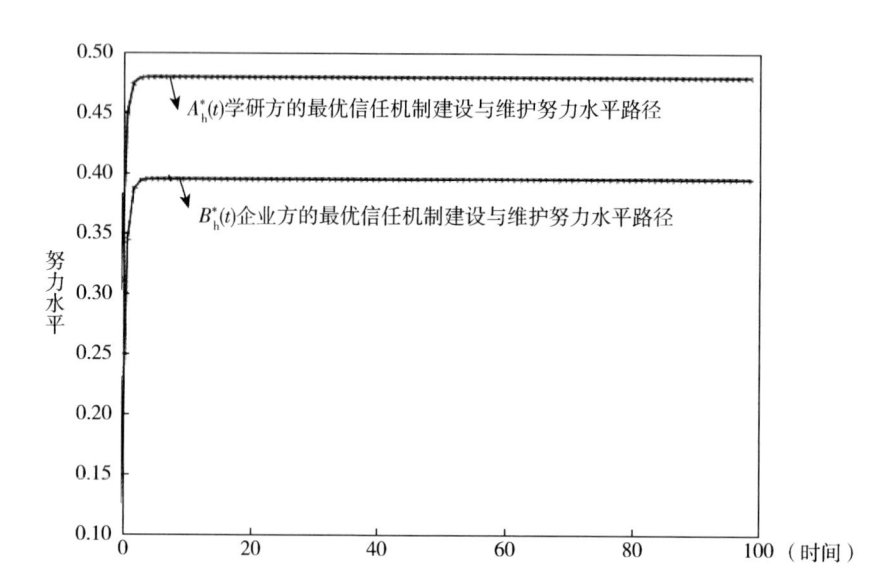

图 5-7 知识产权合作动机下的学研方和企业方最优努力水平变化对比

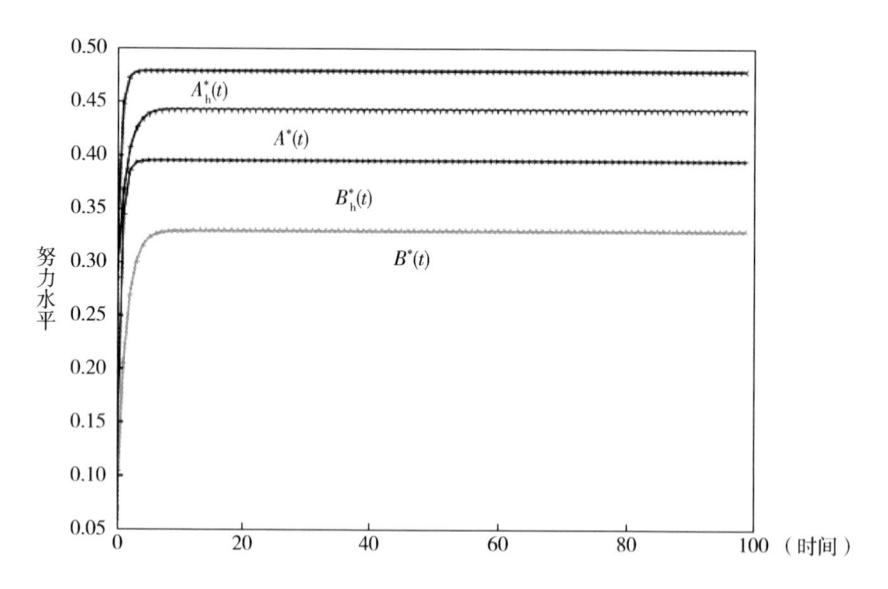

图 5-8 知识产权非合作与合作动机下的产学研最优努力水平变化轨迹

由图 5-6 至图 5-8 可知，产学研双方在合作动机下要比在非合作动机下付出更多的努力水平，而前述仿真结果已经表明合作动机下的联盟信任水平高于非合作动机,意味着付出更高的努力水平将能带来更高的信任水平,有利于产学研异质性主体的知识产权冲突的解决,促进稳定合作。同时,学研方为了维持合作信任关系,将付出更高的努力水平,这跟产学研合作中学研方所需要克服的障碍有较大关联,由前述初始参数赋值分析可知,学研方受到的资源约束较大,因此需要付出更高的努力水平以建立和维护与企业的信任关系和双方信任机制。

根据前述博弈理论分析,可进一步对学研方和企业方知识产权合作动机和非合作动机对双方均衡利润水平和联盟总均衡利润水平的影响进行仿真运算。

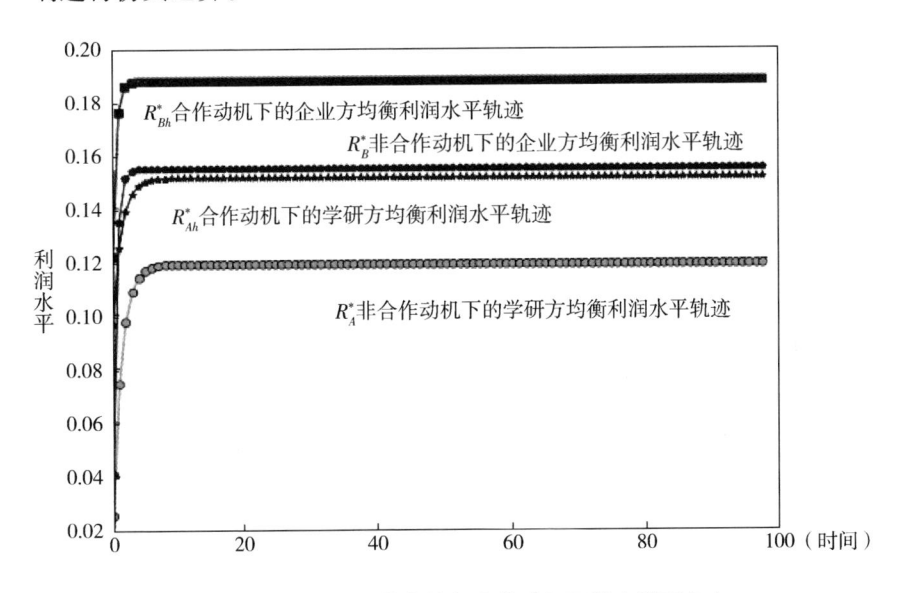

图5-9 知识产权非合作与合作动机下的产学研各自
均衡利润水平变化轨迹

由图5-9和图5-10可知,产学研联盟双方在知识产权合作动机下取得了比在非合作动机下更高的均衡利润,表明合作动机的培养对合作双方都更为有利。同时,企业在信任关系的建立与维系中能够得到更大的利益,是最大的受益者。由图5-11可知,产学研知识产权合作动机还会为联盟整体的总均衡利润水平带来积极影响,总均衡利

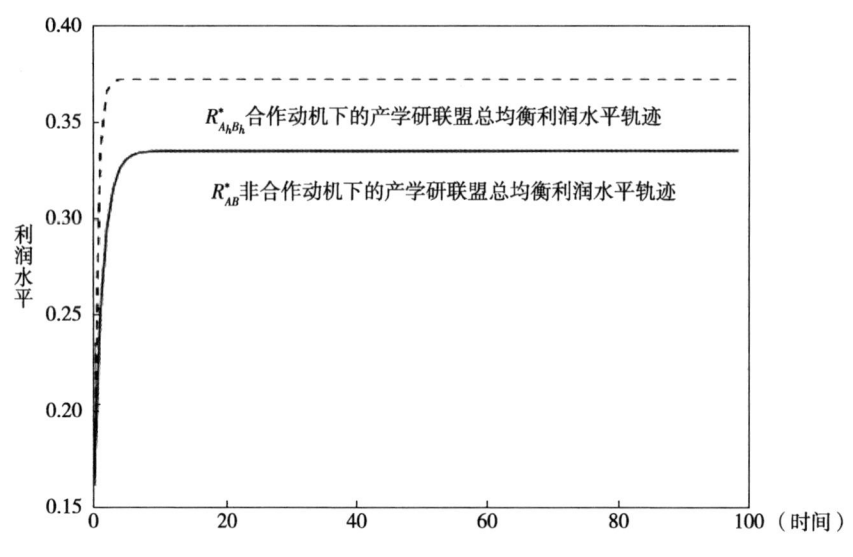

图 5-10　知识产权非合作与合作动机下的产学研联盟
总均衡利润水平变化轨迹

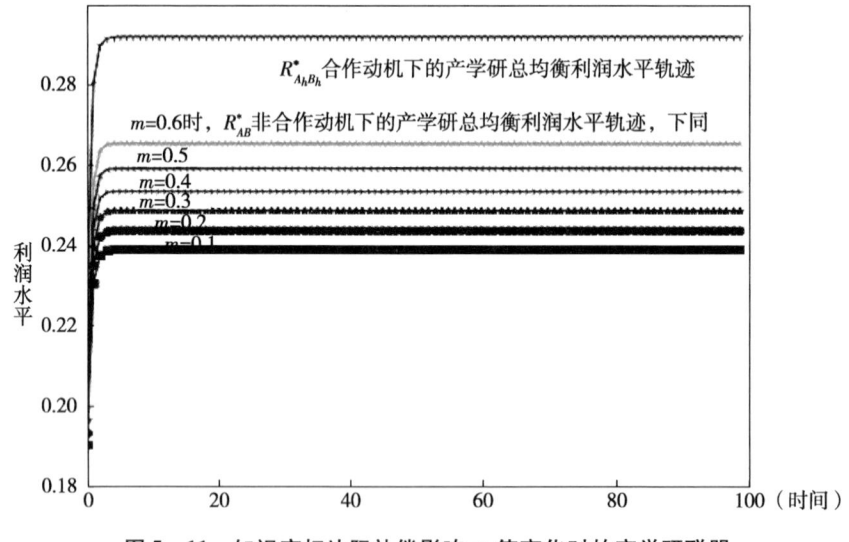

图 5-11　知识产权边际补偿影响 m 值变化时的产学研联盟
总均衡利润变化路径

润水平在知识产权合作动机下显著高于在非合作动机下，而企业方在非合作动机下对学研方的边际补偿增加将能有效改善并提高联盟总均衡利润水平并从中受益。

七　模型及仿真结果

前文运用微分博弈的非合作微分博弈模型和合作微分博弈模型，构建了产学研简单协同创新联盟知识产权合作信任机制的两种建立及维护过程，根据理论分析和仿真模拟运算结果，本书得出以下结论。

第一，产学研协同创新联盟知识产权合作中前期阶段的信任水平建设对联盟协同稳定运行至关重要。

对于简单产学研协同创新联盟的知识产权合作动机和非合作动机对产学研信任机制的影响，其共同的规律在于，合作中信任水平、双方努力水平、双方均衡利润水平、合作总均衡利润水平都呈现出非线性变化的特征，都表现出初期先快速递增、后期稳定增长的趋势，显示在合作不破裂的前提下，随着合作的进行，双方对于对方知识产权合作行为的共同信任水平会先大幅提高而后逐步稳定，联盟通过长期的博弈达到信任水平动态稳定的状态，有助于联盟最终走向协同稳定。然而，非线性的发展趋势也提示我们，这一非线性过程的初期和中期是知识产权合作双方信任水平从低到高大幅度变化的时期，这一时期是信任建立的最重要的时期，如果出现对合作伙伴的知识产权合作动机或努力程度的质疑，将大大威胁到后续信任关系的持续，极易导致联盟协同性和稳定性被破坏，为此，有必要在这一阶段对知识产权合作关系进行培育和维护，在中前期着力建立促进产学研知识产权合作信任机制，消除双方互信障碍，增加产学研合作协同性，最大限度地使产学研双方渡过中前期的知识产权信任磨合阶段，顺利形成联盟稳定运行的后期。

第二，知识产权合作动机下的产学研联盟协同稳定结构优于非合作动机情形。

理论及仿真结果显示，在本节关注的各项核心变量上，知识产权的合作动机下的变量水平普遍高于知识产权非合作动机下的变量水平，其内在机制在于合作动机下的共同信任水平高于非合作动机下的共同信任水平，并相应带来努力水平、产学研各自均衡利润水平和联盟总均衡利润水平全面高于非合作动机情形，微分博弈的仿真结果较好地解释并明确了现实中的产学研知识产权协同合作机制，即知识产权的高信任水平确实需要付出更高的努力水平方能维系。模型仿真结果证明了知识产权合作动机下的联盟稳定结构优于非合作动机下的联盟稳定结构，显示出产学研联盟双方确实能受益于信任机制和合作动机，从而使自身利益和联盟总体利益都得到提升和保障，有助于消除双方的知识产权机会主义行为及"搭便车"行为，联盟协同性和稳定性将会得到增强。为此，应有效引导合作双方的动机的改善，保证联盟不因受到非合作动机的影响而破裂，最终以合作动机进行联盟的稳定协同合作并取得更高的收益和回报。

第三，企业方是两种知识产权动机下的受益者，应发挥企业方在提高产学研联盟协同性和稳定性所需的信任促进机制中的主导作用。

在同一合作方式下，不管是合作动机还是非合作动机，企业方均衡利润均高于学研方均衡利润，这一结果显示，从经济效益来看，企业方往往能获得比学研方更大的收益，是信任水平从提高到稳定的最大受益者。基于此，在非合作动机情况下，为避免非合作动机可能带来的对合作的破坏，信任机制建立的最大受益方（企业方）为维系联盟合作不破裂和信任水平的增强及稳定，有必要对学研方付出知识产权边际补偿 m，而仿真模拟结果也表明，随着企业方对学研方的知识产权边际补偿 m 的增加，能有效激励学研方付出更高的努力水平以维护信任机制和促进协同合作，从而在非合作动机下有效提高产学研联盟总均衡利润水平，并更逼近合作动机下的总均衡利润水平。为提高产学研协同创新联盟稳定性，获得最大协同合作利益，企业方应主动付出努力行为，提高产学研联盟知识产权合作动机水平和信任水平。

第三节 本章小结

本章根据第四章中的引发产学研协同创新联盟合作破裂的知识产权异质性主体认知冲突和信任冲突原因，对其微观契约解决机制和信任解决机制进行分析。首先，本章在分析产学研协同创新联盟知识产权冲突的契约不完全机理的基础上，运用不完全契约理论，对产学研协同创新联盟在研发合作中的知识产权冲突的事前、事中和事后的主要冲突焦点进行了解决机制研究，分析了事前最优知识产权配置比例、中后期知识产权价值认知差异下的契约自我履约区间以及事后知识产权最佳交易价格的选取及相应的契约机制，并在此基础上进行仿真验证。理论与仿真结果表明，事前契约签订阶段以知识产权合作共同利益最大化来确定最优分配比例有利于激励学研方并提高整体合作效益。在知识产权成果形成阶段应针对产学研异质性主体知识产权市场价值认知差异，减少冲突及摩擦大小，引入契约再谈判机制和互动学习机制降低认知差异。在事后契约最终履行阶段，应优化知识产权市场价值评估机制和交易价格决定机制，以进行最优知识产权交易价格的选取，同时培育契约共同履约意识，减少合作折减行为，增强产学研创新联盟协同性和稳定性。

其次，本章在分析产学研协同创新联盟知识产权冲突发生的信任机制缺失机理的基础上，对创新联盟信任协调机制建设进行了研究，结合微分博弈的基本理论，深入分析了产学研合作中的信任协调机制建设过程，分非合作与合作两类动机构建信任协调机制建设的微分博弈模型，并通过仿真运算了非合作动机和合作动机下的两种产学研合作信任水平的建立和维护过程。研究发现，产学研合作的中前期阶段建立起信任关系至关重要，知识产权合作动机下的信任水平和联盟稳定结构优于非合作动机情形。另外，企业是两种动机情形下的最大受益者，应积极发挥企业在建立信任机制中的主观能动作用并积极作为，维系联盟的稳定运行。以上分析为后续从微观角度提出降低知识产权冲突风险、维护产学研协同创新联盟稳定性的对策建议提供了机制依据。

第六章　知识产权冲突管理中观网络化机制研究

前文对在微观机制中造成的产学研协同创新联盟知识产权冲突的契约问题和信任问题进行了分析和解决。同时，前述扎根理论中的知识产权冲突原因分析中的资源配置效率低下所导致的合作破裂，在微观机制中无法得到有效缓解，需要在中观层面对资源配置的整体机制进行整体规划和考量，其原因在于，在点对点的单一的产学研合作中由于缺乏协调、沟通和引导等辅助性机制，知识产权资源的配置渠道单一，效率低下，容易引起配置不到位，进而产生知识产权冲突，导致合作破裂。相比而言，中观网络型产学研联盟模式具有较强的优越性，并有多主体介入、多机构辅助，沟通和协调机制更频繁、更系统，资源配置得到优化，通过知识、技术、信息的市场贯通，增强协同联盟各方的协同程度，增强协同机制的倒逼和协调作用，更有助于知识产权冲突的规避，带来突破型知识产权的产生，并能带来更大范围内的创新拉动，使协同创新的协同增效效益发挥到更大。

根据第二章第五节关于产学研协同创新联盟的定义，本章进一步把"产学研协同创新联盟"在中观层面界定为具备共同利益和共同行动的协同特征和联盟特征以及资源、信息、要素等交叉共享的网络化特征的多主体、跨地域、异质性的半松散型联合组织。可以看出，协同创新联盟具有网络化、系统化的特征，而国家大力推行的产学研协同创新强调的是各个知识产权合作多主体之间互动协同机制的演化和创新要素之间的协调整合，符合网络化、系统化的中观特征。

因此，本章选择从网络化的视角研究产学研协同创新联盟的中观层面的知识产权冲突问题的解决，通过复杂网络中的科学计量法、链路预测算法进行产学研知识产权合作的合作伙伴的选择与匹配，并从中分析协同创新知识产权合作的网络稳定性条件，为产学研协同创新联盟网络知识产权冲突的中观管理和网络的内在稳定提供解决方案。

第一节　联盟协同创新网络化对知识产权冲突解决及稳定性增强的影响机理

一　联盟协同合作网络化的知识产权属性

产学研协同创新联盟合作网络是基于从知识产权创新研发到工业化的技术基础逻辑，以共同的技术进步为目标，以获取不同主体互补性知识产权及技术资源为路径，涉及技术知识产权化、知识产权市场化、知识产权协同和知识产权扩散等内容的各种创新合作关系与利益共同体。产学研合作协同化、网络化是新时代科技与市场资源流动和重建的重要组织形式，其发展的驱动力量来自创造和分享异质性主体创新和知识产权合作的盈余。

在产学研协同创新联盟网络中，知识产权是产学研各异质性主体及相关方谈判和博弈的重要依据和主要焦点，是确定联盟合作主导者和利益分配的基础，是产学研协同创新联盟网络构成的主要属性。这主要取决于以下几个方面。

第一，产学研协同创新联盟各方的创新行动实际上集中在知识产权上。

异质性主体研发投资的共同成果体现为新技术和新产品专利等知识产权形式，而专利等知识产权又是技术转化和技术标准化的基础，是产学研联盟各方共同诉求的载体。同时，专利等知识产权也是其余各市场化主体围绕知识产权市场化、知识外溢最大化而进行辅助和服务的纽带,它成为网络型合作的连接点,是各方利益的体现和交汇,既是网络参与者各方竞争的工具,又是各方合作的目标。因此,协同创新联盟网络的联系和基础是知识产权。

第二,知识产权在产学研协同创新联盟网络中是核心的专有资产。

在技术创新合作网络中,知识产权是一种重要的专有资产,资本、人力资源等不同生产要素的收益分配都在参与;同时,由于产学研合作主体的异质性,不同合作者将根据其在创新知识产权资产形成与转化过程中的不同作用,扮演不同的网络协同角色,承担相应的责任和风险,并据此获得各自的资产利益。知识产权是联合开发协议、专有技术许可和交叉许可等产学研联盟系列合作契约订立和执行的法律标准和资产载体。

第三,知识产权的网络化流动是产学研协同创新联盟的新特征。

在创新日益复杂化、专业化、精细化的大趋势下,技术合作开始借助网络协同,而网络中流动化的资源主体是知识产权,流动的知识产权所基于的知识、技术和市场分布的不平衡和互补使产学研合作更加多元和有效,更为重要的是,基于知识产权的网络化共同协同规则更有利于企业和国家投资异质性的大学和科研院所,并与网络中的其他优势主体进行合作,同步协调知识产权标准,共同围绕创新知识产权开展协同研发,并在此基础上推动成果的产业化,最终促进协同创新联盟网络主体间的技术共享和协同创新网络体系的稳定迭代和进步。

二 联盟协同合作网络化促进知识产权冲突解决及联盟稳定运行的机理

第一,产学研联盟知识产权利益相关者的网络化协同有助于解决知识产权信息不对称冲突,增强联盟稳定性。

产学研合作创新联盟协同化、网络化能聚集产学研合作研发广泛的利益相关者，在区域和行业的中观层面，这些联盟利益相关者来自不同的关联产业，例如教育、工业、中介服务、金融等，其个体包括研发者、投资者、行业专家、生产者、政府人员、消费者、民间机构代表，在行业链条上的合作者包括大学及研究机构、生产商及其战略伙伴、供应商及补充生产商、经纪商及客户、网络中介及其他服务提供商、协会及标准化机构、相关政府部门等异质性多主体。知识产权在微观机制中的供需信息不对称将在中观机制协同化、网络化的合作环境中得到有效解决。解决各方知识产权信息供需不匹配的协同化、网络化机制在利益相关者之间形成各个层面的利益共生机制，利益相关者互补超越了简单的高校科研院所和企业的边界，包含从研发设计到知识产权成果转化的全过程，有效地避免了研发链条上上游研发和下游转化的供需不匹配，促使各方掌握和发挥网络其他方对知识产权形成的作用和能力，互相发现问题，从而更及时客观地做出"什么知识产权成果对合作伙伴和利益相关者更有用，什么没用"的判定，并在合作中不断涌现各方利益相关者传递的信息，形成基础广泛的连接以及知识产权利益相关者的紧密协同合作，避免简单产学研合作中的信息局限和信息不对称的知识产权冲突带来的产学研协同创新联盟合作的破裂。

第二，产学研联盟协同网络化带来知识产权主导方优化资源配置，形成联盟自组织机制和网络内生机制，促进联盟稳定运行。

如前所述，知识产权是产学研网络中的核心专有资产，是产学研各方取得收益和各自争取谈判优势的主要关注点和争夺点，在点对点的合作中双方依据的资源优势包括合作方规模、技术实力、技术供求匹配。而在网络化环境下，合作各方必须具有更强的协同能力和网络整合能力，在形成创新知识产权所需的人员、背景知识产权、资金、设备、材料等资源配置的协同性和互补性以及知识产权资源配置的效率方面对合作各方提出了更高的要求。

为减少知识产权冲突，达成有效的知识产权合作，需要对知识产权协同创新联盟合作进行整体规划和运营，让其拥有良好的背景知识产权、优秀的研发基础设施、更强的知识产权开发能力和创新合作网络控制能力的合作方，会更有动因可直接发起产学研协同创新联盟网络，并通过协同各方行动，在整个网络范围内配置互补资源，协调产学研异质性主体知识产权合作各环节、各诉求和各渠道等方面的冲突，能够推进整体协同并随时根据各网络节点和网络环境的反馈及时预防、发现和解决知识产权冲突，为知识产权合作的实现提供资源配置的网络机制保障。同时，创新联盟网络发起者由于具备良好的知识产权基础及知识产权网络化运作能力，它们发起协同网络的目标明确，准备充分，是产学研知识产权开发的网络化倡导者或战略合作伙伴，在知识产权网络化资源配置和谈判中起主导作用，掌握知识产权链条的主动权及规则，从而能够有效规避双方在点对点的合作方式下由于主导方不够明确、知识产权规则不统一带来的知识产权冲突的问题，提高联盟整体知识产权资源配置效率。充分的知识产权准备和整体网络运营策略设计使产学研合作的成功概率加大，联盟运行取得更好绩效，形成网络内生机制和自组织机制，促进产学研协同创新联盟的稳定运行。

第三，产学研协同创新联盟网络化实现政府引导与市场倒逼相结合，解决知识产权冲突，增强联盟稳定性。

产学研协同创新联盟网络化的异质多主体性使在产学研合作产出知识产权成果时，将在网络化中受到政府机制和市场机制的同时作用。其中，政府以区域或行业整体利益为出发点，以特有政府资源为投入要素，通过公共资源的管理，调控制度的创新，协调产学研知识产权冲突和经济利益分配，对产学研协同创新营造外部引导、约束和压力，是推动产学研知识产权冲突解决的网络化间接解决机制。

另外，在联盟协同化、网络化合作中，市场机制是基础资源配置机制；在产学研协同创新的特殊合作形式下，市场化机制和网络化机制都具有鲜明的多主体、多渠道的特点。在网络化市场机制下，利用市场机制倒逼产学研联盟合作知识产权冲突的解决是市场发挥决定性作用、和政府机制形成互补的协调并进的路径。其作用机制在于：在点对点的单一运行环境下，由于难以掌握知识产权市场动向和技术成果转化趋势，知识产权合作的技术共识难以达成，从而可能引发知识产权冲突，导致合作破裂，但是在网络化市场机制中，先进的产学研联盟合作主体能通过多种渠道和多个主体从市场中找到网络化合作空间、市场获利机会、知识产权技术趋势及技术价值，能发现合作各方共同认可的适应市场需求的知识产权合作及转化模式，并在网络化市场机制中通过优胜劣汰进行知识产权合作方式的筛选和保留，从而实现整个区域或行业产学研创新生态的优化发展。同时，网络化市场机制还通过逆向传导路径对知识产权合作模式产生内在的驱动力，有助于克服产学研知识产权合作中的不作为的"创新惰性"，真正迫使产学研合作创新中的各主体产生内在的创新动力，为减少知识产权合作冲突、保证合作成功付出相应努力。网络化联盟市场机制是管控产学研合作知识产权冲突、形成联盟稳定演化的自组织机制的基础。

第四，网络化产学研协同联盟改善合作知识创造机制，减弱知识产权冲突，增强联盟稳定性。

一是产学研协同创新联盟网络路径的高密度性和多维性，增加了网络联盟传输复杂知识的能力。首先，各个知识集群之间的密集连接确保了在局部集群中引入的知识迅速到达网络中的其他集群。网络联盟主体之间的多条协同路径也增强了所接收信息的保真度，参与者可以比较从多个其他主体或集群收到的信息，以识别知识扭曲或不完整的程度和方式。其次，网络联盟中的知识产权协作主体集群是使知识交换效率提高的重要网络结构，网络联盟中各主体或各主体集群之间的交流路径可以增加知识产权问题的潜在解释及其替代方案的传播，加深集体认识，改进沟通方式和学习方式，促进知识的共同理解和对问题及解决方案的一致认同，最终促使在网络条件下解决集体知识产权冲突问题。最后，集群式网络协同路径允许产学研知识产权主体更主动地交换异质性知识和信息。紧密集成协同的集群能创建信任关系，互惠规范，并能综合产学研合作伙伴身份的异质性和特殊性，促进高级协作并增强知识产权冲突正式和非正式的治理机制。同时，网络结构会刺激合作产生更大的透明度，实现产学研合作伙伴之间的沟通和互信，改善隐性知识的传递。由此，产学研网络联盟主体之间可以更容易地交换和整合多样化、异质性的信息和知识，实现协同合作的达成和联盟的稳定。

二是产学研知识产权创造及转化过程所需要的知识能在更广泛的网络中得到创建和存储，网络联盟成为产学研弥合技术分歧和知识背景差异的重要结构，这有利于创建新的知识方向，能够协调和引领产学研合作各方协同研发和互相配合，产生高质量的协同创新知识产权成果并实现更大的经济效益。此外，产学研主体异质性也在网络环境中为知识产权的重组与整合及知识产权冲突的解决提供了必要条件，并且由于知识产权知识更新和信息解释的速度更快，范围更广，深度更深，产学研合作得以嵌入更大、更先进的技术创生与转移转化网络，从而提高知识产权产出价值，达成合作各方对技术实现和成果转化的共同愿景，从合作根源和合作未来中消除知识产权冲突，实现联盟的稳定长期运营。

第二节 联盟合作网络性质相关研究

一 社会合作网络及科研合作网络

典型的网络由节点及其连接边组成，其中，节点表示实际系统中的个体，边表示它们之间的关系。社会网络则是社会成员之间形成的关系系统。20世纪30年代，对"小团体友谊"和"芝加哥工厂工人的社会网络"等社会网络的研究就已经出现。20世纪60年代，它成为西方社会学分析的重点（Rapoport 和 Horvath，1961），目前有两种主要的理论，包括结构空洞理论和社会资本理论。在社会合作网络中，参与合作的每个人是节点，并且合作关系中的节点彼此连接。在科学家的协作创新网络中，网络节点是科学家，他们的合作可以用在同一篇文章中的署名来表达。

赖吉平（2012）通过社会网络两种理论解释了为什么会形成论义合作网络。从结构空洞理论的角度出发，由于某些领域需要填补空白，需要弥补相应的研究者的缺乏，为此需引进专门的人才，持续填补空洞，这样科研合作才能顺利。从社会资本理论来看，科研成果、知识产权和科研材料是一种"资本"，可以与他人合作积累资本，以更加顺利地促进未来的研究活动。张斌（2014）认为，科研合作网络是建立在社会关系基础上的，是一种知识网络，可以在这个网络上交换、传递和共享知识资源。

二　产学研知识产权协同创新联盟具备了交互性及网络性

周竺和黄瑞华（2004）认为产学研合作本质是进行知识的交换，形成一个知识流动的网络。常宏建等（2011）认为产学研研究网络的定义是企业、高校及科研院所为共同开发新的技术而展开的合作交流关系。各参与者在政府的引导下实现各机构的合作与知识的交换，形成动态、开放的网络系统，以实现创新。惠青和邹艳（2010）认为，企业、大学和研究机构之间合作的实质是通过网络伙伴的联系实现知识的外溢和再创造，其本质是一种网络化创新。

随着产学研合作的深入开展，越来越多的学者聚焦于产学研协同创新联盟。何郁冰（2012）提出随着产学研合作的发展，简单的产学研"点对点"合作方式已经落伍，必须突破传统的线性模式，实现基于产学研协同的联盟模式及网络化等协同创新模式。陈劲和阳银娟（2012）认为协同创新是一种复杂的创新组织方式，其中包含了高校、企业、科研机构等核心要素，也包含了一些辅助元素，如政府、金融机构、中介、平台等。协同创新是这些多元主体协同互动的网络创新模式，主体间的深入合作和资源整合将产生系统叠加的非线性效用。刘丹和闫长乐（2013）认为协同创新不同于传统意义上的"产学研一体化"，创新是一个复杂的系统工程，需要各个创新要素之间彼此协同。在网络环境下，创新合作具有协同的属性，具备了系统性、多元交互性和网络性。

从知识产权网络建构的角度来看，在建立特定的产学研知识产权联盟研究网络上，目前主要有三种方式。其一，使用合作专利数据建模，刘凤朝等（2011）在针对"985"大学的专利合作网络进行研究时，选择"985"大学作为研究样本，如果专利申请作者中包含了多个申请人，则认为合作发生。其二，通过实地调查，张瑜等（2013）在对基于无标度网络的产学研合作进行模型建构时，通过产学研联盟内部有无合作交流、合作业务、合作项目等相关方的活动决定网络边的构成，在此基础上建立相邻矩阵，并使用软件生成网络。其三，苟德轩和沙勇忠（2013）以兰州市各领域的产学研联盟和产业技术创新战略联盟的成员方为样本，通过搜索引擎对成员机构进行两两匹配，以共同专利申请和其他形式的合作技术开发来定义相互合作关系，并以此作为机构之间确立合作关系的依据，生成创新合作网络的网络连接。

本章的研究对象聚焦于产学研协同创新联盟在中观视域中的网络特性，并用以解决产学研合作中的主要障碍和知识产权冲突。因此，综合上述网络建构途径中的第一种方法和第三种方法，结合区域、行业等中观特征，本章将某区域汽车产业产学研协同创新的参与人员共同申请专利作为知识产权合作的实现，表明知识产权冲突在中观层面已避免和解决，并且产生知识产权冲突管理的网络化机制，用以构建基于中观区域和中观行业的合作者层面的产学研协同创新联盟知识产权合作专利网络。

三 产学研合作联盟网络拓扑性质

现有关于产学研协同创新合作网络的研究主要集中于网络的拓扑性质,认为产学研合作网络具有无标度网络和小世界网络的特征。无标度网络的特征是具有较强的异质性,网络各节点之间的连接状况分布不均匀。小世界网络的特征表现为彼此不认识的陌生人借由共同认识的人连接起来的小世界现象。学者对于产学研合作网络的这两个网络特质进行了重点阐述。

李徐伟(2010)提出了产学研合作网络既是一种复杂网络,也是一种社会网络。他认为产学研中的主体在寻找合作伙伴时是经过选择的,合作的开展是最终选择的结果,这种选择有连接的特性,符合无标度网络的增长性特征。张瑜等(2013)以轨道交通产业创新联盟为研究对象,通过研究网络特征,演化算法和网络动力学分析,验证江苏省轨道交通产学研创新合作网具有无标度网络的特征。宋东林(2013)研究了产业创新合作联盟网络,发现网络平均路径短、聚类系数高。因此,产业创新合作联盟网络被认为具有小世界网络的特征。冯锋和王亮(2008)认为,产学研创新合作网络本质上是各种相互联系、相互作用的实体参与网络化和社会化的活动,具有小世界网络的特点。因此可以看出,复杂网络分析理论适用于产学研协同创新联盟网络分析。

四 利用链路预测进行网络演化稳定性评价研究

科研合作网络中的另一个研究热点是合作关系的推荐与预测。越来越多的行业在寻求技术上的跨组织合作创新,这些高校和企业需要尽可能地利用社会网络获取发展所需要的资源,如何在众多的可选择合作对象中找到相匹配的合作对象至关重要,而复杂网络分析方法的链路预测方法能够通过已知的网络节点以及网络结构等信息，预测网络中尚未产生连边的两个节点未来连接的可能性（吕琳媛和周涛，2013），其合作伙伴推荐机制对促成科研合作有很大的参考价值，也是解决产学研合作中观网络主体匹配、减少知识产权冲突对合作破裂的威胁较好的中观机制。同时，近年来链路预测也在网络演化模型评价方面有重要应用（Lü 和 Zhou，2011；张斌和马费成，2015），由于链路预测能充分利用当前时间段的网络拓扑结构的既有信息，针对相关网络特性，应用不同链路预测机制指标跟踪网络波动性，实现对网络事件的可检测，从而能够描述和评价网络演化的稳定程度（胡文斌等，2015；张金柱和胡一鸣，2017）。

以上研究为本章研究产学研协同创新联盟知识产权冲突的中观网络化解决机制和联盟网络的中观稳定性及其条件提供了借鉴和支撑。

第三节 基于链路预测的联盟中观知识产权冲突解决机制及稳定性条件判定

由本章第二节机理分析可知，在协同创新知识产权合作网络化环境下，产学研合作多主体异质性知识产权资源配置等冲突可以在中观网络化机制中得到调节和管理，最终得以形成新的知识产权合作，产学研协同创新网络化联盟实现稳定发展。为进一步研究并找到产学研协同创新联盟网络知识产权冲突的中观管理机制以及其与联盟稳定性的关系，本章引入复杂网络理论和科学计量学理论，运用其中的链路预测理论及算法，通过网络预测算法提供的知识产权合作伙伴选择机制，促进产学研协同创新异质性主体的知识产权合作，并讨论知识产权冲突管理机制在产学研协同创新联盟中观稳定发展中的作用条件及相应机制选择。

知识产权包括专利权、著作权、商标权等权利形式，在产学研技术合作中主要以专利权的形式存在，本书以产学研多主体联合申请发明专利来代表产学研知识产权冲突得到避免的结果和表现,即网络环境下有多个产学研个人合作产生了申请发明专利,则代表其产学研知识产权合作的达成(刘凤朝等,2011;庄涛和吴洪,2013)。据此,本章运用链路预测模型的前沿算法,选择我国某市国家级协同创新中心所在的产学研协同创新联盟作为研究样本进行联盟网络化运行研究,该中心获得国家级协同创新中心的认定,代表着该中心和所在区域已发展成为具备多主体、多渠道合作的网络化协同创新联盟形式,在这一联盟网络中构建产学研专利合作网络并进行网络化研究,能够体现联盟网络化对产学研协同创新知识产权合作及联盟稳定性的影响。同时,该中心所依托的汽车产业是专利密集型产业,在各个城市或区域中都较容易形成产学研知识产权的网络化协同合作,因此具备中观典型性,本章基于此网络和链路预测算法对该网络的知识产权合作伙伴匹配进行预测,并进行网络稳定性评价,讨论产学研协同创新的网络稳定性条件及相应的知识产权冲突管理机制选择。

一 链路预测理论及 TS-VLP 算法

基于前文对链路预测理论及其在网络联盟稳定性评价中的应用的文献回顾,本节进一步对链路预测理论和其中的 TS-VLP 算法以及它们在产学研网络化知识产权合作的稳定性评价中的匹配机理进行阐述。

(一) 链路预测基本概念及背景

链路预测是复杂网络数据挖掘及网络演化分析的方法,网络中的链路预测的概念目前学术界有较统一的认识,即如何通过现有网络节点以及网络结构等已知信息,预测网络中两个节点产生连边的可能性(Lü 和 Zhou,2011),这个概念包含两个方面:第一个是网络中两个节点实际存在联系,但尚未被探测到,实质上是数据挖掘;第二个是现在没有联系,但在未来很可能有联系,这种情况与网络的演化密切相关(吕琳媛,2010),本章主要讨论第二种情况。链路预测是分析社会网络结构的有力的辅助工具（Kossinets，2003）。链路预测由于其重大的实际应用价值受到不同背景的科学家的关注，在科研合作领域，这一方法的应用主要用于论文推荐系统，而 Guns 和 Rousseau（2014）、王菲菲等（2019）将其运用于研究合作伙伴预测推荐的网络分析中。随着网络科学的发展，越来越多的学者从网络视角研究产学研网络，根据其网络拓扑性质来判断是小世界网络或是无标度网络，均属于复杂网络领域。

链路预测通常有三种预测思路，包括根据节点间的相似性、最大似然估计以及利用概率模型预测。其中，节点间的相似性是应用得较多的思路，但即便是这样，也没有一种统一的相似度指标。根据网络的具体情况，不同的相似度指标的计算准确度不一，要想得到较好的预测效果，就要根据具体情况建立与现实相符的网络，并根据网络来选择合适的指标。

（二）链路预测的相似性指标

在基于节点相似性进行链路预测判断的研究中，两个节点间相似性越大，则认为越有可能在未来产生某种联系。问题的关键是，如何来刻画节点之间的相似性。基于相似性的研究探讨较多，应用范围也很广泛，目前主要有两种方法。

第一种是根据节点的属性来判断。在社会网络中每个主体都具有自己的属性，比如在社交网络中，每个用户在注册时会提供年龄、性别、职业、地区、兴趣、特长等信息。如果两个主体的各方面都很相似，那么这两个节点对应的相似度就较高。但是在实际生活中，这些属性并不那么容易获得，也无法一一去验证信息的真伪。另一个问题是，属性有很多种，利用属性去判断相似性，还要鉴别出哪些属性是进行链路预测所需要的，哪些属性是不必要的。第二种是根据网络结构来判断。网络结构或者历史行为相比节点的属性更加容易被观察到。基于结构相似性的链路预测，要获得高质量的预测结果，需要抓住两个要点，一是构建的网络要能很好地刻画真实网络，二是定义的相似性指标要能很好地反映该网络的结构特点。比如，基于共同邻居的相似性指标最好在聚集系数高的网络中使用。

在网络结构方面，主要相似性指标如下。

1. 基于局部信息的相似性指标

基于局部信息的相似性指标就是只通过节点的局部信息来计算相似性指标。在信息量有限时，这种方法能发挥其作用，这类指标计算度通常也较低。

2. 基于共同邻居的相似性指标

（1）Common Neighbors 指标

这一指标有一个假设，即两个尚未连接的节点的共同邻居越多，越有可能在未来连边。例如，在某一社交网络平台中，甲和乙不是好友关系，但是甲的好友中有很大一部分和乙的好友重合了，那么这两个人将来就很有可能成为好友。节点 x 和节点 y 基于共同邻居的相似度 S_{xy} 可表示为：

$$S_{xy} = |\Gamma(x) \cap \Gamma(y)| \qquad (6-1)$$

其中，$\Gamma(x)$ 为节点 x 的邻居的集合，相应地，$\Gamma(y)$ 为节点 y 的邻居的集合。易知，共同邻居的数量等于节点 x 和节点 y 之间长度为 2 的路径的数量。

（2）Adamic-Adar 指标

这一指标是基于邻居节点的度，即该节点相关联的边的条数提出的，认为与度大的共同邻居相比，度小的共同邻居贡献更大。这个思想在现实中可以解释为，把度大的节点看作名人，可以吸引到很多人的目光及关注；度小的节点为非名人。度大的人本身容易受到关注，关注他的人可能是社会上各行各业的人，这些人之间并不一定有很大的关联。如果两个人同时关注了一个不出名的人，相比前面一种情况，两个人更可能有共同的兴趣爱好，以此来推荐他们成为朋友，成功的概率将会更高。

$$S_{xy} = \sum_{z \in \Gamma(x) \cap \Gamma(y)} \frac{1}{\log k_z} \qquad (6-2)$$

其中，$\log k_z$ 为共同邻居 z 的权重，即为 z 的度的对数分之一。

（3）Resource Allocation 指标

这个指标与 Adamic-Adar 指标很相似，唯一不同的是权重的计算方式。这一指标主要考虑的是两个节点要传递资源所要通过的媒介，两个节点之间的共同邻居即为媒介。这一指标假设每个媒介都有一个单位的资源传给邻居，相似度则为节点最后可以接收的资源数量，可以接收的资源越多，则相似度越大。

$$S_{xy} = \sum_{z \in \Gamma(x) \cap \Gamma(y)} \frac{1}{k_z} \qquad (6-3)$$

3. 局部朴素贝叶斯模型

在共同邻居指标的基础上，有研究引入了角色函数，提出了局部朴素贝叶斯模型。角色函数可以区分不同邻居的重要程度。

4. 基于路径的相似性指标

（1）局部路径指标

局部路径指标可以看作共同邻居的升级，由前文可知，共同邻居的数量等于节点 x 和节点 y 之间长度为 2 的路径的数量。但是，当整个网络节点数量较大时，如果还以长度为 2 的路径来判断，预测将不是那么准确了，因为大部分节点的 Common Neighbors 指标值为 0。当共同邻居扩展到三阶路径的情形时则为：

$$S = A^2 + \alpha \cdot A^3 \qquad (6-4)$$

其中，A 表示网络的邻接矩阵，A^2 表示节点间路径长度为 2 的路径数量，同理，A^3 表示节点间路径长度为 3 的路径数量，α 为可调参数。

扩展到 n 阶路径的情形为：

$$S^n = A^2 + \alpha \cdot A^3 + \alpha^2 \cdot A^4 + \cdots + \alpha^{n-2} \cdot A^n \qquad (6-5)$$

（2）Katz

这一指标考虑了网络中的所有路径，定义为：

$$S_{xy} = \sum_{l=1}^{\infty} \alpha^l \cdot |paths_{x,y}^{<l>}| = \alpha A_{xy} + \alpha^2 (A^2)_{xy} + \alpha^3 (A^3)_{xy} + \cdots$$

(6-6)

其中，α 为可调参数，$|paths_{x,y}^{<l>}|$ 代表着节点 x 和节点 y 长度为 l 的路径数。

(3) LHN-II

这一指标定义比共同邻居更为广泛，其思想是两个节点的邻居节点相似，则这两个节点很可能相似，而不是看它们是否有共同邻居。这种相似在网络上体现为结构相似，在现实生活中则反映为两个人所处的环境是否相似。节点 v_x 的邻居节点为 v_z，若节点 v_z 与节点 v_y 相似，则节点 v_x 与节点 v_y 相似。

$$S_{xy} = \phi \sum_z A_{xz} s_{xy} + \phi \delta_{xy}$$

(6-7)

其中，$\phi \sum_z A_{xz} s_{xy}$ 表示节点 v_x 对相似性的贡献，$\varphi \delta_{xy}$ 表示节点 v_x 与节点 v_y 的相似性，δ_{xy} 是 Kronecker 函数，当节点 v_x 与节点 v_y 相等时，$\delta_{xy} = 1$，否则，$\delta_{xy} = 0$。

5. 基于随机游走的相似性指标

(1) 全局随机游走

基于全局的随机游走指标主要有 Average Commute Time 指标、Cos⁺ 指标以及 Random Walk With Restart 指标等。Average Commute Time 指标判断相似性的依据是节点 v_x 与节点 v_y 之间的距离，即从节点 v_x 出发到节点 v_y 平均需要走的步数。计算公式为 $n(x, y) = m(x, y) + m(y, x)$，其值可通过网络的拉普拉斯矩阵的伪逆矩阵获得，即 $n(x, y) = M(l_{xx}^+ + l_{yy}^+ - 2l_{xy}^+)$。Cos⁺ 指标利用的是马氏距离（Mahalanobis Distance），马氏距离可用来衡量向量的不相似程度。

Random Walk With Restart 指标假设移动的粒子在移动中的每一步都以一定的概率返回到初始位置。节点 v_x 在 $t+1$ 时刻从原始位置到达各个节点的概率向量为：

$$\pi_x(t+1) = c \cdot P^T \pi_x(t) + (1-c) e_x \qquad (6-8)$$

其中，P 为网络的马尔科夫概率转移矩阵，元素 $P_{xy} = \dfrac{a_{xy}}{k_x}$ 表示在下一步节点 v_x 到节点 v_y 的概率，e_x 是初始状态。稳态解为：

$$\pi_x = (1-c)(I - cP^T)^{-1} e_x \qquad (6-9)$$

其中，$1-c$ 为粒子返回初始位置的概率，I 为单位矩阵。同理，也可以求出节点 v_y 在 $t+1$ 从原始位置到达各个节点的概率向量。节点 v_x 与节点 v_y 的相似度为：

$$S_{xy} = \pi_{xy} + \pi_{yx} \qquad (6-10)$$

（2）局部随机游走

节点 v_x 在 t 时刻出发，在 $t+1$ 时刻走到节点 v_y 的系统演化方程为：

$$\pi_x(t+1) = P^T \pi_x(t) \qquad (6-11)$$

其中，P 为网络的马尔科夫概率转移矩阵，$\pi_x(0)$ 是一个 $N \times 1$ 的向量，第 x 个元素为 1，其他元素为 0，$\pi_x(0) = e_x$，代表初始状态。

相似性公式为 $S_{xy}(t) = q_x \cdot \pi_{xy}(t) + q_y \cdot \pi_{yx}(t)$，$q_x$ 代表网络中的初始资源分布。在局部随机游走的基础上，把 t 及其以前的结果加总可得叠加效应的局部随机游走指标，即：

$$S_{xy}(t) = q_x \cdot \sum_{l=1}^{t} \pi_{xy}(l) + q_y \cdot \sum_{l=1}^{t} \pi_{yx}(l) \qquad (6-12)$$

（三）产学研协同创新联盟情境下的链路预测模型选择——TS-VLP 算法

产学研协同创新联盟网络适用于复杂网络方法和链路预测算法。在预测产学研潜在知识产权合作伙伴的方法中，各种计算相似性的方法都是通过对已知数据的尽可能真切地刻画的方法实现预测，但是它们的角度各自不同，各个方法在不同网络中的预测能力也不相同。Common Neighbors、Adamic-Adar 等指标仅仅需要网络中诸如共同邻居、节点度等部分信息，而 Katz、Average Commute Time 等指标需要了解网络整体的拓扑信息。在实际运用中，仅仅需要局部信息的指标比需要全局信息的指标更为高效，然而往往由于信息的缺失，有着较低的准确率。为解决这个问题，Liu 和 Lü（2010）定义了叠加随机游走方法 SRW（Superposed Random Walk），兼顾了预测效率和准确率。后续有学者（Ahmed 等，2016）在其基础上，进一步提出了基于快速收敛和提高预测精确度的链路预测方法——TS-VLP（Time-Series Vertex Link Prediction）算法。TS-VLP 算法的核心如下所示。

已知最初的时刻及后续时刻为 G_{t_0}，G_{t_0+1}，…，G_{t_0+T-1}，链路预测的目标就是预测在 $t_0 + T$ 时刻网络中的节点产生新边的概率。本章合作关系预测的目的是要根据合作现状预测产学研合作创新网络中的两个尚未合作的参与者在下一时刻合作的可能性，因此，为节点 x 和节点 y 定义相似性分数 $S_t(x, y)$，该相似性分数大小代表了下一时刻节点对节点 x 和节点 y 产生连边的概率大小。本章将通过计算数据中每个节点对应的 S 值来看哪些节点在下一时刻更可能产生连边。在 TS-VLP 算法中，将不同时刻的子图 G_1，G_2，…，G_T 通过变换矩阵 $A_{1,T}$ 联系在一起，定义为 $G_{1,T}$。易知，在网络的演化中，最近时刻的网络对于下一时刻的网络的影响是最大的。要提高整个预测的准确度，这些临近时刻的网络是需要被强调的。

TS-VLP 算法中引入了阻尼因子，即调节因子 γ。阻尼因子的变化将直接影响网络主体的合作概率，并能在不同取值下反映网络的稳定性，通过 γ 的取值变化，链路预测模型将会以不同的速度和精度进行收敛，在不同网络稳定性条件下作用于链路预测的预测精度，网络越稳定，γ 的合理取值将使链路预测算法的精确度越高。$A_{1,T}$ 定义为：

$$A_{1,T} = \sum_{t=1}^{T} \gamma^{T-t} A_t, \ 0 < \gamma < 1 \qquad (6-13)$$

基于叠加随机游走 SRW 的 TS-VLP 算法机制如下所示。

1. 叠加随机游走（Superposed Random Walk）

在基于相似度的算法中，链路预测的目的就是估算相似度，相似

度定义为 $S(x, y)$，相似度越大则说明节点对 (x, y) 越可能产生连边。为了计算相似度，将一个粒子放置于节点 x 的位置。定义 $n \times n$ 的矩阵 $\pi(\tau)$ 为 τ 步之后的概率矩阵，其中 $\pi_{xy}(\tau)$ 是位于节点 x 的粒子在第 τ 步走到节点 y 位置的概率，可表示为。

$$\pi_{xy} = \begin{cases} 1 & if\ x = y \\ 0 & otherwise \end{cases} \quad (6-14)$$

在第 τ 步，粒子在网络上根据变换矩阵 $P = s[p_{xy}]$ 随机游走，并产生新的矩阵 $\pi(\tau+1)$。在变换矩阵 P 中，元素 p_{xy} 表示位于节点 x 的粒子在下一步到达节点 y 的位置的概率，$p_{xy} = a_{xy}/d_x$，其中 a_{xy} 是节点对 (x, y) 的邻接矩阵值，d_x 是节点 x 的度。随着放置的粒子的随机游走，矩阵 $\pi(\tau)$ 演化为 $\pi(\tau+1)$，即：

$$\pi(\tau+1) = P^T \pi(\tau), \tau \geq 0 \quad (6-15)$$

如果已知 $\pi(0)$，可由式（6-15）得到 $\pi(\tau)$。

通过叠加随机游走的方式计算相似性指标 $S_{xy}^{SRW}(\tau)$，即：

$$S_{xy}^{SRW}(\tau) = \sum_{l=1}^{\tau} S_{xy}^{LRW}(l) = q_x \sum_{l=1}^{\tau} \pi_{xy}(l) + q_y \sum_{l=1}^{\tau} \pi_{yx}(l) \quad (6-16)$$

其中，q_x 和 q_y 是资源的初始配置。

叠加代表着增加了经验值，这个经验值会不断地建议粒子往哪条路径走。

$$q_x = \frac{d_x}{|E|}, \quad q_y = \frac{d_y}{|E|} \quad (6-17)$$

其中，$|E|$ 是在网络中所有边的数量，d_x 是节点的度，两个节点若要相似，一般认为两个节点所处的环境要相似，所以用这个分数来代表两个节点所处的资源配置环境。

2. 估算节点对相似性

要计算 SRW 指标，关键就是要计算出 $\sum_{l=1}^{L} \pi_{xy}(l)$。给定两个节点 x 和 y，节点 x 是起始点，节点 y 是目标终点。定义 $P_L(x)$ 为从

节点 x 开始、路径长度为 L 的路径的集合,依据小世界六度分隔理论,将采样路径长度设定为6。$p = (x_1, x_2, \cdots, x_L)$ 是 $P_L(x)$ 中的一条路径,$d_{xy}(p)$ 为从节点 x 到节点 y 的最短路径。如果节点 y 没有在路径 p 上,则 $d_{xy}(p) = \infty$。

$$I[d_{xy}(p) = \tau] = \begin{cases} 1 & if d_{xy}(p) = \tau \\ 0 & otherwise \end{cases} \quad (6-18)$$

其中,$d_{xy}(p) = \tau$ 表示最短路径为 τ。

重新将 $\pi_{xy}(\tau)$ 表示为:

$$\pi_{xy}(\tau) = \frac{1}{|P_\tau(x)|} \sum_{p \in P_\tau(x)} I[d_{xy}(p) = \tau] \quad (6-19)$$

其中,$|P_\tau(x)|$ 为路径的数量,也可以理解为在网络中放置了多少个粒子去游走。

然后,S_{xy}^{LRW} 指标如下:

$$S_{xy}^{LRW}(L) = q_x \sum_{l=1}^{L} \frac{1}{|P_L(x)|} \sum_{p \in P_L(x)} I[d_{xy}(p) = l] + \\ q_y \sum_{l=1}^{L} \frac{1}{|P_L(y)|} \sum_{p \in P_L(y)} I[d_{xy}(p) = l] \quad (6-20)$$

定义:

$$I[x \in p] = \begin{cases} 1 & x \text{ is included in path } p \\ 0 & otherwise \end{cases} \quad (6-21)$$

所以,

$$S_{xy}^{LRW}(L) = \frac{q_x}{|P_L(x)|} \sum_{p \in P_L(x)} I[y \in p] + \\ \frac{q_y}{|P_L(y)|} \sum_{p \in P_L(y)} I[x \in p] \quad (6-22)$$

为了简化公式,定义:

$$T(L, x, y) = \frac{1}{|P_L(x)|} \sum_{p \in P_L(x)} I[y \in p] \quad (6-23)$$

所以,

$$S_{xy}^{LRW}(L) = q_x T(L, x, y) + q_y T(L, y, x) \quad (6-24)$$

$Q_L(x)$ 是抽样路径的集合，而 $P_L(x)$ 是所有路径的集合，$Q_L(x)$ 的范围小于 $P_L(x)$。很明显，$Q_L(x)$ 的范围越大，结果会越准确。为提高准确度，可以利用 Vapnik-Chernovenkis 学习理论的结论来分析采用的路径抽样算法。R 定义为：

$$R = |Q_L(x)| = \frac{1}{\varepsilon^2 \cdot c}\left((\log_2 L + 1) \cdot \ln\frac{1}{c} + \ln\frac{1}{\delta}\right) \quad (6-25)$$

式（6-25）中，ε 是一个给定的误差范围，意味着 $T(L, x, y)$ 和 $T'(L, x, y)$ 之间的误差不超过 ε。

3. 给定节点的相似度估算

为了计算 $\hat{S}_{xy}^{LRW}(L)$、$T'(L, x, y)$ 和 $T'(L, y, x)$，需要先分别根据 $Q_L(x)$ 和 $Q_L(y)$ 计算出路径数量，即 $Q_L(x)$ 中包含节点 y 的路径的数量和 $Q_L(y)$ 中包含节点 x 的路径的数量。

本章用算法来估计取样路径集合 $Q_L(x)$ 中的给定节点 x 的相似度。在网络 $G = (V, E)$ 中，节点 x 是集合 V 中的一个节点，误差范围是 ε，概率是 δ。算法先演算出一组从节点 x 出发的路径，随后组成路径集 $Q_L(x)$，这样关于节点 x 的 $T'(L, x, y)$ 就可以被计算出来。计算节点 x 的 $T'(L, x, y)$ 值算法如下：

AlgorithmI

Input：

x, ε, P

Output：

    T (L, x, y)：similarity term for vertex x with node y in G

Begin

    Set T (L, x, y) = 0 for all node pairs x and y

    Calculate sample size R with the error bound ε and probability set P

    Algorithm I (x, L, R)

    for each path p in $Q_L(x)$

        for i = 1 to L
                T'(L, x, u_i) = T'(L, x, u_i) + 1/R
        end
    end
end

相似度算法如下：

Algorithm II

Input：

A_T, ε, P, L

Output：

    Similarity Node List

Begin

    Generate a combined time series graph G_t accorting to equal 3.1
    for each vertex x in Gt
        $S_{xy}^{LRW}(L) = q_x T'(L, x, y) + q_y T'(L, x, y)$
    end
end

4. TS-VLP算法运用于产学研协同创新联盟知识产权合作伙伴预测及网络稳定性判定的匹配性

本章认为，基于SRW的TS-VLP的算法思想，能更好地反映产学研协同创新联盟知识产权冲突中观管理的现实网络特征，并体现协同创新网络合作稳定性的要求，主要基于以下考虑。

第一，提出了一个基于时序的随机游走模型在产学研网络中的设计与应用。在随机游走模型中通过引入时序因素和权重变化，可以捕捉整个产学研网络在每个时序阶段的动态平衡和均衡扩张，提高了潜在合作节点发现的准确性。在现实的产学研网络演化过程中，知识产权冲突导致知识产权合作主体在个体与个体之间、个体和集体之间进行合作与非合作的选择，使知识产权合作网络以动态的时序特征发生演变。同时，对于产学研专利合作网络中的不同节点，TS-VLP 算法给予了网络时刻为临近时刻的节点以更大的权重，考虑临近时刻节点的相似性状态对新的知识产权合作带来的影响以及对网络结构稳定性的影响，符合产学研知识产权合作网络演化的实时性和动态性。

第二，基于 SRW 的 TS-VLP 算法考虑的是具有叠加效应的随机游走指标，将该算法模型应用于无监督的链接预测中，具有叠加效应的随机游走算法更多地考虑以合作经验值的网络化传播作为无监督自发展的网络的合作推动机制和合作伙伴的网络化选择机制，强调合作机制和资源配置机制的网络化形态。运用到本协同创新联盟网络中，产学研合作各方在拥有的知识产权研发资源、信息、能力高度异质性的条件下，其合作更加依赖于各主体在网络中的知识产权合作声誉、合作模式、团队背景、分歧处理等合作经验的综合信息，以实现各方行动的协同和联盟化运行，而基于合作经验值网络化传播的 TS-VLP 算法所依据的原理，即叠加经验值以引导联盟网络合作形成的网络结构，能够较好地反映产学研知识产权联盟网络合作机制，其合作伙伴预测结果将有助于从中观层面解决产学研合作的知识产权冲突，促进产学研联盟网络稳定的自主性发展。

第三，TS-VLP 算法中的调节因子 γ 能够有力地提高算法的收敛速度和预测精度，并能评估网络的稳定性。本书根据 γ 因子的模型含义将其赋值为本专利合作网络的网络平均度，度是表征网络中单个节点特征的最重要的概念之一。在无向网络中，节点的度指连接到该节点的边的数量，在产学研协同创新联盟体中，定义度为产学研知识产权申请人直接合作的伙伴的数量，而产学研联盟网络平均度则是指网络中所有知识产权申请人直接合作的伙伴的平均数量。在产学研合作网络中，拥有平均度更高的网络，表明该网络各节点与其他节点间能保持更紧密的知识产权合作关系，对知识产权冲突进行了良好的解决和管理，并反映出该网络知识产权合作异质性主体能更好地与合作伙伴就网络中的中介资源（如第三方评估机构）、技术转化资源（如技交易市场、技术拍卖市场）之间形成更好的知识产权合作的市场化资源获取渠道，带来资金、人才、设备等多种知识产权创新资源的协同配置，产生更多的知识产权合作，获得联盟稳定性运行。因此，γ 在 0—1 取值，其取值从小到大代表网络平均度从小到大，衡量了产学研网络单个节点平均知识产权冲突管理能力。在此基础上，将 γ 分别以不同取值放入不同数据环境中进行算法运算，在网络合作结构越稳定、预测精确度越高的链路预测算法机制下，研究在单区域环境下和多区域环境下，产学研网络知识产权冲突管理平均能力对产学研合作网络稳定性以及对链路预测算法的精确度的影响，有助于了解产学研协同创新网络的知识产权合作扩散机制及联盟稳定性机制。

二 联盟知识产权合作网络链路预测模型构建

（一）产学研协同创新联盟网络模型的构建

本书提取的共同申请发明专利数据来自国家知识产权局专利检索数据库和佰腾网专利检索数据库。以本章的研究对象——我国某市产学研协同创新联盟为例，本书选择提取 2012—2018 年该市汽车行业的产学研合作申请发明专利数据，在整理该市汽车行业的产学研共同申请发明专利的名单的基础上进行专利检索，将检索到的每条专利细分到每个专利申请人，同时在此基础上构建该市汽车行业产学研协同创新网络，其中每一个节点代表一个符合要求的参与方，即产学研专利申请人。

集合 $V = \{v_1, v_2, \cdots, v_n\}$ 为专利申请人节点的集合，协同创新网络表示为：$G_t = (V, E_t, A_t)$，其中 $t = 1, 2, \cdots, T$。E 是边的集合，边表示节点之间的连接，代表具有专利合作关系。用 $A_1, A_2, \cdots, A_{TN}$ 代表 $G_1, G_2, \cdots, G_{TN}$ 的邻接矩阵，邻接矩阵是用于存储顶点之间的关系数据的二维数组。$A_t(i, j)$ 的二进制值（0，1）代表专利申请人 i 和专利申请人 j 之间是否有合作（$i, j = 1, 2, \cdots, n$），如

图 6-1 所示。

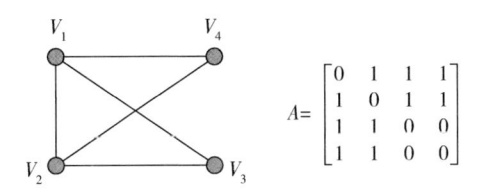

$$A = \begin{bmatrix} 0 & 1 & 1 & 1 \\ 1 & 0 & 1 & 1 \\ 1 & 1 & 0 & 0 \\ 1 & 1 & 0 & 0 \end{bmatrix}$$

图 6-1　邻接矩阵样例

以上述方法提取目标组织和个人专利信息，构建产学研专利合作网络模型。最后筛选出 1189 个节点，并根据 2012—2017 年的数据，建立各年度的产学研协同创新网络，并将 2018 年的实际数据和根据 2012—2017 年的预测趋势所得到的预测结果进行对比，作为预测成功率的验证。

（二）样本产学研协同创新联盟网络结构演变及影响因素分析

本书对样本城市汽车行业的国家级产学研协同创新联盟专利合作申请人网络进行分析，将整理好的节点数据和边数据输入网络可视化软件 Gephi 0.9.1，得到样本产学研协同创新联盟知识产权合作网络及其关键特征参数。

以目标城市汽车行业产学研协同创新联盟的合作专利申请人构成样本网络，并描述其网络总体特征。在特征参数方面，主要分析关键网络参数指标，即网络平均度和网络直径。如前所述，网络平均度是指网络中所有知识产权申请人直接合作的伙伴的平均数量，是网络中各节点获取知识产权资源的平均难易程度和能力，代表网络合作匹配的效率。而网络直径则是指节点传递给另一个节点的最长路径值。一般来说，网络规模增长将会带来网络直径的增长，同时在不同的网络生成机制的对比中，网络直径都是随网络规模增长更快的指标（赵延乐，2014），代表网络知识产权合作匹配的范围和规模。

从表 6-1 中可以看出，样本产学研协同创新联盟知识产权合作网络平均度和网络直径这两个特征指标在 2012—2013 年有了突破性的转变，都是从极低的低点大幅度跳升到了更高的数量级，显示 2012—2013 年样本城市的汽车产业协同创新在这一阶段有了质的变化，同时两项指标在 2013 年实现跃升后，在后续阶段保持了稳步增高的趋势，没有再发生大的变化，网络整体结构得到了稳定。

其中，网络平均度从 2012 年的 2.799 升高到 2017 年的 29.652，意味着样本产学研协同创新联盟网络节点的合作伙伴的平均数量得到了提高，网络中各节点的知识产权合作能力和资源获取能力大大增强，知识产权冲突得到了有效避免，合作关系更加紧密，降低了异质性主体知识产权合作的信息不对称等交易成本带来的合作失败的风险，并有助于形成稳定的知识产权网络声誉和预期以及知识产权冲突解决的行为规范，大大促进网络合作的实现。

表 6-1　样本产学研协同创新联盟知识产权合作网络关键特征参数

特征参数	2012 年	2013 年	2014 年	2015 年	2016 年	2017 年
网络平均度	2.799	13.403	15.724	21.628	25.756	29.652
网络直径	4	11	17	16	18	18
发明专利数量（个）	834	1252	1226	1587	1678	2028

另外，网络直径也大幅度从 2012 年的 4 增加到 2017 年的 18，合作链条扩大虽然可能带来合作伙伴的匹配速度下降，但合作范围得到了扩大。最初的产学研合作仅仅依靠较小范围内的合作伙伴，而在 2013 年，合作方式比 2012 年有了本质的改变，知识产权合作伙伴的选择不再依靠传统搜寻和匹配方式，而是更多依靠网络化的合作模式来寻找合作伙伴，实现知识产权合作，表明该中心知识产权合作结构发生了本质性的改变。可能的原因是该市的样本产学研协同创新联盟在 2011—2012 年受到样本城市的地方政府的支持，经过地方培育了两年后，于 2012 年获批国家级协同创新中心，并在 2013 年有了效果的

显现，说明该样本区域产学研协同创新联盟已经形成了由点对点的简单合作方式向网络化、系统化的协同合作方式的转变，因此发生了合作的突破性增加。合作方式质变后联盟结构稳定下来并保持在较高位置，没有突变型变化，表明联盟在后期主要依靠联盟网络的自发展以及基于临近合作和经验合作等内生合作选择机制来实现知识产权网络化合作和联盟的协同稳定运行。

在进行了样本产学研协同创新联盟网络结构、网络发展关键时间段分析后，笔者对 TS-VLP 复杂网络链路预测算法和本书产学研专利合作网络数据集的适用性进行进一步的讨论和验证，并在此基础上运用该算法机制进行影响产学研协同创新联盟网络稳定性的知识产权冲突管理中观机制分析。

三 联盟稳定性的知识产权冲突管理中观条件判定

（一）数据集适用性

1. 数据集运行时间和错误发生率比较

为进一步验证 TS-VLP 算法对本书数据集的适用性，笔者将本书的数据集和著名数据集 Reality Mining 进行了对比运算。Reality Mining 数据集是由麻省理工学院 MIT Media Lab 的一个实验所得，这个实验是为了探索智能手机的功能能否使社会科学家研究人类之间的互动，而不仅仅局限于传统的调查方法或传统的模拟方法。实验对象是 MIT Media Lab 的 75 名学生和教职工以及与该实验室相邻的 MIT Sloan 商学院的 25 名新生。在 75 位 MIT Media Lab 参与者中，有 20 名是即将入学的硕士生，5 名是麻省理工学院的新生，其余的则在媒体实验室待了至少一年。该数据集包含了实验对象的手机传感器数据，其中包括位置、距离、短信记录、电话记录等详细记录，从而可以得出个人习惯以及对象之间的社会关系数据。

作为一个标准数据集，Reality Mining 数据集在很多网络分析研究中被广泛使用,是作为一个评价标准的验证数据集。笔者将本书的数据集和 Reality Mining 数据集进行对比,主要关注两个指标,即错误发生概率和样本路径的长度。在几个实验过程中可以发现,Reality Mining 数据集使用本书提及的 TS-VLP 算法的效果并不良好。实验结果如图 6-2 所示。

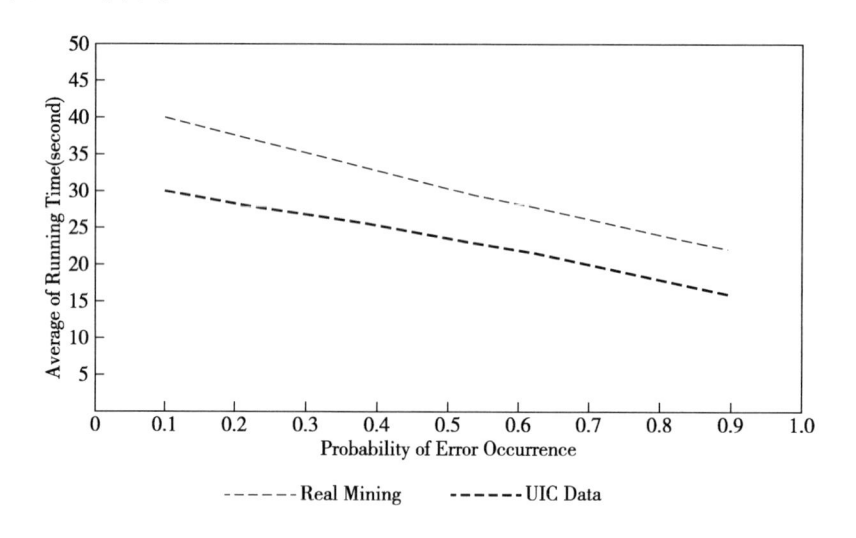

图 6-2 数据集运行时间和错误发生率

从图 6-2 不难看出,相比 Reality Mining 数据集,本书的数据集表现更好,错误发生的概率更低,算法运行的时间也更短。本书分析原因认为,Reality Mining 实际上是在一个相对区域较小的范围内(大部分都是来自 MIT Media Lab)收集的数据集,其用户节点之间的关系密集度较产学研网络中的节点而言更为密集,并且 Reality Mining 数据集的数据在时段处理上比较明显,好友创建过程的时序性并不明显,在时序方法的时刻处理上数据量很少,因此,TS-VLP 算法针对这类数据集反而不能很快地收敛为一个结果。

2. 采样路径长度对运行时间的影响比较

图 6-3 反映了不同的采样路径长度对运行时间的影响,同时,本书也对两个数据集进行了运行结果测试和比较。当采样路径为 2 或 3

时，Reality Mining 数据集使用 TS-VLP 算法的运行效果好于本书的产学研网络数据集，这正好体现了 Reality Mining 数据集的特点，好友推荐往往是在一个极小的范围内实现。然而，在 3—6 的范围内，本书的数据集使用 TS-VLP 算法，呈现出更加稳定且较短的运行时间过程，显示知识产权合作关系推荐不同于好友关系推荐，能够容纳更长的采样路径，能够用本算法进行更快的收敛和精练，符合产学研网络合作的多主体、长路径的特征。而当采样路径长度超过 6 之后，本书数据集运行时间变化曲线明显更陡峭，算法收敛需要更长的时间，这验证了本书前述论证中依据小世界六度分隔理论将采样路径长度设定为 6 的合理性。

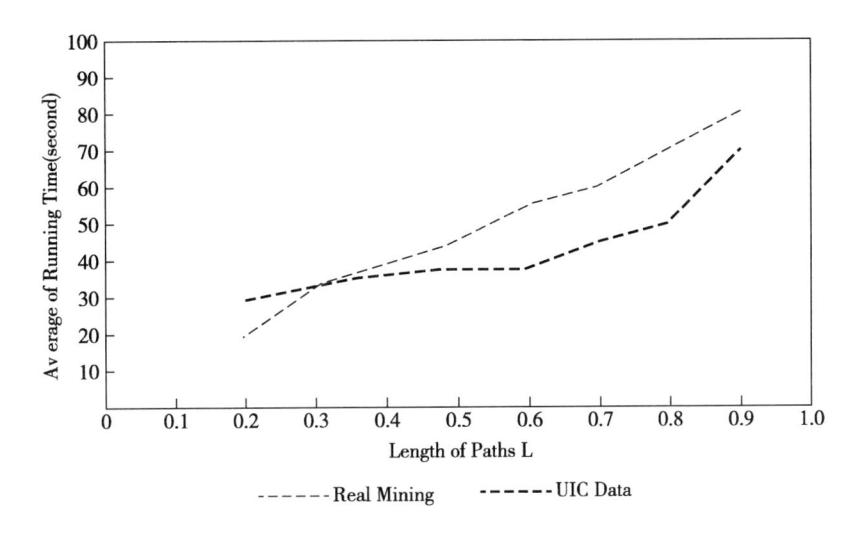

图6-3　不同的采样路径长度对运行时间的影响

（二）算法预测精确度及产学研知识产权合作网络匹配度比较

如前所述，TS-VLP 算法的预测机制在于基于时序和基于叠加随机游走方式的经验值叠加引导合作驱动机制，为进一步验证该机制对产学研合作网络的匹配性和适用意义，笔者对该算法与其他预测算法的预测精确性进行对比，验证算法的精确度表现以分析适用于本产学研协同创新联盟网络的合作机制。笔者将 TS-VLP 算法的合作伙伴预测值和基准算法的预测值进行计算，比较从 2012 年第一季度到 2017 年第四季度的共 24 个季度数据区间的不同链路预测算法的精确度评价指标 AUC（Area under a Receiver Operating Characteristic Curve）值（Hanley 和 Mcneil，1982），根据链路预测算法计算出的 AUC 值通常最少应大于 0.5，AUC 值越高，则代表算法的精确度越高。基准链路预测算法机制包括基于共同邻居的 Common-Neighbor（CN）算法（Lada 和 Eytan，2003）、基于邻居节点度的 Adamic-Adar（AA）算法（Zhou 和 Lü，2009）、基于优先链接特征的 Priority-Link（PA）算法（Newman，2001）以及基于网络所有路径的 Katz（KZ）算法（Leo，1953）。比较结果如表 6 – 2 所示。

表 6 – 2　　　　　各算法预测精确度测试指标 AUC 值比较

quarter	CN 算法	AA 算法	PA 算法	KZ 算法	TS-VLP 算法
2012_ q1	0.8369	0.8176	0.7008	0.8558	0.8611
2012_ q2	0.8230	0.8323	0.6687	0.8725	0.8922
2012_ q3	0.6846	0.6873	0.5514	0.8785	0.8937
2012_ q4	0.7663	0.7598	0.6832	0.8665	0.8806
2013_ q1	0.7210	0.7301	0.5298	0.8557	0.8741
2013_ q2	0.8096	0.8153	0.6421	0.9059	0.9299
2013_ q3	0.8312	0.8493	0.6899	0.9073	0.9276
2013_ q4	0.8197	0.8312	0.6147	0.8911	0.9149
2014_ q1	0.8182	0.8299	0.6210	0.9163	0.9216
2014_ q2	0.8463	0.8581	0.7069	0.9139	0.9261
2014_ q3	0.8156	0.8214	0.7658	0.9071	0.9115
2014_ q4	0.7578	0.7633	0.6044	0.8970	0.9255
2015_ q1	0.7932	0.8083	0.6257	0.9169	0.9364
2015_ q2	0.8485	0.8512	0.6417	0.9075	0.9247
2015_ q3	0.8145	0.8293	0.6600	0.8991	0.9265
2015_ q4	0.7863	0.7813	0.6221	0.8948	0.9205
2016_ q1	0.8255	0.8475	0.651	0.8937	0.9185

续表

quarter	CN 算法	AA 算法	PA 算法	KZ 算法	TS-VLP 算法
2016_q2	0.7783	0.7932	0.6639	0.9047	0.9241
2016_q3	0.8436	0.8542	0.7014	0.8959	0.9322
2016_q4	0.8753	0.8716	0.7350	0.9093	0.9233
2017_q1	0.7853	0.7755	0.6992	0.8972	0.9157
2017_q2	0.8354	0.8428	0.7632	0.8622	0.9059
2017_q3	0.8196	0.8236	0.7287	0.9057	0.9115
2017_q4	0.7796	0.7875	0.6207	0.8495	0.9012
平均值	0.7943	0.8001	0.6498	0.8911	0.9111

从表6-2可以看出，TS-VLP算法显示出了更好的预测表现，其算法精确度高于其他基准算法，显示出动态叠加随机游走机制适用于产学研协同合作网络机制，基于时序和经验导向的TS-VLP算法更能准确地预测产学研专利合作伙伴并进行网络稳定性条件评价。

（三）产学研协同创新联盟稳定性及其知识产权冲突管理中观条件判定

为反映样本产学研协同创新联盟的区域合作特征及中观网络稳定性特征，笔者在以样本协同创新联盟所在城市为数据搜索目标区域的同时，将搜索条件涵盖到该市与其他城市的知识产权合作的更大范围，最大限度地保留了样本协同创新联盟中产学研知识产权合作的跨地域特征，在此基础上进行算法预测精度与网络平均度及网络稳定性关系的讨论。而合作城市范围所代表的产学研合作网络中的节点间的跨区域性质，使本书的研究成果可以运用于跨区域的中观产学研合作伙伴的预测问题和网络稳定性问题，并有助于厘清协同创新联盟的区域间合作知识产权冲突的管理机制及其对协同创新区域外溢的作用条件。

本章以样本产学研协同创新联盟2012—2017年为样本期间，如前述时间划分，将六年时间里每三个月作为一时间段，对每个时间段的合作概率进行运算，并以前五年和第六年的前三个季度的数据运算为基础，预测第六年最后一个季度的合作伙伴合作概率，并与第六年最后三个月的实际合作概率进行比较，以判断该算法的预测准确性。在运算过程中，本章对 γ 的取值和知识产权合作申请人所在城市个数及其与预测精确度的关系进行了讨论，合作伙伴所在城市大于1则为跨区域产学研知识产权合作，计算的结果中 γ 取值及城市个数与预测精度的关系如表6-3所示。

表6-3　　　　　　　　γ 值的变动及预测准确率

γ	城市数（个）	概率值	准确率（%）
0.2	1	0.783	65.3
0.4	1	0.812	79.2
0.2	5	0.753	71.2
0.5	5	0.803	80.8
0.8	5	0.843	68.4

在表6-3的算法运算中，本章在不同的测试中集中改变 γ 值，然后观察预测正确率的变化。首先选定一个测试集，这个测试集中包含的联合申请专利的个人全部来自样本协同创新联盟所在城市这一单一区域，可以看到不同的 γ 值下，链路预测算法的准确度的变化。在单一城市条件下，当 γ 值为0.4时，即当网络合作平均度越高时，链路预测算法预测准确率越高，表明该网络合作状态越稳定。当测试集中包含的联合专利申请人来自5个不同的城市时，本章用0.2、0.5、0.8三个 γ 值进行测试，分别代表联合专利申请人网络平均度因子的低、中、高三个等级，运算结果显示：三个等级对应的链路预测算法结果的准确率分别为71.2%、80.8%、68.4%，这意味着在多城市跨区域合作的条件下，网络平均度不是越小越好，也不是越大越好，而是处在中间等级更有助于提高网络稳定性和链路预测算法预测的精确度。

该结果形成的理论机制在于，在单一城市内进行产学研协同创新时，网络平均度越高的网络，自发性网络连接机制越紧密，而节点的知识产权资源获取平均能力越高的网络有着越高的合作稳定性，链路预测算法的准确性也就越高。与这一结论相对应的是在单一城市中加强知识产权冲突的多主体协调，达成稳定的知识产权联盟合作关系，需要构建产学研协同创新网络多主体协同参与的市场运行机制，提供市场基础设施，建立网络化的知识产权冲突解决及管理的内生性中观资源配置机制和生态，在单一区域内，转变政策方向，从"牵线搭桥"式的政策模式转变为培育多主体协同共生、协作运行的网络化模式和市场化模式，帮助协同创新联盟各主体提高背景知识产权、资金、设备、人才等知识产权资源平均获取能力，并建立网络化的知识产权冲突协调机制，从而提高网络整体知识产权资源配置能力，达到网络的整体稳定性。

而在多城市进行跨区域协同创新活动时，网络平均度居中的网络最具合作稳定性，这意味着网络自发的知识产权资源获取能力在跨区域的协同创新中不是越大越好，也不是越小越好，而是居中最合适，常态化的、机制化的固定合作有利于消除跨区域产学研主体间的知识产权冲突，促进跨区域协同创新的开展，鼓励基于历史的合作模式的发展。在缺乏稳定合作路径的跨区域条件下，异质性主体资源获取能力强也有可能带来知识产权冲突的增加和合作关系的破坏，应着力加强和稳固已有跨区域产学研协同创新联盟，在此基础上逐步将知识产权冲突管理经验推广到更大范围，产生更多以点带面的效应，促进跨区域合作的外溢性和稳定性，形成跨区域产学研协同创新联盟知识产权合作的优选路径，在这一路径下，政府可以有所作为，主动培育和稳定现有产学研跨区域联盟，并逐步发展更具广泛性的跨区域产学研合作联盟。

（四）产学研协同创新联盟知识产权合作伙伴推荐结果分析

在上文中，根据 TS-VLP 算法和运用 2012—2017 年的样本产学研协同创新联盟数据集，笔者对可能产生合作的主体进行配对运算，得出 2018 年合作概率排在前十名的十组合作关系，用于 2018 年的合作伙伴具体推荐，并和 2018 年样本协同创新联盟网络的真实合作伙伴数据进行对比，结果如表 6-4 所示。

表 6-4　样本产学研协同创新联盟网络知识产权合作伙伴推荐

排名	链路预测推荐合作伙伴	与真实合作情况对比
1	ZYL ········ LXD	NO
2	QSUN ········ LDS	YES
3	ZXJ ········ QLB	NO
4	NYT ········ LTL	YES
5	LY ········ LM	YES
6	QMC ········ WYH	NO
7	NXT ········ CY	YES
8	LTL ········ CFD	YES
9	PDZ ········ FCJ	NO
10	DW ········ YQC	YES

从表 6-4 运算结果中可以看出，实际网络中有四组配对结果和推荐结果不同，没有成功实现合作，分析四对主体的背景信息，发现他们处于不同的城市，城市不同对产学研合作形成了阻碍，显示该协同创新联盟所在城市的产学研合作目前可能处于"孤岛"的状态，该协同创新中心目前的知识产权合作尚未在跨区域的主体间大量达成，协同创新的跨区域外溢效应发挥尚不充分。

在跨区域产学研合作的知识产权冲突解决中会遇到更多的信息不对称和地域空间的限制，使跨区域知识产权合作难以维系，现有的协同创新政策虽然在很大程度上减轻了样本协同创新联盟所在城市内的知识产权冲突，在政策的大力推动下取得了合作的大幅度增加，但是并没有从更大范围内解决产学研知识产权冲突的跨区域管理问题以及协同创新的区域外溢路径的问题，限制了协同创新效应的发挥。而跨区域的知识产权冲突治理将能更多地带动区域间的产学研合作乃至企业与企业、学校与学校的合作，为解决创新割裂问题带来更多的产业融合、区域融合的机会。为此应着力建立和培育跨区域的产学研联盟和协同创新路径，制定知识产权冲突跨区域管理政策，打通城市间、区域间的产学研合作渠道，增强中心城市辐射功能，引领区域创新一体化进程。在这一方向下，将能够更好地体现国家设立产学研协同创新联盟的目的，尽可能多地辐射更大的区域，以点带面，促进创新在更大范围的延伸和扩展。

第四节 算法模型分析结果

通过对 TS-VLP 算法中的阻尼因子进行网络平均度赋值，并进行预测精确度条件分析和协同创新联盟网络稳定性判定，算法运算分析得到以下结果。

第一，产学研联盟知识产权合作伙伴选择网络化和合作经验传播网络化需要网络化资源配置机制进行配套。

基于 SRW 的 TS-VLP 算法构建具有叠加效应的随机游走模型，由前述数据集适用性分析及算法预测精确度比较分析可知，其适用于判定并揭示本书中无监督的产学研多主体协同创新联盟网络的知识产权合作稳定性机制和条件，其提供的重视节点临近值相似状态以及引导网络粒子自主运行方向的合作经验传播方式，对产学研协同创新联盟的中观知识产权合作稳定性提供了网络化机制，其经验影响和合作管理资源配置网络化的思想为协同创新合作的知识产权冲突的中观解决提供了可行方案。据此，建立好互联互通的网络化协调沟通渠道有助于促进网络内知识产权冲突管理信息和经验的传播与交流，并共同促进知识产权冲突的中观解决和产学研协同创新联盟的稳定运行。

第二，在单一区域下，培育多主体的市场化协同机制，构建产学研协同创新联盟知识产权合作内生网络生态。

在单一区域的协同创新产学研知识产权合作网络中，网络节点的网络平均度越高越能构成网络稳定性的条件，为此，应改变政府简单促进孤立节点合作的思路，应更多地把促进孤立节点的合作和整个区域内的创新系统的资源配置生态构建联系起来，减少政府的直接参与，发挥多主体化、市场化的网络优势，注重培育职能多样的各类知识产权主体，产生产学研异质性多主体解决知识产权冲突的内生动力和机制，增强市场活力和增加合作机会，引发产学研协同创新半松散性联盟的各主体自发地寻求合作机会和合作伙伴，强化创新知识产权形成所需的背景知识产权、人力资源、资金、设备、材料等资源配置的协同性和互补性，打造产学研协同创新联盟自组织自发展的市场环境，促进协同创新合作在单一区域条件下的中观稳定性。

第三，跨区域协同创新联盟需要巩固强化已有协同联盟体系，产生以点带面的网络效应。

在多区域环境进行产学研协同创新活动时，网络平均度居中的网络最具合作稳定性，为使跨区域协同创新能尽可能地消除知识产权冲突，产生新的知识产权合作，协同效应能尽可能大范围地外溢，政府需适当主动作为，巩固和增强已有的协同创新渠道和联盟，产生知识产权冲突解决和合作达成的示范效应和扩散效应，才能稳步提高其他潜在产学研合作主体知识产权跨区域合作的活跃度，建立跨区域知识产权合作规范，为更丰富的合作形式和合作渠道的涌现打下基础，促进产学研联盟跨区域合作的协同性和稳定性。

第五节　本章小结

本章根据第四章中的引发产学研协同创新联盟合作破裂的知识产权资源投入配置冲突原因，对其中观网络化解决机制进行了分析。本章对产学研协同创新合作网络化的知识产权属性进行了阐述，在此基础上，对产学研协同创新联盟网络化促进知识产权冲突解决和增强联盟稳定性的机理进行了分析，在以上分析背景下进行产学研协同创新联盟知识产权冲突中观解决机制和联盟稳定性条件的研究。

本章首次运用具有叠加效应的随机游走思想的 TS-VLP 算法对产学研知识产权合作的潜在合作伙伴进行预测与推荐,对网络稳定性条件进行判定,数据集匹配性验证和网络合作机制匹配性验证表明了 TS-VLP 算法适用于本协同创新网络。本章选择某获批国家级协同创新中心的产学研协同创新联盟为研究对象,利用该协同创新联盟共同申请发明专利数据构建了产学研合作网络,通过 TS-VLP 算法对网络相似度最高的节点进行了配对预测,并讨论了知识产权合作机制在单一区域和多区域情形下对网络稳定性的作用条件。研究表明网络化的知识产权冲突管理的资源配置机制能够增强协同创新联盟的多主体的协同合作,前期合作和经验传播等多种网络化渠道和机制能帮助调节产学研及更广泛的联盟成员之间的中观知识产权冲突,达成更多新的知识产权合作,为此需要网络化的互联互通的知识产权资源配置机制进行配套。

进一步地,在单一区域的产学研协同创新联盟中,网络节点平均资源获取能力有助于解决知识产权冲突,产生新的稳定合作,为此需要减少直接政策参与,转而为区域内合作个体提供资源配置的优化渠道和市场化基础设施,打造创新生态,激发协同合作内在创新动力。在多区域环境中,网络平均度居中的网络最具合作稳定性,应适度增强政府在创新联盟稳定发展中的作用,以引导和协调的方式巩固既有跨区域产学研联盟,在此基础上进行联盟的拓展,促进知识产权跨区域合作的稳定增长,实现协同创新的示范效应和扩散效应。根据以上研究结论,提出后续基于中观角度的产学研协同创新联盟知识产权冲突解决及联盟稳定运行的对策建议。

第七章　知识产权冲突管理宏观政策法规研究

随着产学研联盟的推广和科技成果转化形式的创新，在科技成果转化过程中高频出现的知识产权归属不清、成果转化利益分配模糊、项目融资来源混杂等问题，使协同创新联盟稳定性下降，科技成果转化政策法规推进受阻。前述第四章的现实法律案例扎根理论分析显示，知识产权归属与成果转化利益分配是产学研协同创新联盟知识产权冲突爆发的主要矛盾点，产学研联盟的主体异质性使各方合作更易产生技术原因、非技术原因的各方责任分歧，在知识产权作价方式、权属分配、义务承担等方面存在多种冲突，直接影响知识产权成果转化的进程。涉及多方利益分配等敏感问题的知识产权转化环节的冲突，较难完全依靠产学研联盟主体内部实现冲突的解决，往往需要依靠宏观环境强有力的政策及法律力量进行调节与管理。

第五章及第六章针对产学研协同创新联盟知识产权冲突的研究聚焦于微观层面的契约机制、信任机制和中观层面的网络化机制，谋求联盟微观合作稳定和中观半松散稳定的理想状态。在此基础上，要解决产学研协同创新知识产权的"最后一公里"的冲突，需要在国家和地方各级政策法规的引导与规范下开展，加强政策和法规对知识产权转化分歧中权利义务的中立调节作用。因而，本章将重点研究宏观层面国家和地方（样本城市）的政策法规对于解决成果转化阶段产学研协同创新合作知识产权冲突的作用。

第一节 宏观政策法规作用

第一，国家和地方宏观政策法规为产学研协同创新联盟多主体知识产权成果转化中的权利义务调节提供了良好的外部环境。

产学研协同创新的联盟性决定了参与协同合作的主体包括高校、企业、科研院所、中介机构、金融机构、法律机构等，其合作产生的知识产权成果在转化过程中涉及专业性人才、政府及金融机构资金、知识产权成果归属方及技术研发设施等多种知识产权资源和要素的认定和协同配置，需有效明确各主体在此过程中的权利和义务，减少知识产权合作冲突，保障转化的顺利实施。国家层面制定的政策法规能为这种特殊的多主体创新联盟形式提供权威的支持，地方层面的政策能运用政策法规中的杠杆和工具有效消除协同创新联盟各主体的知识产权冲突障碍，明确各主体在知识产权成果转化中的权利义务，为各主体获取创新联盟知识产权合作必要的资源提供顺畅的外部环境，促进联盟的稳定持续运行。

第二，国家和地方宏观政策法规为产学研协同创新联盟稳定合作所需的知识产权转化环节的冲突解决提供有效保障。

科技成果转化过程中的知识产权冲突由于涉及各合作方的切身利益，成为威胁产学研协同创新联盟稳定性最大的潜在因素，如第四章分析，其是构成产学研协同创新联盟合作中的知识产权冲突的主要类别之一。知识产权科技成果转化具有回报周期长、风险高的特点，成果转化的成败极易引发各方关于利益归属或责任归属的分歧和冲突，最终导致产学研联盟知识产权合作失败。为维系联盟稳定性，国家和地方提供必要的政策法规威慑预防知识产权冲突的发生，或在知识产权冲突已经发生时使冲突各方有政策法律工具及渠道维护自身利益，对冲突各方提供具体法律援助，通过客观、中立、权威的政策法规机制，有效调节知识产权冲突中各方的利益诉求，警示失信与违约，明确责任与收益，以发挥支持协同创新联盟的多方继续合作的示范作用，并在宏观视域下产生更大的创新协同效应。

第二节　科技创新政策定量分析相关研究

为更为准确地分析我国政策和法规在产学研联盟知识产权冲突调节中的作用，本章拟对政策法规文本进行定量分析。为此需要先从政策法规文本内涵的定性研究出发，再进行文本的聚类和关联等定量研究分析，对此，扎根理论和共词分析法的结合有助于体现政策法规文本分析从定性到定量的有机联系，展现各政策法规间的关联，同时，深度挖掘政策法规的含义和构建政策法规文本间的聚类结构，是解决上述问题的有效方法。

如第四章所述，扎根理论是挖掘文本内涵的良好研究方法，此外，共词分析法也为文本研究定性与定量的结合分析提供了帮助。作为文献计量学的方法之一，共词分析法能够抓取大量文本中共同出现的主题词、关键词等，从而建立起词群间的聚集结构，通过不同角度看待词群之间的相互关系，从而更好地把握词群的焦点所在（张勤和马费成，2007）。这种研究方法已由Law等（1988）证实其对于政策分析的适用性。共词分析法对数据的整理多从网络分析和聚类分析两个角度展开，其中网络分析在数据相对较少时尤为适用，能够清晰地展现词群网络的疏密等数量特征。当需处理数据相对较大时，除分析难度极大增长之外，展现的词群网络也将因过于复杂而难以阅读，亦难以进行进一步的分析和理解，所以，此时将采用SPSS软件对词群进行聚类降维处理，以得到更清晰明朗的共词结构。这一步骤恰好能与扎根理论的逐层归纳提取良好呼应。扎根理论对于概念的归纳和理论的提取有较好的作用，为共词分析法提供良好的理论基础，以这两种方法为研究基础可得到更清晰的对象结构，从而构建出所需的理论结构。

我国已有许多学者对科技创新方面政策文本的定量研究进行了探

索。苏敬勤等（2012）运用内容分析法，挖掘国家科技创新政策和以大连市为研究样本的地方科技创新政策的联系与不同。刘凤朝和孙玉涛（2007）通过统计分析方法在中央报告中梳理多项科技创新政策，从多维度阐释我国科技创新政策的基本发展趋势。卢章平和王晓晶（2012）基于内容分析法，对国家和以江苏省为研究对象的地方科技成果转化政策的结构、内容、目标、工具手段和实施效果等方面进行了对比分析。吴爱萍等（2018）运用扎根理论和共词分析法，识别"互联网+"和"大众创业、万众创新"的相关政策结构。章刚勇（2018）运用科技政策条文归集方法研究国家或地方在2006—2020年已经制定或即将制定的科技政策与提案，在大数据的科技政策研究基础上构建多维科技政策文本数据库的表结构。现有研究未充分涉及知识产权成果转化阶段的科技政策的关联分析，缺乏产学研协同创新联盟的知识产权冲突管理的宏观政策法律研究，因此，本书采用已有研究的共性研究方法，即扎根理论和共词分析法，对产学研知识产权成果转化环节的国家和以样本城市为研究对象的地方知识产权冲突管理政策法规进行扎根理论的编码，联合共词分析法的词群矩阵聚类构建和多维共词网络图架构，逐层对中心词进行提取归纳，深入分析产学研协同创新联盟机制中的知识产权成果转化环节的科技政策法规的现状与不足，对国家层面和地方层面的政策法规异同进行比较，为后续提出调节产学研协同创新联盟知识产权冲突的宏观政策法规设计的相关政策建议提供依据。

第三节 关键词提取和共词矩阵构建

一 政策法规样本搜集

1996年5月15日发布的《中华人民共和国促进科技成果转化法》是我国颁发的首部为了促进科技成果转化、加速科学进步的重要法律，

2015年8月29日颁发了修订的《中华人民共和国促进科技成果转化法》，因此，我们选择1996年该法的首次颁布时间为政策法规样本搜集的起始时间点，以截至2018年12月的我国科技创新政策法规为样本对象，以中华人民共和国中央人民政府官网、中华人民共和国科学技术部官网、中华人民共和国财政部官网、北大法宝法律信息检索数据库等网站和数据库为国家级政策法规搜集基础，选择前述第六章中的国家级协同创新中心所在城市为样本城市，以样本城市人民政府、公安局、财政局、科技局、金融局、人社局、经信委等政府门户网站为来源搜集地方政策法规样本。本书选择的前述国家级协同创新中心所在城市为国家重工业城市，有坚实的工业化基础，产学研合作历史悠久，合作活跃，政府大力制定产学研鼓励政策法规，并成功培育出国家级"2011协同创新中心"和多个市级协同创新中心，其政策法规制定具有典型的研究价值，是本书研究地方产学研协同创新联盟知识产权成果转化政策法规的代表城市和样本城市。

在搜寻国家和样本地方城市的科技创新政策法规的基础上，本书围绕引起产学研协同创新联盟合作破裂的知识产权成果转化环节的冲突，进一步提取国家和地方政策法规中关于该知识产权冲突调节的条款和内容。为考虑这一研究焦点，结合前述第二章第五节基于文献研究对产学研协同创新联盟的宏观开放性的联盟性质的定义，以"产学研""高等院校""科研机构""企业""联盟"及其他近似词为产学研协同创新联盟成果转化政策法规搜索的主体，从产学研整体和个体的角度，在产学研核心异质性主体间（研发方和企业）、各组成主体内部（企业和企业）、更广泛的多主体间（中介机构和技术企业及研发方、金融机构和技术企业及研发方等）的各类产学研主体的关联关系中，广泛寻找政策法规的调节内容和机制，以体现产学研创新联盟的异质性多主体协同性、知识产权成果转化的多链条性、产学研创新系统整体知识产权合作和冲突的宏观共生性等开放性联盟特征，进而以"知识产权""科技成果""价值评估""技术转化""成果归属""收益分配""科技人员"等前述第四章知识产权冲突原因分析中产学研联盟在知识产权成果转化过程中的主要知识产权冲突发生焦点为主题词对政策法规进行筛选，从国家和地方（样本城市）两个层面分别收集相关文本数据。剔除通知类等相关性较低、回复类等不具有法律效力以及时间久远已被新制度覆盖而失效的文本之后，收集到的国家政策法规有效文本共 16 份，地方（样本城市）政策法规有效文本共 30 份。

二　关键词提取

在仔细阅读所有有效政策法规样本后，本书摘取与上述产学研各类主体的知识产权成果转化中的"价值评估""成果转化""利益分配""成果归属"等词相关的、在文本中属于核心位置的语句，运用扎根理论逐条进行概念化（开放式编码），然后提炼出概念的关键词（范畴化），为尽可能多地保留政策法规核心信息，将范畴化关键词记录成短语形式。表 7-1 和表 7-2 展示了国家和地方层面部分原始语句概念化和关键词提取的过程，国家和地方层面全部相关政策法规原始语句的开放式编码概念化和相应提取的范畴化关键词分别详见附录二及附录三。

表 7-1　国家产学研知识产权成果转化政策法规关键词提取（部分）

关键词	政策法规原始语句（概念化）
知识产权运营服务支撑	1-1：中央财政对每个城市支持 2 亿元，2018 年安排 1.5 亿元，剩余资金等年度考核通过后拨付。城市可采取以奖代补、政府购买服务、股权投资等方式，统筹用于支持知识产权运营服务体系建设工作（中央财政支持知识产权运营服务体系建设） 2-1：国家建立、完善科技报告制度和科技成果信息系统，向社会公布科技项目实施情况以及科技成果和相关知识产权信息，提供科技成果信息查询、筛选等公益服务（国家建立完善知识产权公益服务）

续表

关键词	政策法规原始语句（概念化）
知识产权保护援助	1-2：支持企事业单位围绕产业关键技术领域，依托专业化运营服务机构，开展全链条专利导航、布局与运营，筑牢织密专利保护网，构建一批对产业发展具有重要保障作用的核心专利池（支持构建核心专利池） 3-1：发明或者使用新型专利权的保护范围以其权利要求的内容为准，说明书及附图可以用于解释权利要求的内容。外观设计专利权的保护范围以表示在图片或者照片中该产品的外观设计为准，简要说明可以用于解释图片或者照片所表示的该产品的外观设计（专利权保护范围） 3-2：未经专利权人许可，实施其专利，即侵犯其专利权，引起纠纷的，由当事人协商解决；不愿协商或者协商不成的，专利权人或者利害关系人可以向人民法院起诉，也可以请求管理专利工作的部门处理（侵犯专利权可起诉） 3-3：专利法明确规定了国有企事业单位申请获得的专利，属该单位"所有"，改变了过去由该单位"持有"的做法（国有企事业单位所有专利）

表7-2 地方产学研知识产权成果转化政策法规关键词提取（部分）

关键词	政策法规原始语句（概念化）
科学技术入股	1-1：高等学校和科研机构以职务科技成果向企业作价入股，可将因该成果所获股权的不低于20%但不高于70%的比例，奖励有关科技人员。由职务科技成果完成人依法创办企业自行转化或以技术入股进行转化的，科技成果完成人最高可以享有该科技成果在企业中股权的70%（职务科技成果作价入股比例） 2-1：科研机构、高等学校及其科技人员可以采取多种方式转化高新技术成果，创办高新技术企业。以高新技术成果出资、入股的，高新技术成果的作价金额可达到公司或企业注册资本的百分之三十五，合作各方另有约定的，从其约定（高新技术成果入股的作价金额比例） 3-1：政府对科研单位、大专院校和企业的下列行为以及高新技术企业按国家规定给予优惠政策扶持：技术转让、技术培训、技术咨询、技术服务、技术承包、技术入股（技术入股优惠扶持政策）
（标的）股权激励	1-2：实施股权激励的标的股权，可以通过企业公基金转增注册资本、向激励对象增发股权、股份公司向股东回购股权、企业投资人转让投资份额等方式取得（实施股权激励的标的股权） 1-3：国有及国有控股企业用于股权奖励和股权出售的激励总额，不得超过相关科技成果近三年产生的税后利润形成的净资产增值额的35%，其中激励总额用于股权奖励的部分不得超过50%（股权激励总额比例限制） 1-4：企业实施股权激励导致企业注册资本规模、股权结构或者组织形式等变动的，工商、国有资产管理部门应当按照有关规定及时办理企业工商变更、国有资产产权登记等手续（实施股权激励手续办理）

在此基础上，对关键词进行整理分析。本次数据收集总计在国家层面提炼出关键词111个；地方（样本城市）层面提炼关键词124个。在剔除与本书研究主题相关性不足的无效关键词、合并重复表述的同质关键词之后，共计保留国家层面关键词29个；地方层面关键词31个。结果如表7-3所示。

表7-3　国家与地方（样本城市）层面的关键词及其频数

单位：次

国家关键词（频数）						地方关键词（频数）					
关键词	频数	关键词	频数	关键词	频数	关键词	频数	关键词	频数	关键词	频数
知识产权运营服务支撑	2	知识产权契约管理	3	市场化定价方式	2	科学技术入股	3	（标的）股权激励	6	科研经费/津贴资金奖励	7
知识产权保护援助	8	自主处置科技成果	2	科技成果转化导向机制	8	荣誉称号奖励	3	科技成果转化专项基金	7	知识产权绿色通道	1
科技成果转化惩罚机制	6	收益分配公开制度	2	成果转化过程管理	3	研发平台与基础设施建设	9	技术转移机构	3	智力资源服务企业	2
无形资产作价金额	1	成果完成后科技人员激励	9	政府科技成果转化服务体系	2	科研人员优先出资权	1	第三方价值评估	1	信用评级标准	1
多主体成果转化责任义务	5	成果转化资金支持/金融支持	10	科技成果检测	1	领导部分免责	1	协议定价/市场定价	1	专项项目申报与验收	7
产学研联盟	2	科研课题评审	4	科技成果转化目标考核	2	成果转化产权处置	6	学校自助分配	1	限项管理	1
税收优惠政策	3	科技中介服务	5	科技成果信息系统	6	项目实施周期管控	2	税收优惠政策	8	科研成果项目验收	1
科技人才培养计划	1	产学研主体权利义务规范	2	科研人员所有权及长期使用权	2	金融机构信贷支持	4	产学研协同创新	11	企业研发成本补助	1

续表

国家关键词（频数）					地方关键词（频数）				
关键词	频数	关键词	频数	关键词	频数	关键词	频数	关键词	频数	关键词	频数
成果转化项目招投标	4	成果完成人优先受让权	1	国家使用开发权保留	2	宽容失败政策	3	重大科技成果转化项目认定	10	职务科技成果转化	4
科研后评价体系	3	科技人员兼职与创业	3			科技成果信息公开制度	2	政府引导科技人才引进	4	阻碍科技成果转化人员处罚	6
						科技成果转化违约处理办法	4				

三　共词矩阵构建

在国家与地方层面所得关键词中，部分关键词由于频数低于2次，无法展开进一步的共词分析，因而将其剔除。共词分析法即统计全部关键词中任意两个关键词的共现次数，利用软件形成共词矩阵。矩阵中第 k 行第 l 列词对应的数据即同时出现这两个词的政策法规文本数。结果如表7-4和表7-5所示。因为地方政策法规对于不同科技成果转化问题的针对性和特异性更强，政策法规来源较分散，所以关键词共现频数较低，但并不影响后续分析过程。

表7-4　　　　国家层面共词矩阵（节选）　　　　单位：次

	产学研联盟	成果完成后科技人员激励	成果转化过程管理	成果转化项目招投标	成果转化资金支持/金融支持	科技成果转化导向机制	国家使用开发权保留
产学研联盟	0	0	0	4	0	0	0
成果完成后科技人员激励	10	0	10	10	31	25	0

续表

	产学研联盟	成果完成后科技人员激励	成果转化过程管理	成果转化项目招投标	成果转化资金支持/金融支持	科技成果转化导向机制	国家使用开发权保留
成果转化过程管理	4	0	0	4	13	10	0
成果转化项目招投标	0	0	0	0	0	0	0
成果转化资金支持/金融支持	12	0	0	14	0	30	2
科技成果转化导向机制	10	0	0	10	0	0	1
国家使用开发权保留	0	0	0	1	0	0	0

表 7-5　　　　　　　　地方层面共词矩阵（节选）

	（标的）股权激励	产学研协同创新	成果转化产权处置	阻碍科技成果转化人员处罚	技术转移机构	金融机构信贷支持	科技成果信息公开制度
（标的）股权激励	0	0	0	1	0	0	0
产学研协同创新	1	0	0	2	0	0	2
成果转化产权处置	0	0	0	0	0	0	0
阻碍科技成果转化人员处罚	1	0	0	0	0	0	0
技术转移机构	0	0	0	0	0	0	0
金融机构信贷支持	3	3	0	6	0	0	3
科技成果信息公开制度	1	0	0	2	0	0	0

第四节　数据聚类分析

一　国家层面数据分析

（一）国家层面聚类分析

基于共词矩阵，本章将关键词按相关程度划分为不同大小的类群，并运用 Ward 系统聚类法对关键词进行分层聚类,以进一步探究政策法规结构类型及国家和地方关于产学研知识产权转化环节的政策法规的关心重点。本章聚类分析使用 Ward 系统聚类法和 SPSS 25.0 统计数据分析软件。Ward 系统聚类法利用离差平方和法计算距离从而进行聚类,将原始关键词划分为不同类群并通过树状谱系图的形式直观呈现,为后续探究类群间的关系提供支持。

国家层面聚类所得谱系如图 7-1 所示,在图 7-1 中共画出了三条参考线,因参考线位置的选定直接影响类群的分类情况,所以本章将对参考线的选择进行详细说明。首先,参考线 A 将所有关键词分为

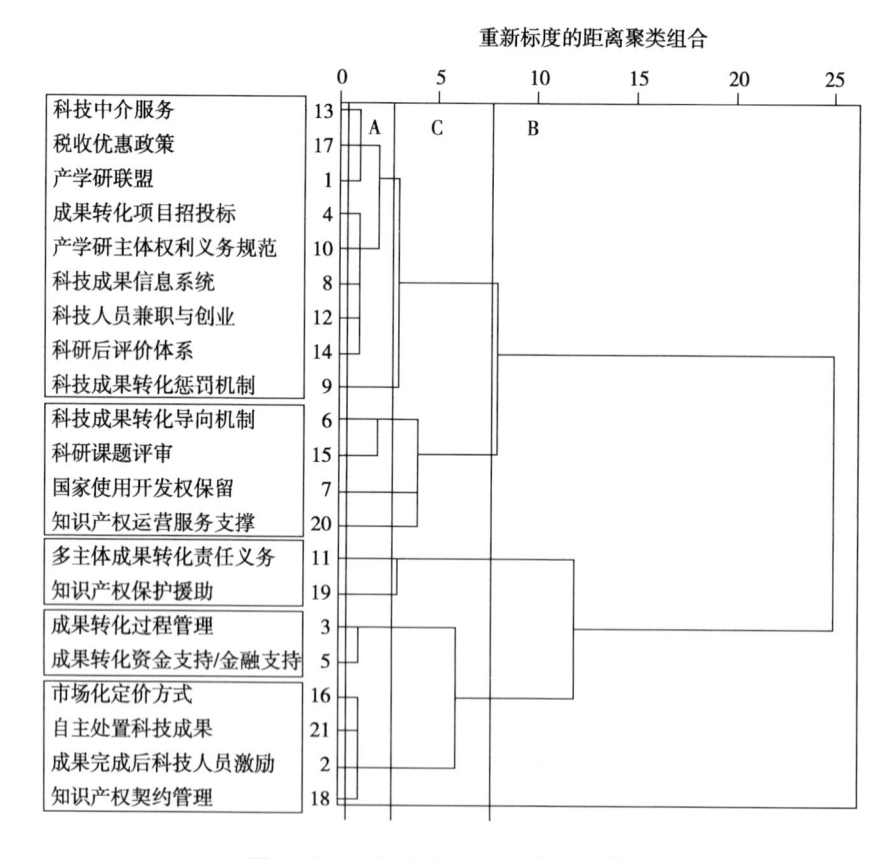

图 7-1 国家层面 Ward 聚类结果谱系

注:A 为第 1 次分类参考线,B 为第 2 次分类参考线,C 为第 3 次分类参考线。

9类，该参考线下类群数目较多，致使存在"科技成果转化惩罚机制""国家使用开发权保留"与"知识产权运营服务支撑"等孤点类群的组成情况过于具体，难以分析类群中关键词的联系与共性，因而A参考线不适合作为最终分类参考结果，不予采用。其次，若选定参考线B，可以看出在该参考线下所有关键词被分为3类：B1包括从"科技中介服务"到"知识产权运营服务支撑"13个关键词；B2包括"多主体成果转化责任义务"和"知识产权保护援助"2个关键词；B3包括从"成果转化过程管理"到"知识产权契约管理"6个关键词。虽然B1中关键词多以成果转化为主，但因包含关键词数目较多，聚类结果过于宽泛，各关键词间的关系难以得到更准确细化的展现，因而B参考线最终不予采用。最后，C参考线下的关键词被分为5个类群，每个类群中关键词数量为2—9个，相较而言最适宜展开政策法规结构分析，因而作为最终聚类结果的分组判定依据。

在C参考线下，所有关键词共被分为5类，根据每一类的关键词特征，围绕产学研协同创新宏观开放性联盟知识产权转化各方面的政策法规要素，将5个类群分别命名为C1（系统化科技成果转化促进体系）、C2（科技成果转化政府机制）、C3（知识产权转化权利义务规范和法律援助）、C4（成果转化过程管理及金融支持）、C5（科技成果转化市场化机制）。下文对各类群展开具体解释。

C1——系统化科技成果转化促进体系：系统化科技成果转化促进体系构成当前我国主要推进的产学研科技成果转化模式的主体政策法规框架。

该类群内包含科技中介服务、税收优惠政策、产学研联盟、成果转化项目招投标、产学研主体权利义务规范、科技成果信息系统、科技人员兼职与创业、科研后评价体系、科技成果转化惩罚机制共计9个关键词，该类群构成系统化科技成果转化促进体系。该类群含义为：首先，以国家大力发展的产学研联盟形式为载体，以正在发展完善的科技中介服务和科技成果信息系统为多主体协同支撑，通过成果转化项目招投标等方式，在提高产学研联盟的协调效率及科技成果转化效率的同时，实现联盟的广泛确立和运行。其次，凭借税收优惠和科技人员兼职与创业等政策的激励作用，进一步加快科技成果转化的进程。同时设立科研后评价体系和科技成果转化惩罚机制，与激励政策相辅，实现转化过程中的双重监管，提高成果转化项目完成度。最后，在联盟内提前做出科技成果转化权属约定，避免转化后的大部分利益分配纠纷与知识产权冲突。

C2——科技成果转化政府机制：中央政府在产学研科技成果转化过程中监管与调配职能的机制体现。

该类群包含科技成果转化导向机制、科研课题评审、国家使用开发权保留和知识产权运营服务支撑4个关键词。该类群强调通过政府确立的科技成果转化导向机制加快成果转化进程，以政府主导建设的知识产权运营服务支撑体系解决、减少产学研成果转化过程中的知识产权冲突问题，同时以科研课题评审的形式加强政府对转化项目的监督，政府保留部分转化后的科技成果的使用开发权，支撑并保证对于科技成果转化的监管。

C3——知识产权转化权利义务规范和法律援助：明确参与产学研科技成果转化各方主体的义务，为知识产权冲突解决提供法律支持。

该类群包含多主体成果转化责任义务和知识产权保护援助2个关键词。针对不同科技成果转化引导主体，概述各方在不同转化方式中应尽的责任义务以及可采取的促进科技成果转化的手段。在明确界定产学研多主体知识产权转化责任义务的基础上，提出有关知识产权保护援助的基本政策法规，确立援助方式，提出援助目标和检验标准，提供多方位的知识产权法律救济。上述政策法规旨在解决关于责任义务模糊所导致的知识产权冲突，提升产学研联盟协同稳定性，深化各主体的成果转化责任义务规范。

C4——成果转化过程管理及金融支持：规范产学研知识产权成果转化过程中的项目管理与多方可支配资金支持。

该类群包含成果转化过程管理和成果转化资金支持/金融支持2个关键词，通过成果转化过程管理体制，实现市场资源、科技资源、金融资本等多资源的合理配置，助力产学研知识产权成果转化过程。产学研各方应遵循知识产权成果转化基本原则，优化成果转化过程管理，基于成果转化方案确定成果转化的方式、资金、周期等核心内容，并可向政府和金融机构寻求资金投入，充分利用各方金融资源，为知识产权成果转化项目谋求更多支持，减少知识产权转化过程管理冲突和资金配置冲突。

C5——科技成果转化市场化机制：通过市场化定价、知识产权契约管理等市场化机制解决产学研开放性协同创新联盟知识产权冲突，促进科技成果转化。

该类群包含市场化定价方式、自主处置科技成果、成果完成后科技人员激励和知识产权契约管理4个关键词。该部分侧重于产学研科技成果转化过程中市场化机制的确立，与C2的政府参与机制构成政策法规和机制互补。鉴于产学研成果转化后产品大多需要面向市场，因而采用市场化定价为知识产权成果的主要定价方式；转化后通过采取多种市场化手段再次实现对科技人员的激励作用，允许科研院所和高校自主处置科技成果；同时通过知识产权契约管理，树立产学研协同创新联盟的契约权威性，依靠政策和法律的公信力防范和减少产学研联盟因知识产权冲突问题而造成的合作破裂，为产学研开放性协同创新体的稳定合作和知识产权成果的顺利市场化提供契约机制和市场机制的保障。

（二）国家层面类群多维标度分析

为进一步探究类群间和关键词间可能存在的联系，本章运用SPSS软件中的多维标度（PROXSCAL）对国家层面的政策法规关键词进行进一步剖析。在图7-2中，知识产权契约管理和多主体成果转化责任义务最接近原点位置，其次为科技成果信息系统、科技成果转化导向机制、市场化定价方式、科技成果转化惩罚机制、产学研主体权利义务规范等关键词，而科研课题评审、成果转化过程管理等关键词位于该图的边缘位置。虽然图7-2较直观地展现出了各关键词的位置和核心程度，但因应力指数为0.11，即拟合优度一般①，且关键词分布散乱不利于分析关键词间的关系，因而要以类群为单位做进一步的多维标度分析。

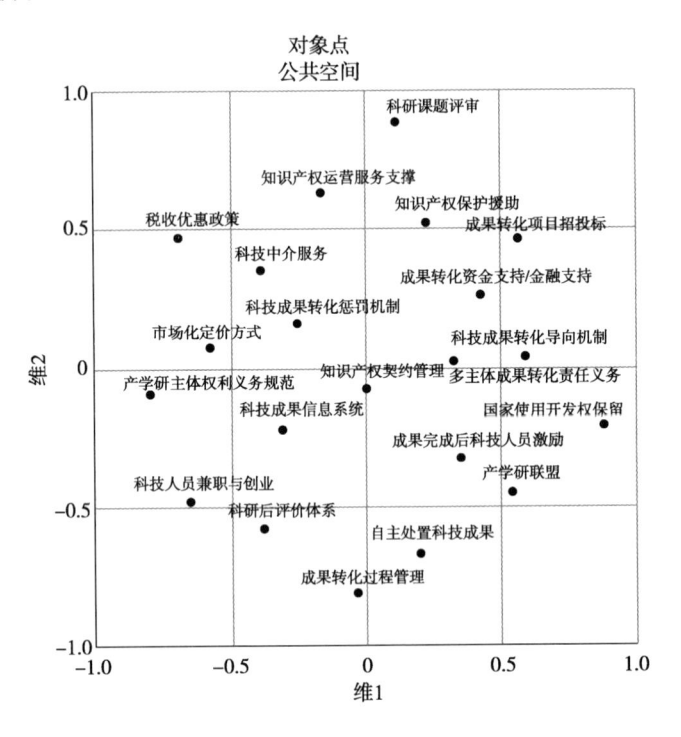

图7-2 国家层面政策法规文本关键词多维标度分析

对国家层面的关键词以类群为单位展开多维标度分析，如图7-3所示。其中，正态化原始应力指数为0.02355，D.A.F为0.97645，拟合优度良好；且可直观看出类群分布情况。运用Ucinet软件计算国家层面各类群中心度指标如表7-6所示，由图7-3和表7-6可知，C2和C3两个类群位于离原点较近的位置，越中心的位置表明其在政策

---

① 应力指数反映多维标度分析结果的拟合优度，该指数越接近零，表明拟合优度越佳。

法规体系中越重要（吴爱萍等，2018；罗敏和朱雪忠，2014），且中心度指标越高；其次为C4和C5；远离其他类群的是C1。

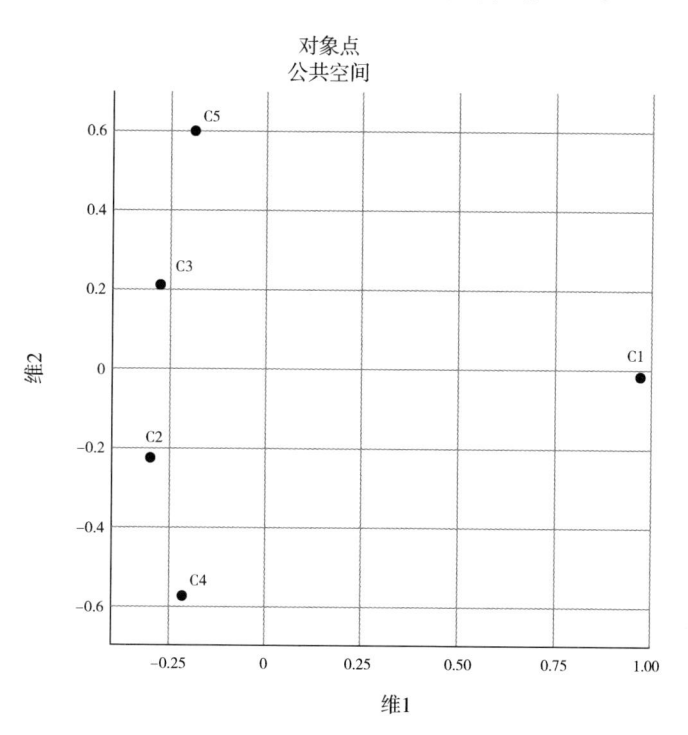

图7-3 国家层面政策法规文本关键词类群多维标度分析

表7-6 国家层面各类群中心度指标

中心度指标	Degree	NrmDegree	Share
C3	123.000	64.063	0.299
C2	114.000	59.375	0.277
C4	90.000	46.875	0.218
C5	85.000	44.271	0.206
C1	0.000	0.000	0.000

该结果出现的原因可能为：在国家层面，政府作为引导产学研联盟建立、解决知识产权冲突以及促进科技成果转化的核心主体，现阶段与之相关的政策法规（C2）较丰富且位于较为核心的位置；而C3

则是用于解决影响产学研联盟稳定性的成果转化知识产权冲突的最为权威中立的法律体系和政策体系，是国家级政策法规解决产学研合作的知识产权冲突的最重要工具和手段，因此同样位于较为核心的位置；而 C1 远离其他类群体现出促进科技成果转化的系统化政策法规体系与其他政策法规类群的协同性不足，政策法规综合性、整体性有待改善，具体不足与缺陷将在下文进一步展开说明。

二　地方层面数据分析

（一）地方层面聚类分析

同理，本节基于地方层面共词矩阵，将地方层面的关键词按相关程度划分为不同大小的类群，进一步探究地方层面产学研知识产权成果转化政策法规的结构类型及其关心的重点。仍然运用 Ward 系统聚类法和 SPSS 25.0 对关键词进行分层聚类，聚类结果谱系如图 7-4 所示。

与对国家层面展开的分析过程相似，地方层面也是在对现有三条参考线进行分析后，最终选取了参考线 C。在参考线 C 下，所有关键词被分为 4 个类群，分别为 D1（科技人才培养建设机制）、D2（科技成果转化联盟化调节机制）、D3（协同创新金融支持）、D4（科技成果转化利益调节机制）。下面对 4 个类群展开进一步阐释。

D1——科技人才培养建设机制：用于实现产学研科技人才引进和储备的多方位人才建设方式。

该类群由荣誉称号奖励、专项项目申报与验收、政府引导科技人才引进、宽容失败政策和研发平台与基础设施建设 5 个关键词构成，是从不同方面提出的促进产学研科技人才培养建设方式。通过地方政府引导的产学研科技人才引进方案实现科技成果转化活动的基本人才储备。在此基础上，为产学研科技人才提供荣誉称号奖励和较完善的研发平台及基础设施，对失败成果转化项目的处理为适度遵循相应宽容失败政策法规的要求，展现地方政府对科技人才的充分重视与宽容

重新标度的距离聚类组合

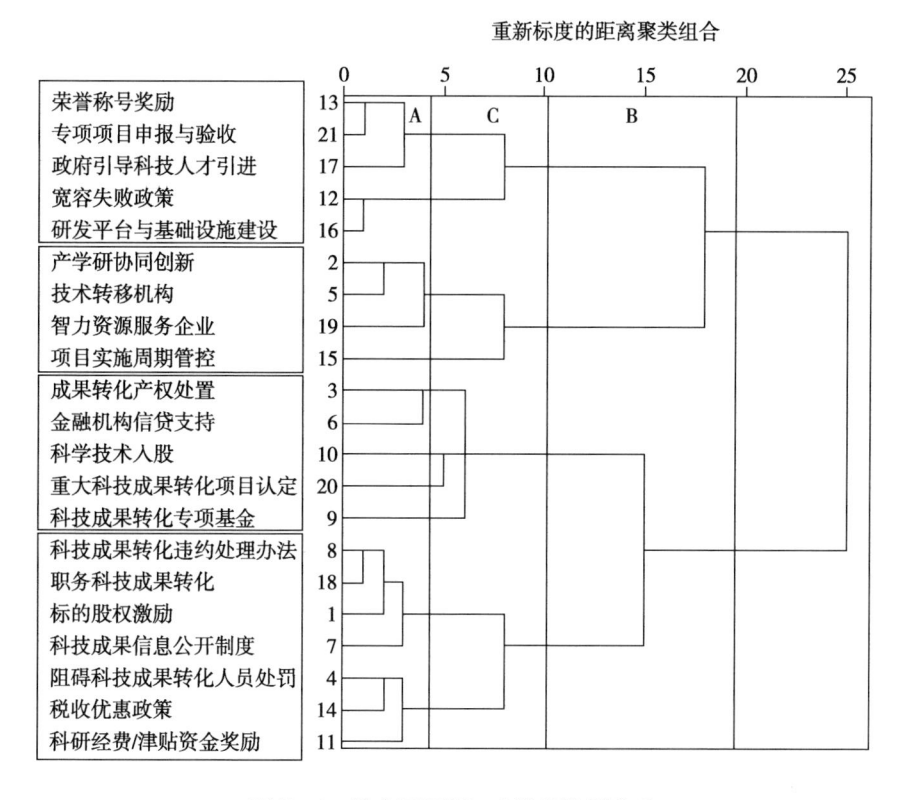

关键词	编号
荣誉称号奖励	13
专项项目申报与验收	21
政府引导科技人才引进	17
宽容失败政策	12
研发平台与基础设施建设	16
产学研协同创新	2
技术转移机构	5
智力资源服务企业	19
项目实施周期管控	15
成果转化产权处置	3
金融机构信贷支持	6
科学技术入股	10
重大科技成果转化项目认定	20
科技成果转化专项基金	9
科技成果转化违约处理办法	8
职务科技成果转化	18
标的股权激励	1
科技成果信息公开制度	7
阻碍科技成果转化人员处罚	4
税收优惠政策	14
科研经费/津贴资金奖励	11

图7-4 地方层面Ward聚类结果谱系

注：A为第一次分类参考线，B为第二次分类参考线，C为第三次分类参考线。

态度，实现对产学研科技人才的正向激励。同时，利用"专项项目申报与验收"的有关政策法规实现对科技成果转化项目的监管，落实到科技人才具体责任人，加大对产学研科技人才的责任意识和履约能力的培养和要求。

D2——科技成果转化联盟化调节机制：明确产学研多方主体下的促进科技成果转化义务，减少知识产权冲突，提供全方位支持与动力以推行项目实施。

该类群由产学研协同创新、技术转移机构、智力资源服务企业和项目实施周期管控4个关键词构成，从产学研联盟自身、第三方机构、地方政府有关部门3个主体的不同角度提出了相应的促进成果转化方式，构成产学研等异质性多主体促进知识产权成果转化的综合性联盟化调节机制。其中，产学研协同创新联盟的政策法规设立是鼓励产学研联盟从自身出发坚持创新原则，提供知识产权成果转化过程的内在推动力，其关键词频数为 11 次，是样本城市地方政府知识产权成果转化政策法规中频数最高的一个关键词，是地方促进科技成果转化的政策法规关注的焦点。第三方机构包括了技术转移机构和以学会为代表的社会智力资源服务组织，是广义的产学研联盟的参与主体，也是对消除知识产权冲突、优化成果转化过程起重要作用的关键组成。推动产学研知识产权成果转化的重要角色还有地方政府——通过采取项目实施周期管控等方式减少产学研合作各方的知识产权冲突，发挥地方政府的引导职能，促进联盟科技成果转化的实现。

D3——协同创新金融支持：引导金融机构加入产学研协同创新联盟，推动资本流入，实现资源合理配置。

该类群由成果转化产权处置、金融机构信贷支持、科学技术入股、重大科技成果转化项目认定和科技成果转化专项基金 5 个协同创新联盟所需的金融要素组成。表明地方政府提出了与知识产权冲突密切相关的成果转化产权处置办法和可行的知识产权转化方式（科学技术入股），涉及知识产权冲突的金融运作部位。重大科技成果转化项目认定既是用于推进知识产权成果转化的一个举措，又可以看作对于产学研各方共同运行科技成果转化项目的财政支持，是产学研各方形成协同创新联盟的重大评判方式。此外，鼓励金融机构信贷支持以及科技成果转化专项基金的地方政策法规的产生，旨在以金融机构和金融政策将协同创新联盟引入一个更大的范畴中，实现金融和科技的结合以及金融对知识产权成果转化的催化和推动，充分调动资金资源，减少金融资源配置不优化带来的知识产权冲突，全面推进产学研联盟的稳定运行。

D4——科技成果转化利益调节机制：为利益归属提供政策法规支持，着力调节协同创新联盟中各主体间的利益关系。

科技成果转化违约处理办法、职务科技成果转化、（标的）股权激励、科技成果信息公开制度、阻碍科技成果转化人员处罚、税收优惠政策和科研经费/津贴资金奖励7个关键词共同构成了个体、联盟的内部利益关系及政府与联盟的外部利益关系调节机制类群。其中，科技成果转化违约处理办法、科技成果信息公开制度、阻碍科技成果转化人员处罚、税收优惠政策和科研经费/津贴资金奖励是政府对产学研协同创新开放性联盟知识产权转化外部利益冲突进行调节的主要方式，是对市场利益分配机制的完善和补充。而（标的）股权激励和职务科技成果转化则着重解决个体和联盟间的知识产权利益关系，对个体和联盟组织间的知识产权冲突进行调节，形成个体、联盟和政府间机制相互补充的政策及法规类群。

（二）地方层面类群多维标度分析

采用前述国家层面政策法规关键词多维标度分析法，得出地方层面政策法规文本关键词多维标度分析图（见图7-5）。依据地方层面

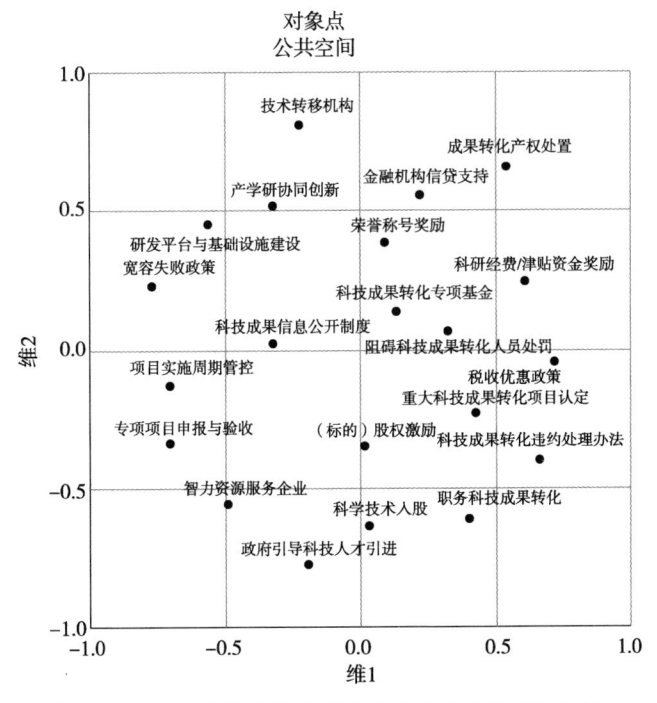

图7-5 地方层面政策法规文本关键词多维标度分析

关键词多维标度图可直观看出：在地方层面政策法规文本中，科技成果信息公开制度、科技成果转化专项基金和阻碍科技成果转化人员处罚这几个关键词离原点较近，而技术转移机构和政府引导科技人才引进这2个关键词离原点较远。但在地方层面政策法规关键词的散点图中，测得应力指数为0.11，表明拟合优度一般，关键词分布较散乱，故进一步进行地方层面政策法规类群多维标度分析。

对地方层面关键词以类群为单位展开多维标度分析，测得正态化原始应力指数为0.00014，D.A.F为0.97645，拟合优度良好，从图7-6中可直观地看出类群间分布关系。进一步运用Ucinet软件计算地方层面产学研协同创新联盟知识产权转化政策法规各类群中心度指标（见表7-7），其中D3中心度最高，其余依次为D1、D2、D4。

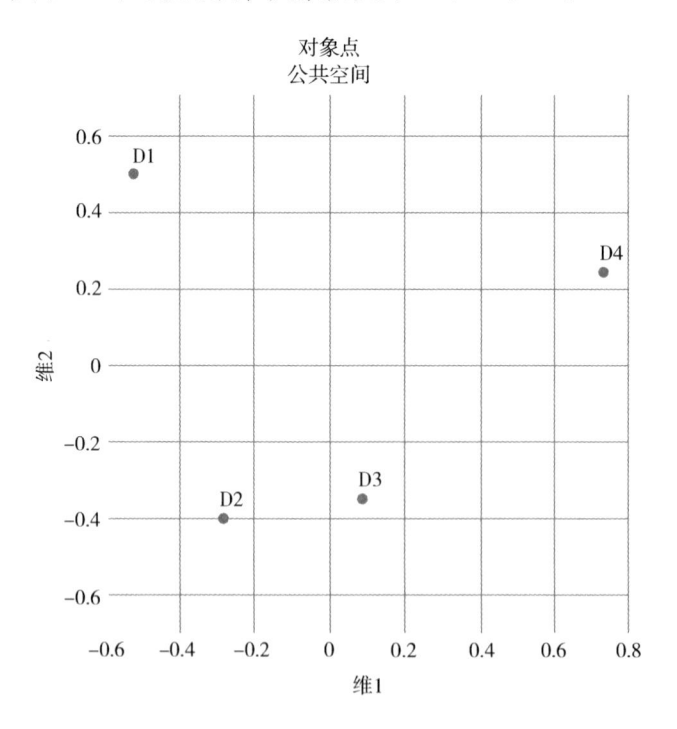

图7-6 地方层面政策法规文本关键词类群多维标度分析

地方层面各类群中心度指标如表7-7所示。

表7-7　　　　　　　　地方层面各类群中心度指标

中心度指标	Degree	NrmDegree	Share
D3	33.000	57.895	0.375
D1	29.000	50.877	0.330
D2	14.000	24.561	0.159
D4	12.000	21.053	0.136

由此可知，在地方层面产学研知识产权成果转化政策法规文本中，针对知识产权冲突问题的解决，地方政策法规的金融支撑较为有力，并注重金融支持与其他现有政策法规间的联系，体现金融对政策法规资源的整合。而D4离中心最远，意味着地方层面政策法规中关于个体、联盟等不同主体间的联盟内部知识产权利益关系和联盟与政府的外部利益关系调节机制的政策法规中心度较低，与其他类群关联度和协同性不高，缺乏其他政策法规的系统性配合。其中，以职务科技成果转化为代表的关键词中心度较低也显示出现阶段地方层面仍存在该方面政策法规联动性差的问题，后续将进行政策法规联动性的进一步分析。

第五节　国家和地方政策法规一致性分析

一　国家和地方政策法规结构一致

从国家和地方层面政策法规关键词的结构来看，二者存在较大相似度。围绕产学研科技成果转化政策法规，国家和地方政策法规关键词可根据目标、作用对象和手段分为三类（苏敬勤等，2012）。如图7-7所示，在政策法规目标中，国家和地方都指向产学研多主体的知识产权成果转化的权利、义务和责任的调节；在政策法规作用对象中，国家和地方都包含产学研联盟和产学研协同创新等合作体系的鼓励政策法规；在政策法规手段中国家和地方关键词都可分为平台等基础服务建设、成果转化权属利益分配、成果转化进程管控和人才建设 4 个方面，结构存在高度相似性。

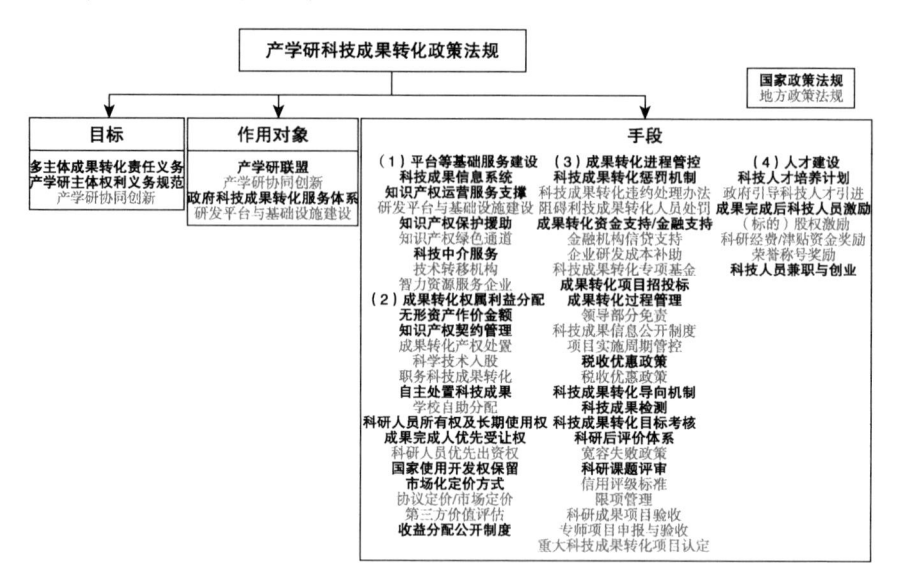

图 7-7　国家和地方产学研协同创新联盟知识产权成果转化政策法规结构对比

注：图中黑色字体代表国家政策法规关键词，灰色字体代表样本城市政策法规关键词。

二　国家和地方政策法规内容相似

从国家和地方层面政策法规的内容来看，各级政策法规都涵盖了知识产权成果转化过程中如人才激励、金融支持、税收优惠、入股作价方式、基础设施建设、惩罚措施等核心内容，且在实施方法和指导范围上相似。

如在产学研科技成果产权处置方面，国家规定由国家设立的研究开发机构、高等院校有权依法以持有的科技成果作价入股确认股权和出资比例，并通过发起人协议、投资协议或者公司章程等形式对科技成果的权属、作价、折股数量或者出资比例等事项进行明确约定，明晰产权；而地方层面在赋予研究机构和高等院校上述权利的同时，进一步对处置范围做出了限定，如"在产权处置上，将科技成果使用权、处置权、收益权下放给项目承担单位，用50%以上的成果转化收益奖励研发人员"。另外，如针对职务科技成果转化，国家和地方都明确规定在一定的前提条件下，职务科技成果转化的参加人和完成人有权享有协议规定的权益。综上可知，地方政策法规是在全面依据国家政策法规的基础上，结合当地情况的适度细化，国家和地方产学研科技成果转化的政策法规内容相似。

第六节　国家和地方政策法规差异点分析

用于解决产学研协同创新联盟科技成果转化过程中知识产权冲突的政策法规的贯彻落实经历了一个从国家发布指导性政策法规文件到地方进行配套，以及地方政府针对各地具体情况形成并颁布地方性政策法规并实施的过程。结合上文对于国家层面和地方层面（样本城市）政策法规文本的多维标度分析，发现两者在调节产学研多主体协同创新的知识产权冲突中存在一定的对应关系的基础上，在政策法规导向、知识产权成果转化主体、知识产权成果合作转化失败的处理方面仍存在一些差异，具体如下。

一　政策法规导向不同

从政策法规导向的角度分析，国家政策法规重视科技成果转化的结果导向。为推进产学研联盟的发展，国家在政策法规中主要采用了"开展赋予科研人员职务科技成果所有权或长期使用权试点""明确成果转化归属""建立评估沟通中介机构""多种中介评定公允价格"等具有结果导向性的措施，旨在营造良好的成果转化后期环境，打消企业与高等院校关于成果转化归属与公平定价等关乎利益方面的顾虑，消除对于预期发展有负面影响的潜在隐患与纠纷。国家层面政策法规主要聚焦于成果转化后期的宏观把控，以科技成果转化项目的完成作为政策法规目标。

地方政策法规着力于过程管理，关注成果转化过程中期的保障措施与流程优化举措。例如原始政策法规文本中的"开通绿色通道以便及时办理相关手续""完善科技成果信息服务平台""构建科技成果中试熟化载体""建设科技成果产业化基地""大力发展市场化技术转移服务机构""支持高校和科研院所等开展成果转移转化服务"等过程管理性措施。针对成果转化过程中期，样本城市还提出了"依法强制促进科技成果加速转化"等强制性管理措施，依法缩短非常规化科技成果转化进程，旨在为中期知识产权成果转化注入持续动力，为相关项目的平稳运行提供必要条件。

政策法规导向的不同带来国家和地方的政策法规效果存在不同效应，国家重视结果导向带来国家层面偏重远期效应，而地方重视过程管理则带来地方层面偏重即期效应。解决知识产权冲突与维护产学研联盟科技成果转化的平稳运行，需要结果导向与过程管理、远期效应和即期效应达到适度平衡，国家与地方政策法规需权衡尺度和相互补齐。

二　知识产权成果转化主体不同

国家和地方政策法规中对产学研知识产权转化主体的定位存在差异。国家政策法规强调政府的主体作用，在所有国家政策法规中，产学研知识产权成果转化领导主体主要涉及四个方面：政府领导、企业领导、科研机构和高等院校领导，但国家政策法规中"科技成果转化政府机制"和"知识产权转化过程的权利义务规范和法律援助"2个关键词类群具有较高中心度，与较多政策法规文本存在关联，表明政府调节机制和法律法规在国家层面解决产学研知识产权冲突中居于主导和核心位置。

在地方层面，由样本城市政策法规文本关键词频数分析可知，样本城市关键词频数最高的是"产学研协同创新"，频数为11次，表明其科技成果转化主体的重心并没有放在政府身上，而是鼓励以产学研为协同创新核心主体，兼备社会智力资源等第三方机构作为辅助的组合协同进行科技成果转化。样本城市的政策法规中有关于智力服务资源的原始语句包括："组织动员专业学会所属智力资源服务企业转型升级，建立学会联系企业的长效机制，为科技成果转移转化供给端与需求端的精准对接提供信息服务"，给予产学研联盟主体更多的市场机制作为保障。

以上差异表明，国家层面的政策法规比较强调行政管控和政府的主导作用，仍然在产学研多主体的合作促成和知识产权冲突的调节中担当牵线人、调停人的作用，主导知识产权成果转化的过程。而样本城市政策法规更靠近地方实际需求和具体操作层面，故而政策法规工具及实施更有针对性、灵活性，地方政府与本地企业、高等院校和科研机构拥有更为紧密的联系和密切的接触，可以具体为产学研协同创新进行政策法规设计，并凭借对各合作主体更为深入的了解，在较高程度上给予产学研各主体更高的自主权，更加符合协同创新联盟的多主体协同性的要求。

三 合作知识产权成果转化失败处理不同

产学研协同创新联盟知识产权成果转化由于各种利益原因或权责矛盾导致合作失败的可能性贯穿整个成果转化过程，对知识产权转化失败所导致的纠纷进行妥善处理，将有利于产学研联盟的稳定运行和存续。针对这一问题，国家和地方层面为降低知识产权合作失败所导致的冲突对联盟稳定性的破坏，提高知识产权成果转化率，在政策法规上也设计了不同的处理方式。国家层面提出了科研后评价体系、科技成果转化惩罚机制、科研课题评审和知识产权契约管理等方式，主张对知识产权冲突可能造成的转化后果实施严格监督并根据具体情况对部分项目采取惩罚措施。上述处理方式主要分布于 C1 和 C5，两个类群中心度一般，但政策法规关键词数占总量比重较高，达到 61.9%；说明国家政策法规对知识产权合作失败的规范性管理和事后验收、评价及惩罚机制较为关注。

样本城市层面也提出了专项项目申报与验收、项目实施周期管控、科技成果转化违约处理办法等与国家层面规范性管理相对一致的多种监管办法，但样本城市层面更着重强调宽容失败政策，其关键词频数虽然仅为 3，但所在类群 D1 具有较高中心度，显示样本城市地方政府对知识产权合作失败的宽容政策居于成果转化政策的核心位置，与其他政策法规联动性较强，比起国家层面的宽容失败政策有着更强的中心性和政策法规配套，显示样本城市地方政府已经注意到知识产权成果转化环节中的宽容失败政策对于促进产学研科技成果转化中的合作持续、知识产权冲突的解决和联盟稳定运行能够起到保障作用。

以上差异显示，地方政府政策法规对产学研成果转化环节的知识产权合作失败冲突的调节，除了和国家一致地提供了规范性管理的政策法规工具，更强调了宽容失败政策的中心调节作用。国家在大力倡导包容失败的宽容创新精神的同时，在科技成果转化主要政策法规文件中还应加入联动性条款保障对创新性失败的综合支持和援助，为地方相关政策法规的跟进提供更大的空间。产学研协同合作中由于创新本身的风险性所带来的创新失败，需要国家和地方以实质性的政策法规包容支持，鼓励创新，对该种类型的知识产权合作冲突进行资金、政策法规等方面的及时救助和调节，以最大限度地保护创新，使产学研联盟渡过最具风险的阶段，协同联盟最终能过渡到稳定状态。国家更具支持性和关联度高的宽容失败政策法规，将产生更大力度和更广范围的示范效应，最终对广大产学研合作的协同创新基础产生深远影响，真正创造出"宽容失败"和鼓励协同创新不断涌现的社会大环境，从宏观层面维护产学研及多主体协同创新联盟的稳定性。

第七节 国家和地方政策法规共同不足分析

国家政策法规文件作为各地方政策法规文件的总纲领与指导，需要尽可能地覆盖有关产学研的各个方面，各地方政策法规文件作为国家政策法规文件的延伸和扩充，应充分结合当地产业格局以及科研院所和高等院校的实际情况，最大限度发挥本地优势，从而推动产学研协同创新联盟知识产权合作的进一步落实，两个层面应互相配合，互动反馈，趋于共同优化。以下将从国家和地方（样本城市）层面对政策法规的共同不足展开分析。

一 重点政策法规类群间联动性不足

在用地方层面政策法规样本提取到的关键词对比国家层面关键词以及两个层面的类群聚类结果时，我们发现国家和地方在不同类群的中心度和关键词的比重分布上均存在差异。因本章所提取的关键词均代表对应政策法规文本的核心内容，所以当相关类群的关键词数量越多（比重分布越大），用于阐释相关类群的政策法规文本越多，也就表明国家和地方政府对该类群的关注度越高。根据类群关键词占比和类群中心度分析可以看出，国家和地方的政策法规的重点类群间关联度的共同不足问题。

由前述国家政策法规类群中心度计算结果（见表7-6）可知，在国家层面的5个类群中，C2、C3中心度最高；其次为C4、C5；C1形成孤点显著远离其他类群。从这一结果可以看出，在国家政策法规中，重点强调政府政策和法律在促进科技成果转化过程中的调控作用，系统化、体系化机制处于较为远端的位置，和其他类群分离较远。为进一步分析问题，本章对以上5个类群所含关键词数量进行分析。由类群关键词占比显示，中心度最小的C1关键词数量反而占比最大，为35.5%；C2、C3、C4、C5的关键词数量占总体的比重较接近，皆在12.9%—16.1%，分布相对均衡。由此可以看出，C1在整体调和知识产权成果转化环节的潜在冲突关系中拥有最为丰富的政策法规工具，包括税收优惠、产学研联盟、科技成果信息系统、科研后评价体系等，涉及知识产权成果转化的各个环节，然而其工具虽然比较多，但是和C2综合性的政府政策法规工具（如知识产权运营服务支撑）、C5前向性的市场调节工具（如市场化定价方式、知识产权契约管理）、C3中立性的法律调节工具（如知识产权援助）、以及C4过程性的资源管理配置工具（如成果转化过程管理、金融支持）的其他类群的政策法规工具和资源支持工具联动较少。

  本章在地方政策法规类群中发现了类似问题。由地方政策法规类群中心度计算结果（见表7-7）可知，在地方层面的4个类群中，D3中心度最高，其次为D1和D2，D4远离中心，表明地方政策法规对产学研知识产权成果转化过程中的金融资源支持有更多配套辅助，科技成果转化利益调节机制缺少配套政策法规辅助支持。进一步地，结合类群间的关键词占比分析看政策法规工具的分布结构。结果显示，中心度最低的D4的关键词数量反而占比最高，为33.0%；D2的关键词数量占比最低，仅为12.8%；D1和D3占比居中且较为接近，均为22%左右。由此看出，对科技成果转化利益冲突进行调节的D4有着最为丰富的政策法规工具，地方政府在知识产权成果转化的利益调节方面出台了最为集中的政策法规来调节知识产权冲突所引发的个人—联盟—政府的内外部利益冲突，和该样本城市实际情况相符，但在联动性方面，D4和其他类群联动性不够，仍然呈现出和国家类群相似的结果，即政策法规工具丰富且国家和地方出台了大量政策法规的类群反而和其他类群的关联度都不高。同时，D2科技成果转化联盟化调节机制既远离原点，其关键词也占比最少，但其中产学研协同创新这一关键词又居于整个地方政策法规关键词的频数最高位，证明产学研联盟受到了地方重视，而围绕产学研联盟合作运行的第三方技术转移机构、智力资源服务企业等联盟机制尚未完全得到地方政府政策法规重视，导致地方知识产权成果转化政策法规联盟性、协同性不强，也表现出关注度最高的政策缺乏联动政策法规配套的共同典型特征。

主要政策法规类群之间如果无法充分联动和结合，将导致现有法律和政策工具解决产学研知识产权冲突的作用有限并弱化。产学研协同创新联盟中的知识产权合作由于涉及多主体、多机制和多权益，尤其需要部门之间、政策法规之间的互通和联动，上述研究结果显示国家和地方最集中出台的政策法规得不到关联度最强的政策法规的有力配套，而关联度最高的政策法规也得不到最多的政策法规工具的系统支持，说明国家和地方在产学研协同创新的成果转化知识产权冲突调节政策法规设计中，各类型知识产权冲突调节政策法规工具之间还欠缺一致性和统筹性，成为国家和地方的政策法规制定和执行中的共同突出问题。为此，需要在重点类群政策法规的制定上主动加强政策理解、机制联动，在执行上加强协调协同，理顺产学研联盟多主体的知识产权权利义务关系调节的适用政策法规，针对产学研成果转化环节知识产权冲突调节注重时效性的特点，减少政策法规间矛盾、重复和冗余的条款，强化对政策法规实施周期、执行效率、衔接配合的联动规划和统筹考核，以政策法规协同保障产学研联盟的知识产权合作协同和稳定。

二 知识产权转化失败技术责任归属不清，非技术责任调节机制不充分

国家和地方政策法规未能聚焦于产学研协同创新知识产权成果转化失败后技术责任和非技术责任的归属。如第四章所述，在产学研联盟形式下的知识产权成果转化中，存在由技术原因和非技术原因导致的知识产权合作失败。针对以上导致合作失败的原因，国家和地方政

策法规未能对责任归属做出明确指示，现存政策法规表述宽泛，不够聚焦，且调节机制不够充分。

由法律纠纷案例文本可知造成知识产权成果转化失败的技术原因包括技术无法满足生产力需要、技术研发失败等。国家层面涉及"多主体成果转化责任义务"和"产学研主体权利义务规范"范畴的原始政策法规偏重阐述利益分配方式和科技成果转化方式，缺乏对技术原因失败的责任归属的表达，如"各级人民政府组织实施的重点科技成果转化项目，可以由有关部门组织采用公开招标的方式实施转化"和"国家设立的研究开发机构、高等院校有权依法以持有的科技成果作价入股确认股权和出资比例，并通过发起人协议、投资协议或者公司章程等形式对科技成果的权属、作价、折股数量或者出资比例等事项明确约定，明晰产权"。

样本城市政策法规中"科技成果转化违约处理办法"的原始文本表明："技术出资者在企业成立后，应当根据出资入股协议，办理技术成果的权利转移手续，提供技术资料，并协助技术成果的应用实施。违反协议约定，不履行技术成果交付义务，或超出协议约定保留的技术成果权利范围使用该成果的，应当向其他出资者承担违约责任。"虽然地方政策法规中提及了技术出资方的责任义务，但未聚焦到技术原因，没有结合技术的发展特征和知识产权冲突高发的技术合作阶段制定具有针对性的政策法规，缺乏对技术规律的把控。

产学研协同创新中往往会出现因技术责任分歧而发生知识产权冲突，最终导致产学研合作破裂的情况，其主要原因在于以下方面。一是学研方合作路径学术化，高校和科研机构当中的知识产权成果和技术路径由于长期存在于高校和科研系统中，受学术价值导向的长期影响，在学科设置、知识体系、人才结构方面都是围绕学术价值和技术价值展开的，离"市场价值"较远，因此，在合作中，学研方提供的技术成果往往不具备大规模工业化生产的适用性和可行性，容易暴露出不支持市场化条件的技术弊端，从而产生技术责任。二是企业方技术消化能力有局限，企业方对学研方的技术往往采用"拿来主义"，但由于自身技术实力离高校和科研院所研发水平还有很大距离，使技术水平停留在简单引进环节，没有能力进行增值创新和二次创新，技术消化吸收再利用程度低，导致企业方产生技术责任。三是企业方对学研方的要求过高，企业方一般对高校和科研院所的知识产权成果具有较高的期望，一味要求研发方的研究技术能直接运用到生产线上，转化成产品，并要求研发方提供全链条的技术支持工作和技术人员的培训，这种要求因为过于绝对化而被称为"交钥匙"研发合作方式，使研发机构的压力陡然增大，但往往因为达不到企业的要求，承担不甚合理的风险和成本，被认为具有技术责任。四是学研方对企业方的要求过高，企业方和学研方合作进行技术开发后，在成果转化阶段，企业方如果认为前期知识产权成果并不足够成熟，会要求学研方修改技术方案或进行二次开发，而学研方会认为这种情况下二次开发的成本应该由企业方承担，然而最终的知识产权由于前期双方的投入又不能完全归企业方所有，因此企业方认为在此种情况下自己承担了大部分的成本和风险，却不一定能享受到对等的收益，而且二次开发的知识产权市场化仍然可能失败，为此不愿承担后续的技术责任，导致合作不能持续。以上关于产学研知识产权转化阶段合作失败的技术责任归属分析具体解释了前述第四章的知识产权冲突原因中的关于利益纠纷和技术责任归属分歧引发合作破裂的机理。但是上述问题在国家和地方的调节机制中均只有原则性触及，对技术责任引发的知识产权冲突责任义务纠纷没有强有力的系统政策法规工具加以预防和调节，产学研联盟稳定性需要更具体有效的技术责任管控政策法规工具来进行维护。

同时，国家和地方政策法规也缺乏对非技术责任的调节机制，使非技术原因造成的知识产权合作失败失去基础政策法律支持。如第四章所述，导致知识产权合作失败的非技术原因包括合作伙伴经济条件和经营思想的转变、单方营业资格的丧失和经营管理不善导致技术未能投产等。以上所说的导致科技成果转化失败的非技术原因应归结为产学研联盟内各主体的管理原因；主体多因自身管理问题丧失持续经营能力或经济水平降低，直接动摇原定知识产权成果转化投产的根基，因而构成非技术责任下的违约行为，打破产学研联盟稳定性。对该知识产权冲突的管理而言，国家和地方政策法规的设计和制定应考虑有针对性的调节机制。

三　知识产权失信行为惩罚措施力度不足，协同合作契约中立权威性有待强化

国家和地方政策法规未能充分保护产学研协同合作契约的中立权威性，对于违约失信行为的惩罚措施力度不足。产学研联盟内部签署的科技成果转化项目合约是明确各主体责任义务的基础文件，是解决多种原因下知识产权冲突的原始依据，对于明确合作失败的责任归属具有重要的意义，也是产学研异质性主体合作协同性的主要特征和重要保障。国家政策法规中科技成果转化惩罚机制的关键词频数为6次，与成果转化资金支持/金融支持的关键词频数10次和知识产权保护援助的关键词频数8次相比可知，该关键词的频数相对不高。结合国家层面政策法规文本，"知识产权契约管理"范畴下的原始政策语句为："科技成果完成方和他方合作进行科技成果转化，属技术开发性质的，转化后知识产权的归属与分享，由合同约定；合同未作约定的，按详细规定办理。"该条政策表明法律承认合约之于确认知识产权归属的重要意义，但政策中缺少对科技成果转化项目合约的维护，没有明确指出撕毁合约的惩罚措施。进一步分析国家层面的科技成果转化惩罚机制、产学研主体权利义务规范、多主体成果转化责任义务等范畴可知，此类政策法规虽然在多维标度分析图中离原点较近，有强关联职能，但以上原始政策法规中多属于考核类而非制裁类行政手段，对于知识产权失信行为不具有强有力的管控能力。在国家科技成果转化项目"科技成果转化惩罚机制"范畴下的原始政策法规对于欺诈、窃取

和未汇交科技成果等违约行为未能确立配套惩罚机制，对拖欠经费等失信行为惩罚力度不足，仅涉及通报批评、罚款和责令改正等措施，使产学研联盟主体失信成本低，联盟稳定性减弱。在地方政策法规的"科技成果转化违约处理办法"范畴下也有相似的政策法规提出违约失信行为的处理办法，例如，"违反协议约定，不履行技术成果交付义务，或超出协议约定保留的技术成果权利范围使用该成果的，应当向其他出资者承担违约责任"，也有对惩罚措施规定不清、力度较弱的情况，出现了与国家层面相似的问题，使合约的中立权威性未受到充分保护，产学研联盟的稳定协同运行受到破坏。

第八节 政策法规定量分析结果

从以上国家和地方关于产学研协同创新开放性联盟知识产权成果转化环节的权利义务调节政策法规文本的定量分析中，可以得出以下结果及结论。

第一，对国家和地方政策法规关键词进行高度共线性聚类后显示，国家层面的政策法规类群包括系统化科技成果转化促进体系、科技成果转化政府机制、知识产权转化权利义务和法律援助、成果转化过程管理及金融支持、科技成果转化市场化机制5个方面；地方层面的政策法规类群包括科技人才培养建设机制、科技成果转化联盟化调节机制、协同创新金融支持、科技成果转化利益调节机制4个方面。不同类别反映了产学研成果转化过程中利益关系和利害冲突的各方面的促进和调节机制，对促进产学研知识产权成果转化、有效提高产学研成果转化环节的合作成功率、避免知识产权冲突、调节利益纠纷提供了从政府到市场的调节机制、从人才到金融的各调节要素的政策法规工具。

第二，在国家和地方政策法规的一致性分析中，国家和地方在协同创新知识产权纠纷调节中的政策法规目标在接受国家的多主体合作权利义务调节的政策法规导向下，都聚焦于产学研协同创新联盟这一成果转化的重要形式,并进行其中潜在知识产权冲突的解决,在政策法规目标、作用对象和手段方面都有高度相似的结构,在人才激励、成果转化项目金融支持、税收优惠等核心内容方面也高度相似,地方政策法规是国家政策法规的延伸和具体化。

第三,在国家和地方政策法规的差异性分析中可以看出,国家和地方在以下方面存在差异性和相关问题。其一,基于政策法规导向进行分析,国家政策法规偏重结果导向,聚焦成果转化的后期调节把控,以追求科技成果转化项目的完成为政策法规目标;地方政策法规强调过程管理,提供流程优化等保障措施,两者需权衡尺度并相互补齐。其二,基于科技成果转化主体的分析,国家偏重政府作为领导主体,地方政策法规给予产学研联盟更高的多主体的灵活度,更加重视产学研协同创新的作用。其三,基于知识产权冲突后果的处理的分析,国家重视惩罚措施,地方更强调"宽容失败"的相应政策。以上政策法规差异,需要国家和地方在结果导向和过程导向中进行权衡互补,需要国家在增加产学研多主体灵活度、强化宽容创新合作失败的实质性政策法规上给予更多的顶层设计和执行支持。

第四,国家和地方政策的法规共同不足在于:其一,基于中心度和关键词占比的分析,国家和地方政策法规都存在关键政策法规类群之间关联度不高的情况,对注重时效性的产学研知识产权冲突的调节将形成严重不利后果,需加强政策法规间的联动性。其二,国家和地方政策法规都未能聚焦知识产权冲突导致产学研合作失败后的技术责任与非技术责任归属,现存政策法规表述宽泛,不够聚焦,对于技术规律原因可能导致的知识产权冲突问题以及由于管理不善、经营思想转变等非技术原因导致的合作失败问题缺乏相关的政策法规及解决措施。其三,知识产权失信行为惩罚措施力度较为薄弱,对一些失信行为限于考核约束,不具备强有力的惩罚效果和管控能力,失信成本低,产学研协同创新契约的中立权威性未能得到充分维护。以上共同不足需要国家和地方加强整体规划和政策法规协调制定,共同推动在产学研协同创新联盟知识产权转化冲突中的协调和在联盟稳定性促进中的政策法规设计和运用。

第九节 本章小结

本章针对第四章中引发产学研协同创新联盟合作破裂的知识产权成果转化环节的权利义务和利益冲突原因，对其宏观政策法规解决机制进行分析。本章通过扎根理论和共词分析法，以国家政府网站、北大法宝法律信息检索数据库及样本协同创新联盟所在城市各部门公布的涉及知识产权成果转化的政策法规为数据来源，结合创新政策定量分析文献中的最新成果，对产学研协同创新联盟知识产权成果转化环节中的权利义务冲突调节方面的国家和地方政策法规进行了研究。具体围绕产学研联盟多主体、知识产权在成果转化环节的冲突类型等检索词对政策法规展开检索，提取出政策法规文本关键词，构建共词矩阵，利用 SPSS 25.0 展开聚类降维处理，得出关键词个体和关键词类群的分布构成，结合数据对国家和地方的知识产权成果转化政策法规在知识产权冲突宏观调节中的共同点、差异点以及政策法规的共同不足展开分析，主要得到以下几点结论：对于解决知识产权成果转化过程中的权利义务冲突，调节产学研及多主体的合作利益关系，需要国家和地方政府在结果导向与过程导向、政府主体和产学研多主体、"宽容失败"以治理知识产权冲突等方面互相参照补齐；并在重点政策法规类群间关联性不强、技术责任和非技术责任归属政策法规不聚焦、知识产权失信违约行为惩罚力度不足导致产学研联盟合作契约权威性不强等方面共同加强国家和地方政策法规的优化改善。以上结论为后续面向产学研协同创新联盟稳定性的知识产权冲突解决的宏观政策法规建议提供制定依据。

第八章　样本联盟自组织稳定性增强的知识产权冲突管理机制应用

根据本书开篇所提到的目标，产学研协同创新联盟在国家政策的大力扶持下得到了迅速发展，但在未来国家政策战略退出后，需要留下一套机制，使协同创新联盟能够在没有政府直接参与的情况下，形成自组织的稳定体系并可持续独立地继续运营，而其中知识产权冲突管理的机制是产学研协同创新联盟自组织稳定性的关键影响因素。因此，本书在前文从协同创新联盟的简单联盟微观视角、网络化联盟中观视角和开放性产学研联盟成果转化政策法规宏观视角进行了各层面知识产权冲突的管理机制研究，得出可以进行改进的微观、中观和宏观知识产权冲突管理的结论。本章运用前述分析结论，将前述结论转换为知识产权冲突管理指标，在设计影响产学研协同创新联盟自组织稳定性传统指标的基础上，加入知识产权冲突管理指标，分析知识产权冲突管理微观、中观及宏观机制性指标对样本产学研协同创新联盟稳定性的影响。

第一节　联盟系统自组织特征相关研究

通过对文献进行梳理发现，随着协同创新活动的开展，学者先后将自组织耗散结构理论与协同创新体系结合起来研究，曾德明和彭盾

(2009）指出国家科技创新体系是一个开放性系统，形成耗散结构是其理想状态，苏屹（2013）从物质、能量、信息三个角度分析以为，协同创新系统是具有自组织特性的，而具有自组织特性的协同创新系统可以运用耗散结构理论进行研究，这为后续研究提供了理论支撑。在产学研协同创新系统的自组织特征和耗散结构特征的研究成果中，金高云（2013）认为产学研技术合作创新系统是一个具备自组织特征的复杂适应性系统，其异质性主体合作创新组织的内外部环境的物质、能量的交换以及产学研各种要素之间的流动使之具有耗散结构的动力机制。刘春艳和王伟（2016）进行了基于耗散结构的产学研协同创新团队知识转移机理研究，指出产学研协同创新团队知识转移是知识源、知识和知识产权转移渠道各部分有机联系、相互依赖且具有开放性、远离平衡态、非线性相互作用及涨落现象的耗散结构。胡刃锋（2015）运用耗散结构理论研究产学研协同创新的隐性知识的共享与激励机制之间的关系，指出熵增规律和管理耗散规律的相互作用使产学研协同创新中的隐性知识的共享与激励机制发挥作用。

以上研究共同指出了产学研协同创新组织的耗散结构特征，本章将基于耗散结构理论，在前文知识产权冲突管理机制理论与实证分析的基础上，针对前述样本产学研协同创新联盟，着力验证前文知识产权冲突管理机制因素对于该样本协同创新联盟的自组织稳定性的作用和影响，并结合耗散结构模型分析结果，对该产学研协同创新联盟解决知识产权冲突、实现自组织稳定性发展提出对策建议。

第二节 理论概述及研究逻辑

一 耗散结构理论

德国物理学家克劳修斯于1865年提出了熵定律，表明在封闭系统中，任何不可逆的过程都将导致熵的增加，且会自动增加并稳定在最大熵状态，从而系统处于混乱无序的状态。要提高系统运行效率，就要降低系统熵值（任佩瑜等，2001）。耗散结构理论是诺贝尔奖获得者普里戈金（I. Prigogine）于1969年提出的，它是熵定律的延伸，基本内涵是：在一个远离平衡的开放系统中，当外界条件变化达到某一特定阈值时，系统通过不断与外界进行物质交换和能量交换，会从原来的无序状态转化为一种时间、空间或功能的有序状态，此时形成的远离平衡的、稳定有序的结构称为耗散结构。因此，本章认为形成这种耗散结构的协同创新系统可以提高环境适应性，迅速地对复杂的外部环境做出反应，从而获得自组织稳定运行的系统条件。

二 研究逻辑

根据耗散结构理论可知，产学研协同创新系统的熵由来自内部的正熵及外部环境的负熵构成。正熵是无序的本因，是系统运行到一定阶段的必然结果，这是因为在产学研协同创新实践中，如在系统封闭运行、与外界联系不够、系统内部运行的各个因素不能满足系统运行的需要时，它们之间的矛盾就会激化，从而产生负能量，导致内部运行不畅；负熵是有序的来源，必须依赖于外界环境的输入，在产学研协同创新系统与外界接轨、市场化程度不断提升的过程中，外部环境就会为系统的运行带来有效能量，从而中和内部产生的正熵，使系统运行良好。

本章的研究逻辑如下：首先分析产学研协同创新系统正熵、负熵的具体构成，建立正负熵流指标体系；其次，建立产学研协同创新系统的布鲁塞尔（Brussels）模型，Brussels模型提供了完整的耗散结构量化分析的方法论，它对耗散结构的产生条件做出了有关量化的判断性断言，这一断言对于本章研究产学研协同创新系统中正熵和负熵之间的关系以及为判断协同创新系统是否形成耗散结构提供了理论依据和可操作的数学模型依据；在此理论基础上，选取样本国家级产学研协同创新中心形成的产学研协同创新联盟系统为分析对象，利用耗散结构判定条件分析其自组织稳定性。具体而言，本章将通过正熵流指标体系的构建，描述样本协同创新联盟内部的运作机理；通过负熵流指标体系的构建，研究样本协同创新联盟稳定性受外部环境的影响机理，综合纳入传统影响协同创新联盟稳定性的指标体系和知识产权冲突管理的机制指标体系，通过计算上述指标体系的正负熵值，判断样本产学研协同创新联盟系统是否形成自组织耗散结构，并分析各指标对样本产学研联盟自组织稳定性的影响，根据上述影响，对样本产学研协同创新联盟系统知识产权冲突管理及稳定性发展提出有针对性的对策建议。

第三节 加入知识产权冲突管理机制因子的联盟自组织稳定性指标体系

根据前述自组织耗散结构理论及指标体系建立的逻辑性、科学性、全面性等原则，本书将指标体系设计为内部组织和外部环境指标，内外部指标都下设四个层次的指标，分别为目标层、要素层、变量层、状态层。目标层是指标的统筹，即产学研协同创新联盟系统总的正熵和负熵，而要素层反映内外部影响因素的第一层和要素细化，变量层的设计是要素层的构成元素，状态层是反映前述三个层次的具体指标和可量化的依据。同时，借鉴任佩瑜等（2001）关于制度因素、组织结构、信息渠道、人的因素等构成复杂性组织管理熵内部影响因素的研究，高航（2015）关于政治环境、产业环境、社会环境和创新环境构成协同创新系统的外部环境的研究以及高建新（2013）关于用户行为构成协同创新系统和市场接轨的重要因素等的研究，结合产学研协同创新联盟稳定运行的特征和机制，分别综合设计了影响产学研协同创新联盟系统自组织稳定性的传统内部因素正熵流指标以及传统外部因素负熵流指标，再根据本书前述产学研协同创新联盟知识产权冲突管理研究，分别在传统内部正熵流指标中加入微观知识产权冲突管理机制指标，在传统外部负熵流指标中加入中观、宏观知识产权冲突管理机制指标，根据与样本产学研协同创新联盟的适用性和指标可量化性，形成初步指标体系，并经过对多名、多地区产学研协同创新联盟运行管理专家的调研与访谈，根据专家反馈意见修改指标体系，最终形成以下结合传统产学研创新联盟稳定性要素和本章的知识产权冲突管理机制性指标要素的产学研协同创新联盟自组织稳定性判定的正熵流和负熵流指标体系。

一 加入微观契约及信任知识产权冲突管理机制因子的正熵流指标体系构建

在传统产学研协同创新联盟系统正熵流指标体系的构建方面，本章首先基于产学研协同创新横向流程，将影响产学研协同创新联盟自组织稳定性的内部运行机制划分为三大板块：事前基础资源配置板块、事中联盟主体协作关系板块、事后知识转移板块。其次，根据上述传统板块设计对应的变量层、状态层指标，在上述三个板块的基础上嵌入制度因素、组织结构、信息渠道、人员因素等指标。在事前基础资源配置板块上，产学研协同创新系统的知识科技创新活动不仅需要投入一定量的研发经费和人员，还需要在事前建设一个完善的内部服务体系，以最大化内部资源配置效率，为后续的合作奠定基本保障。在事中联盟主体协作关系板块上，产学研异质性创新主体间的协作关系依靠良好的协同机制以管理机构内部的稳定运行，依靠良好的信息沟通机制保证协同的基本效率。在事后知识转移板块上，研究方的知识转移能力和企业方的知识接收能力被考虑为影响协同创新联盟后期阶段的重要指标。在对要素层、变量层的指标进行分析的基础上，本书基于板块的各个行为或因素的具体构成，结合调查需要，以指标体系的可测量性及全面性构建状态层的传统影响产学研协同创新联盟自组织稳定性的21个正熵流指标。

第八章　样本联盟自组织稳定性增强的知识产权冲突管理机制应用

在正熵流指标中的知识产权冲突管理机制影响要素和指标设计方面，产学研协同创新内部系统除了传统影响因素的三大横向流程，根据前文研究，也包含微观契约再谈判机制和创新信任管理机制。充分的契约再谈判机制和创新信任管理机制能打破产学研协同创新联盟的异质性主体壁垒，有利于扭转产学研协同创新联盟主体基于异质性而产生的信息不对称情况，也有利于抑制联盟中各主体的"机会主义"等行为，增加产学研协同创新联盟知识产权合作的自组织稳定性。在具体指标体系上，前述研究发现契约再谈判机制和信息交互机制，可有效地弥补协同创新合作前期由于主体对知识产权合作的不充分认知而造成的价值认知差异和知识产权分配比例不公的现象，以保证联盟合作在事中时期和事后时期的持续稳定。而涉及信息披露和创新行为透明度管理等信任机制的建设将带来产学研各方创新努力水平的提高、合作动机的改善以及合作声誉的提高。因此，本章在传统自组织稳定性正熵流指标的基础上，增加了"协作关系""协同创新信息系统管理"和"协同创新信任机制管理"的要素层指标，并在变量层指标中新增了"再谈判机制管理""信息管理""信任保障机制""信任交互机制"的知识产权冲突微观管理因素的指标，在状态层新增相应可量化和可获得的具体知识产权冲突微观管理机制指标14个（见表8－1）。

表8－1　产学研协同创新联盟系统知识产权冲突管理微观机制正熵流指标体系

目标层	要素层	变量层	状态层
产学研协同创新系统的正熵	协作关系	再谈判机制管理	知识产权利益分配再谈判积极性
			再谈判中知识产权分配制度的合理性
			知识产权利益分配再谈判过程效率
	协同创新信息系统管理	信息管理	信息渠道的多元性
			个体行为透明度

续表

目标层	要素层	变量层	状态层
产学研协同创新系统的正熵	协同创新信任机制管理	信任保障机制	企业信息披露主动性
			高校信息披露主动性
			科研机构信息披露主动性
			企业信息披露体系的完备性
			高校信息披露体系的完备性
			科研机构信息披露体系的完备性
		信任交互机制	知识产权相关人员正式学习交流频率
			知识产权相关人员非正式交流频率
			产学研主体间文化交融性

表8-2反映了包括传统影响产学研协同创新联盟系统自组织稳定性指标和知识产权冲突管理微观机制性指标的完整正熵流指标体系。

表8-2　产学研协同创新联盟系统正熵流指标体系

目标层	要素层	变量层	状态层
产学研协同创新系统的正熵	协同创新基础资源要素	研发经费投入	政府科技财政支出力度
			企业对新产品的研发经费支出力度
			高校研发课题经费投入力度
			科研机构研发经费投入力度
		研发人员投入	企业 R&D 人员投入情况
			高校 R&D 课题人员投入情况
			科研机构 R&D 人员投入情况
		服务体系建设	科技中介机构服务能力
			创新平台可得性
	协作关系	协作机制	组织运行管理制度的合理性
			利益分配机制的合理性
			创新奖励制度的合理程度
			专利制度的完善程度
		再谈判机制管理	知识产权利益分配再谈判积极性
			再谈判中知识产权分配制度的合理性
			知识产权利益分配再谈判过程效率

续表

目标层	要素层	变量层	状态层
产学研协同创新系统的正熵	协同创新信息系统管理	信息管理	信息渠道的多元性
			个体行为透明度
		沟通效率	合作模式的有效性
			沟通的有效程度
			产学研主体间信任程度
	协同创新信任机制管理	信任保障机制	企业信息披露主动性
			高校信息披露主动性
			科研机构信息披露主动性
			企业信息披露体系的完备性
			高校信息披露体系的完备性
			科研机构信息披露体系的完备性
		信任交互机制	知识产权相关人员正式学习交流频率
			知识产权相关人员非正式交流频率
			产学研主体间文化交融性
	协同创新知识转移与转化能力	知识转移能力	知识的可表达性
			知识源的转移意愿与转移能力
			知识受体的吸收意愿与吸收能力
		知识转化能力	转化经费投入
			新产品的销售收入

二 加入中观网络及宏观政策法规知识产权冲突管理机制因子的负熵流指标体系构建

与设计正熵流指标体系类似,本章在设计负熵流指标体系时,根据产学研协同创新联盟所处的外部环境影响因素从指标体系的目标层、要素层、变量层和状态层进行构建。

在传统指标方面,结合前述影响因素文献研究中的分析,本章认为对产学研协同创新联盟系统影响较大的宏观环境包括政治环境、经济环境和文化环境三大方面,对产学研协同创新活动的稳定性影响较大的中观环境包括行业环境、市场环境、区域创新环境、区域公共配套资源等,以上宏观环境及中观环境对应前述文献研究中的政治环境、产业环境、社会环境、创新环境及用户环境等。具体而言,从全面性与可研究性出发,本章在宏观层面关注了政治环境中国家政策的实际支持力度,与经济环境中国家及区域的经济发展态势以及文化环境中的商业道德风险与社会价值观体系。本章在中观层面关注了产学研协同创新联盟所处行业环境中的行业机构设置的合理性、行业的获利能力、行业发展的成熟程度等因素;同时,市场环境的导向对产学研协同创新联盟系统的发展也会造成较大影响,所以联盟系统所在市场的市场竞争规范性与强度、用户对创新产品的需求与态度等因素也应当得到重视;对于区域创新环境而言,本章关注了区域学习能力与区域产业链接关系紧密程度两个方面。在公共配套环境方面,设计了信息系统的标准化程度、云计算的推广与运用程度等综合基础设施配套环境指标。综合来看,以上宏观环境和中观环境中政治、经济、文化、行业、市场、创新、公共配套七个方面的二十个环境指标构成了产学研协同创新联盟的创新自组织能力的传统外部影响因素,外部环境影响因素将影响产学研协同创新联盟系统的发展方向和发展能力,健全的外部创新环境有助于产学研协同创新联盟系统在政府的直接参与战略退出之后,能够继续在外部环境中取得良好的宏观和中观机制的支持,从而从根本上形成自组织的稳定系统,能够在良好的外部条件下自行稳定运行。

  在负熵流指标中的知识产权冲突管理机制影响要素和指标设计方面,外部知识产权环境因素对产学研异质性主体合作知识产权冲突管理的宏观和中观作用机制影响到联盟的自组织稳定发展。从宏观环境来看,宏观政治环境应包括对产学研知识产权的价值评估和入股、成果转化和利益分配的国家相关政策法规的健全性。该类相关因素的介入是从国家政策法规层面对产学研协同创新合作持续进行的保障,可以强有力地调节和约束产学研协同创新主体知识产权利益冲突，但有害于联盟稳定性。在宏观经济环境中，本章新增国家对知识产权合作相关的经济扶持力度。宏观层面的外部实质性经济的扶持，有利于解决处于"瓶颈期"或"风险期"的知识产权创新危机，带来包容创新失败、维系产学研协同创新系统稳定性的宏观环境。从中观环境来看，首先，根据前述中观区域知识产权冲突解决网络化机制分析，在指标体系中纳入区域知识产权配套资源指标，考察财政、人才及知识产权管理资源等方面的配套力度，加强区域知识产权资源网络化基础设施建设，可以大大提高区域知识产权合作效率，作为有效的传导机制，有利于产学研协同创新联盟知识产权合作的稳定持续。其次，根据前文政策法规研究，本章还增加了地方知识产权相关政策的考察，包括地方性知识产权政策法规的健全性、与国家相关政策法规的匹配性以及实际执行力度。此类指标是宏观层面政策法规向微观层面产学研协同创新联盟传递的重要中介，反映宏观政策对样本系统扶持的效率和有效程度。最后，本章根据前文研究，在跨区域产学研协同创新层面着重考察跨区域知识产权合作频率以及创新人员交流频率，该类指标反映更大范围和更多区域的产学研协同创新联盟的创新活力，可以保证产学研协同创新系统更大范围内的自组织稳定性，对促进产学研协同创新联盟中观稳定性具有政策含义。以上产学研协同创新联盟系统知识产权冲突管理宏观及中观机制负熵流指标体系如表8-3所示。

表8-3　　产学研协同创新联盟系统知识产权冲突管理宏观

及中观机制负熵流指标体系

目标层	要素层	变量层	状态层
产学研协同创新组织的负熵	宏观环境	政治环境	国家与产学研合作事前（知识产权价值评估和入股）相关的政策法规健全性
			国家与产学研合作事中（知识产权成果转化）相关的政策法规健全性

续表

目标层	要素层	变量层	状态层
产学研协同创新组织的负熵	宏观环境	政治环境	国家与产学研合作事后（知识产权利益分配）相关的政策法规健全性
		经济环境	国家宏观层面对知识产权合作的经济扶持力度
	中观环境	区域公共配套资源	区域对创新合作的财政优惠力度
			区域知识产权管理资源配套力度
			区域相关知识产权人才培养力度
		区域知识产权相关政策支持	地方性知识产权政策法规的健全性
			地方性知识产权政策法规对国家知识产权政策法规的匹配性
			地方性知识产权政策法规的实际执行力度
		跨区域协同创新	跨区域知识产权创新合作频率
			跨区域知识产权人员交流频率

表8-4反映了包括传统影响产学研协同创新联盟系统自组织稳定性的指标和知识产权冲突管理宏观和中观机制性指标的完整负熵流指标体系。

表8-4　产学研协同创新联盟系统负熵流指标体系

目标层	要素层	变量层	状态层
产学研协同创新系统的负熵	宏观环境	政治环境	国家与产学研合作事前（知识产权价值评估和入股）相关的政策法规健全性
			国家与产学研合作事中（知识产权成果转化）相关的政策法规健全性
			国家与产学研合作事后（知识产权利益分配）相关的政策法规健全性
			国家政策法规的实际支持力度
		经济环境	国家宏观经济发展态势
			国家宏观层面对知识产权合作的经济扶持力度
			区域经济发展现状
			商业道德风尚
			社会价值观体系

续表

目标层	要素层	变量层	状态层
产学研协同创新系统的负熵	中观环境	行业环境	行业机构的合理性
			行业的基本获利能力及获利潜力
			行业发展的成熟程度
			行业技术的发达程度
		市场环境	市场竞争的规范性
			市场竞争的强度
			用户对知识技术创新产品的需求
			用户的消费支付能力
			用户的消费素质
			用户对自主品牌的态度
			用户的购后评价
		区域创新环境	区域学习能力
			区间产业链接关系紧密程度
		区域公共配套资源	云计算的推广与运用程度
			信息系统的标准化程度
			区域对创新合作的财政优惠力度
			区域知识产权管理资源配套力度
			区域相关知识产权人才培养力度
		区域知识产权相关政策支持	地方性知识产权政策法规的健全性
			地方性知识产权政策法规对国家知识产权政策法规的匹配性
			地方性知识产权政策法规的实际执行力度
		跨区域协同创新	跨区域知识产权创新合作频率
			跨区域知识产权人员交流频率

第四节 联盟系统自组织稳定性的判定模型及判定依据

一 Brussels 基本模型

根据前述分析，Brussels 模型作为化学理论领域的自组织稳定性耗散结构判断模型，提供了耗散结构形成的完整理论方法和判据分析，其描述的化学反应为：

$$A \underset{K_{-1}}{\overset{K_1}{\rightleftharpoons}} X$$

$$B + A \underset{K_{-2}}{\overset{K_2}{\rightleftharpoons}} Y + D$$

$$Y + 2X \underset{K_{-3}}{\overset{K_3}{\rightleftharpoons}} 3X$$

$$A \underset{K_{-4}}{\overset{K_4}{\rightleftharpoons}} E \qquad (8-1)$$

其中：A、B 为初始反应物，在反应中不断消耗，又不断从外界得到补充，浓度保持不变；D、E 为反应产物；X、Y 为中间组分，其浓度可以随时间变化而变化。对上述化学反应做归一化处理得出：

$$\frac{dX}{dt} = A - (B+1)X + X^2 Y$$

$$\frac{dY}{dt} = BX - X^2 Y \qquad (8-2)$$

通过对式（8-2）进一步计算得出：当 $A>0$，$B>0$ 时，式（8-2）唯一定态解是：$X \equiv A$，$Y \equiv B/A$，定态的线性稳定性分支表明 B 可视为分支参数。当 $B = 1 + A^2$ 时，$B_H = 1 + A^2$，H 为 Hopf 分支点；当 $B < 1 + A^2$ 时，系统不能成为耗散结构；当 $B > 1 + A^2$ 时，模型出现稳定的周期振荡解，从而形成耗散结构。因此，Brussels 模型所代表的产学研协同创新系统形成耗散结构的动力学临界条件为：$B > 1 + A^2$。

二 联盟系统的 Brussels 模型

在对 Brussels 模型赋予产学研协同创新联盟系统的概念时，必须服从原始模型的基础条件和逻辑关系。化学反应中一种物质浓度的增加导致另一种生成物质浓度的增加（减少），可以理解为前者是后者的原因（反向原因），两者之间存在着正向（反向）的关系。因此，本章的转译如下：

A、B——产学研协同创新联盟系统在进行协同创新活动过程中熵的组分，A 代表正熵，B 代表负熵；

D、E——正熵、负熵相互作用下形成的产学研协同创新联盟系统的两种可能状态，D 为耗散结构，E 为非耗散结构（张铁男等，2010）；

X、Y——X 代表系统自身产生的无效能量，Y 代表与外界交换能量物质信息所获得的能量。

将上述含义带入基本反应式，可以建立产学研协同创新联盟系统的 Brussels 模型，即：

A（正熵）$\xrightarrow{K_1} X$（系统自身产生的无效能量）

B（负熵）$+ X \xrightarrow{K_2} Y$（与外界交换能量等所获能量）$+ D$（耗散结构）

$Y + 2X \xrightarrow{K_3} 3X$（无效能量的自催化）

$X \xrightarrow{K_4} E$（非耗散结构）

进一步地，模型有如下含义：

A（正熵）$\xrightarrow{K_1} X$（系统自身产生的无效能量）：产学研协同创新联盟系统在未与外界进行能量、物质和信息的交换之前，在系统不可逆的发展过程中，由于内部矛盾的产生，会产生正熵，并且导致系统能量从有效能量转化为无效能量；

B（负熵）$+ X \xrightarrow{K_2} Y$（与外界交换能量等所获能量）$+ D$（耗散结构）：表示产学研协同创新系统在与外界进行互动时，会产生负熵，在与正熵的相互作用下，使系统获得来自外界的能量，促使系统往有序的方向发展。负熵对于 X 有消减作用，可理解为在系统与外界进行互动的过程中，冲减了由正熵产生的无效能量；

$Y + 2X \xrightarrow{K_3} 3X$（无效能量的自催化）：描述的是一个自催化反应，$X$ 既是反应物又是生成物，表示产学研协同创新系统在发展过程中，当系统内部矛盾较为复杂时，从外界获得的能量无法完全中和无效能量；

$X \xrightarrow{K_4} E$（非耗散结构）：可用熵定律来解释，任何不可逆过程都会产生熵增，会自动增加到最大熵状态且稳定在最大熵状态，当协同创新系统稳定在这一状态下时，系统是混乱无序的，不可能形成耗散结构。

三 联盟系统自组织稳定性的判定依据

根据 Brussels 模型的结果，系统的正熵和负熵之间存在一定的关系。当负熵值 B 小于阈值 $1+A^2$ 时，系统正熵起主导作用，处于无序状态；当 B 值等于阈值 $1+A^2$ 时，系统处于临界状态；当 B 值大于阈值 $1+A^2$ 时，系统负熵起主导作用，此时系统形成耗散结构。以上条件作为协同创新联盟系统耗散结构形成与否的判据。

四 联盟系统正负熵值的计算依据

根据统计物理学，假设在一个二元系统中，物质 1 有 n_1 个分子，物质 2 有 n_2 个分子，根据波尔兹曼公式可得出系统熵值为：$E=K\left[n_1 \ln \dfrac{n_1}{n_1+n_2} + n_2 \ln \dfrac{n_2}{n_1+n_2}\right]$。

同理，在多元系统中也可根据这一原理计算熵值。评价对象某项指标的熵值越大，意味着指标提供的有效信息量越小，权重也越小，反之则越大。因此，可用熵值法来计算各指标的熵值，为多指标的综合评价提供计算依据（于洋和李一军，2003）。

第五节 自组织稳定性实证分析
——以样本联盟为例

一 正熵流和负熵流指标熵值计算

本章以前述代表性样本产学研协同创新联盟为例进行自组织稳定性实证分析。基于上述包含影响产学研协同创新联盟稳定性的知识产权冲突管理微观、中观和宏观机制性指标和传统影响因素指标的正熵流指标和负熵流指标体系的构建，本章根据 Brussels 模型的计算结果来判定样本协同创新联盟系统是否形成自组织耗散结构并能够继续稳定运行。本章根据指标体系设计问卷（详见附录四），以该样本协同创新中心产学研各方主体的主要负责人为调查对象，包括样本协同创新中心主任、中心四大技术研发平台主要技术专家、中心主要管理骨干人员等共 7 人，通过向以上核心人员发放问卷，获取权威第一手数据。调查问卷由每位专家及管理骨干就正熵流和负熵流指标在中心的内外部现实情况进行评价打分，评价等级分高、较高、一般、较差和差，相应分值依次取值为 5、4、3、2、1。共发出问卷 7 份，回收 7 份，有效问卷 7 份。根据前述指标设计，正熵系统包括 35 个指标，负熵系统包括 32 个指标，据此，正熵流指标数据矩阵为 $A = (a_{ij})_{35 \times 7}$，负熵流指标数据矩阵为 $B = (b_{ij}) 32 \times 7$。

根据问卷评价结果，计算各指标熵值及样本产学研协同创新联盟系统总正熵值和总负熵值。由前述构建的正熵流指标体系，共设有 35 个评价指标，$N = 5$ 个评价等级，指标数据矩阵为 $A = (a_{ij})_{35 \times 7}$，根据熵值法，令 $K = -\dfrac{1}{\ln 7}$，可得：

各指标的权重为：$d_{A_{ij}} = \dfrac{a_{ij}}{\sum_{j=1}^{7} a_{ij}}$；

各指标的熵值为：$e_{A_i} = -\frac{1}{\ln 7} \sum_{j=1}^{7} d_{A_{ij}} \ln d_{A_{ij}}$；

指标的差异系数为：$g_{A_i} = 1 - e_{A_i}$；

指标 i 的熵权值为：$\omega_{A_i} = \frac{g_{A_i}}{\sum_{j=1}^{7} g_{A_j}}$；

产学研协同创新系统的正熵值为：$E_A = \sum_{i=1}^{35} \omega_{A_i} e_{A_i}$。

在负熵方面，根据前述产学研协同创新系统负熵流指标体系，共设有 32 个评价指标，$N=5$ 个评价等级，指标数据矩阵为 $B = (b_{ij})_{32 \times 7}$，令 $K = \frac{1}{\ln 7}$，$g_{B_i} = 1 + e_{B_i}$，同理可得，产学研协同创新系统负熵值为：$E_B = \sum_{i=1}^{32} \omega_{B_i} e_{B_i}$。计算结果如表 8-5 和表 8-6 所示。

表 8-5　样本产学研协同创新联盟系统正熵计算结果

正熵值	指标	各指标熵值	差异系数	熵权值
A = 0.991	政府科技财政支出力度	0.993	0.0071	0.025
	企业对新产品的研发经费支出力度	0.994	0.0062	0.022
	高校研发课题经费投入力度	0.990	0.0102	0.035
	科研机构研发经费投入力度	0.991	0.0090	0.031
	企业 R&D 人员投入力度	0.990	0.0102	0.035
	高校 R&D 课题人员投入力度	0.995	0.0046	0.016
	科研机构 R&D 人员投入力度	0.993	0.0071	0.025
	科技中介机构服务能力	0.991	0.0090	0.031
	创新平台可得性	0.990	0.0102	0.035
	组织运行管理制度的合理性	0.995	0.0046	0.016
	利益分配机制的合理性	0.991	0.0090	0.031
	创新奖励制度的合理程度	0.995	0.0046	0.016
	专利制度的完善程度	0.991	0.0093	0.032
	知识产权利益分配再谈判积极性	0.990	0.0102	0.035
	再谈判中知识产权分配制度的合理性	0.991	0.0090	0.031
	知识产权利益分配再谈判过程效率	0.990	0.0107	0.037

续表

正熵值	指标	各指标熵值	差异系数	熵权值
	信息渠道的多元性	0.993	0.0062	0.022
	个体行为透明度	0.998	0.0023	0.008
	合作模式的有效性	0.994	0.0062	0.022
	沟通的有效程度	0.994	0.0062	0.022
	产学研主体间信任程度	0.990	0.0102	0.035
	企业信息披露主动性	0.989	0.0107	0.037
	高校信息披露主动性	0.990	0.0102	0.035
	科研机构信息披露主动性	0.990	0.0102	0.035
	企业信息披露体系的完备性	0.996	0.0040	0.014
$A=0.991$	高校信息披露体系的完备性	0.995	0.0046	0.016
	科研机构信息披露体系的完备性	0.995	0.0046	0.016
	知识产权相关人员正式学习交流频率	0.990	0.0103	0.036
	知识产权相关人员非正式交流频率	0.990	0.0102	0.035
	产学研主体间文化交融性	0.990	0.0103	0.036
	知识的可表达性	0.991	0.0090	0.031
	知识源的转移意愿与转移能力	0.989	0.0107	0.037
	知识受体的吸收意愿与吸收能力	0.989	0.0107	0.037
	转化经费投入	0.990	0.0103	0.036
	新产品的销售收入	0.990	0.0102	0.035

表8-6　样本产学研协同创新联盟系统负熵计算结果

负熵值	指标	各指标熵值	差异系数	熵权值
	国家与产学研合作事前（知识产权价值评估和入股）相关的政策法规健全性	-0.993	0.0071	0.0346
	国家与产学研合作事中（知识产权成果转化）相关的政策法规健全性	-0.995	0.0046	0.0227
$B=-0.993$	国家与产学研合作事后（知识产权利益分配）相关的政策法规健全性	-0.995	0.0046	0.0227
	国家政策法规的实际支持力度	-0.995	0.0046	0.0227
	国家宏观经济发展态势	-0.994	0.0062	0.0304

续表

负熵值	指标	各指标熵值	差异系数	熵权值
$B=-0.993$	国家宏观层面对知识产权合作的经济扶持力度	-0.995	0.0046	0.0227
	区域经济发展现状	-0.996	0.0040	0.0194
	商业道德风尚	-0.995	0.0046	0.0227
	社会价值观体系	-0.988	0.0119	0.0581
	行业机构的合理性	-0.995	0.0046	0.0227
	行业的基本获利能力及获利潜力	-0.994	0.0062	0.0304
	行业发展的成熟程度	-0.994	0.0062	0.0304
	行业技术的发达程度	-0.994	0.0062	0.0304
	市场竞争的规范性	-0.995	0.0050	0.0245
	市场竞争的强度	-0.994	0.0064	0.0311
	用户对知识技术创新产品的需求	-0.993	0.0074	0.0360
	用户的消费支付能力	-0.996	0.0040	0.0194
	用户的消费素质	-0.995	0.0050	0.0245
	用户对自主品牌的态度	-0.995	0.0047	0.0228
	用户的购后评价	-0.989	0.0107	0.0523
	区域学习能力	-0.995	0.0046	0.0227
	区间产业链接关系紧密程度	-0.995	0.0046	0.0227
	云计算的推广与运用程度	-0.997	0.0030	0.0145
	信息系统的标准化程度	-0.995	0.0050	0.0245
	区域对创新合作的财政优惠力度	-0.991	0.0090	0.0438
	区域知识产权管理资源配套力度	-0.988	0.0119	0.0581
	区域相关知识产权人才培养力度	-0.988	0.0119	0.0581
	地方性知识产权政策法规的健全性	-0.994	0.0062	0.0304
	地方性知识产权政策法规对国家知识产权政策法规的匹配性	-0.995	0.0046	0.0227
	地方性知识产权政策法规的实际执行力度	-0.995	0.0046	0.0227
	跨区域知识产权创新合作频率	-0.990	0.0102	0.0499
	跨区域知识产权人员交流频率	-0.990	0.0102	0.0499

|B| = 0.993，1 + A² = 1.982，由此可见，|B| < 1 + A²。根据协同创新系统形成耗散结构的判据可知，样本产学研协同创新联盟没有形成耗散结构，还未达到高效率有序自组织运行的状态，通过以上计算结果可以看出，造成这一结果的根本原因是正熵值偏高而负熵值偏低。

正熵值越高，表明系统中该内部环境指标无序程度越高，组织效率低下（任佩瑜等，2001），对系统形成耗散结构稳定性状态带来不良影响。造成该产学研协同创新联盟系统整体正熵值偏高的主要指标有：个体行为透明度不够，熵值为 0.998；企业信息披露体系的完备性不足，熵值为 0.996；高校信息披露体系的完备性不足，熵值为 0.995；科研机构信息披露体系的完备性不足，熵值为 0.995；创新奖励制度的合理性不够，熵值为 0.995；组织运行管理制度的合理性不够，熵值为 0.995；高校 R&D 课题人员投入力度不足，熵值为 0.995。

负熵绝对值越低，表明该外部环境指标对系统的自组织走向有序状态作用越小，不利于系统形成耗散稳定结构。从表 8-6 中可以看出，造成该产学研协同创新联盟系统整体负熵值偏低的主要指标有：社会价值观体系的不成熟，熵值为 -0.988；区域对创新合作的财政优惠力度不够强，熵值为 -0.991；用户的购后评价熵值偏低，为 -0.989；区域知识产权管理资源配套力度不够强，熵值为 -0.988；区域相关知识产权人才培养力度不够强，熵值为 -0.988；跨区域知识产权创新合作频率不够高，熵值为 -0.990；跨区域知识产权人员交流频率不够高，熵值为 -0.990。下文进一步就正熵流和负熵流指标及其熵值结果的联盟稳定性含义进行分析。

二 正熵流指标的联盟稳定性含义分析

根据以上计算结果，在表现较好的正熵流指标中，知识受体的吸收意愿与吸收能力（0.989）的正熵值相对较低，这表明在样本协同创新联盟的合作知识技术研发中，各合作主体对知识转移的意愿较高，意味着出于异质性而无法接受相关知识的可能性较低，不会大幅影响自组织的稳定性。另外，企业、高校以及科研机构基于合作的长远考量，对信息披露也有较高的主动性，正熵值分别为 0.989、0.990、0.990，表明样本协同创新联盟产学研各主体合作的动机较强，产学研合作的异质性带来的资源、技术和知识的互补性是产学研各方展开合作的根本动力，在很大程度上促进了产学研协同创新联盟系统的稳定性。

在不利于样本产学研协同创新联盟系统自组织稳定性的正熵流指标中，熵值高于或等于 0.995 的状态层指标中，有 3 个指标属于传统的协同创新影响因素，分别是高校 R&D 课题人员投入力度（0.995）、组织运行管理制度的合理性（0.995）、创新奖励制度的合理程度（0.995）。以上指标偏高表明样本产学研协同创新联盟在构建协作机制时，并未将组织运行管理制度和创新奖励制度进行合理设计，不利于合作在研发期间高效地进行。另外，学研方的科研人员投入程度不高也同样有损协同创新机制的稳定性，而样本协同创新联盟的科研人员投入力度不足也有一定的可能性与协同创新系统的组织运行机制不畅和创新奖励机制设计不完善有关系。

在不利于样本协同创新系统自组织稳定性的知识产权冲突管理正熵流指标中，有 4 个知识产权相关正熵流指标高于或等于 0.995，且是得分较高的正熵流指标，即个体行为透明度（0.998）、企业信息披露体系的完备性（0.996）、高校信息披露体系的完备性（0.995）、科研机构信息披露体系的完备性（0.995），以上指标表现欠佳，共同构成对样本产学研协同创新联盟自组织稳定性的负面影响。数据有力地显示，样本产学研协同创新自组织能力的缺乏与微观层次的产学研协同创新合作各方信息的不透明和相关披露机制的不完备高度相关。协同创新联盟各方信息披露体系的不完善性，加剧了主体异质性带来的信息不对称，不利于知识产权共同认知的形成，同样不利于各方信任环境的培育，不利于知识产权冲突的微观管理，多方面阻碍了样本协同创新联盟的稳定持续进行。另外，样本协同创新的个体行为透明度同样不足。不透明的个体管理机制，助长了个体的"机会主义"动机，为个人牟取私利、损害联盟共同利益存留了空间，造成主体之间的高度不信任，如第四章联盟知识产权合作冲突的原因分析所述，极易在实践中导致产学研合作的破裂，有害于产学研联盟的稳定进行。

三 负熵流指标的联盟稳定性含义分析

根据以上计算结果，表现较好的负熵流指标中，样本产学研协同创新联盟所在区域经济发展现状良好（-0.996）；所在行业的用户的消费支付能力较强（-0.996）；所在行业云计算的推广与运用程度较高（-0.997）。综合来看，样本产学研协同创新联盟在宏观和中观层面所处的区域和行业经济环境总体较为有利。同时，指标显示，比起经济环境良好，政策环境普遍稍弱，国家对产学研合作调控政策法规的健全性、地方性知识产权政策法规对国家知识产权政策法规的匹配性、国家和地方政策法规的实际执行力度等几个政策指标的熵值几乎在-0.994和-0.995中取值，显示政策法规环境是促进协同创新联盟自组织发展稳定性的第二梯队影响指标。以上指标的管理含义符合实践情况，实践中产学研协同创新联盟要形成自组织的稳定系统，首先依赖于国家、区域和行业的经济大环境，当整体外围经济环境良好时，将有利于协同创新联盟的合作研发知识产权成果得到更大市场的认可和推广，从而产生持久的自组织稳定性的外部动力。其次，政策环境是影响产学研协同创新联盟自组织稳定性第二层面的要素，良好的国家和区域政策环境形成协同创新联盟的自组织发展助力，调节产学研协同创新联盟的合作关系，保障联盟的异质性主体利益，推动协同创新成果知识产权的形成、转化和运用，有利于协同创新联盟自组织的稳定存续。

对样本协同创新联盟自组织稳定性形成负面影响的外部环境负熵流指标中，熵值绝对值低于或等于 0.991 的指标共 7 个。其中传统的协同创新指标数量为 2 个，为社会价值观体系（-0.988）和用户的购后评价（-0.989），社会价值观体系的不成熟，指标熵值偏低反映了目前产学研协同创新文化的缺失，协同创新文化还没有深入人心，相关文化体系未能积累成熟，无法外溢为协同创新联盟注入活力，法制文化和社会文化都有待加强。用户的购后评价熵值偏低，说明样本协同创新产品仍然有待提升，协同创新联盟需加强市场调研，将技术与市场需求进行有效结合。另外，5 个熵值偏低的指标均为知识产权冲突管理机制指标，主要集中于中观和宏观层面的区域知识产权相关的影响因素，分别为区域对创新合作的财政优惠力度（-0.991）、区域知识产权管理资源配套力度（-0.988）、区域相关知识产权人才培养力度（-0.988）、跨区域知识产权创新合作频率（-0.990）、跨区域知识产权人员交流频率（-0.990）。以上指标主要显示出在宏观政策法规和中观网络化层面的知识产权合作机制的不足。

其中，在宏观政策法规方面，样本产学研协同创新联盟所在区域对创新合作的财政优惠政策力度不足，即区域的宏观政策法规对产学研合作促进的直接利益激励机制不足，对可能发生的创新风险的支持力度较弱，这对于产学研协同创新合作的积极性和利益保障都有不利影响，极大地阻碍了协同创新联盟的自组织稳定性的形成；同时，这一政策没有落实到位，也代表了地方的政策制定和政策执行层面还未能和国家的政策相匹配，在具体协同创新的实践中还未能充分领受到国家的优惠政策和激励制度的红利，存在政策盲区。

在中观网络化机制方面，区域知识产权管理资源配套力度和区域相关知识产权人才培养力度不够也阻碍了样本协同创新联盟的自组织稳定性的形成。知识产权管理资源包括知识产权冲突的调节和仲裁机构，促进知识产权成果的交易、转化和运营的中介机构，以上机构和组织能从中观维度上形成调节产学研各环节知识产权冲突解决的网络化管理机制，上述管理机制和管理资源的缺乏，将导致知识产权冲突成为产学研协同创新联盟系统的自组织运行的阻碍力量，最终影响协同创新联盟的稳定性。同时，区域相关知识产权人才的培养力量较弱也反映出区域知识产权冲突管理人才的匮乏，产学研协同创新知识产权合作的整个过程都伴随由于主体异质性所产生的多种知识产权冲突，亟须大量专业的知识产权人才来进行管控和解决，知识产权冲突管理人才的缺失将导致知识产权冲突不能得到及时有效的解决，最终合作失败并走向破裂。这两个方面的影响因素和实证结论也与前述网络化资源配置和人才培养研究结论相符，管理资源配置的网络化程度大小、知识产权专业人才的综合培养和全方位人才制度的供给和保障，将影响知识产权冲突的中观网络化调节机制和人才等知识产权冲突管理资源配置机制的健全。

在中观跨区域产学研协同创新方面，阻碍样本产学研协同创新联盟自组织稳定状态形成的因素包括跨区域知识产权创新合作频率、跨区域知识产权人员交流频率，计算结果显示，目前这两个方面的指标负熵值都较低。前述分析指出跨区域的知识产权合作和交流有利于跨区域知识产权冲突的管理，增强产学研协同创新联盟的跨区域创新活跃度，有助于产学研联盟协同创新效应的外溢。而从目前样本产学研协同创新联盟的合作中可以看出，其还仅局限在所在的样本城市和区域，没有扩大到城市间和区域间知识产权的交流与合作，尚未形成跨区域的网络化产学研合作体系，影响样本产学研协同创新联盟的自组织跨区域性稳定状态的达成。

第六节　样本联盟知识产权冲突管理措施建议

通过上述分析结果，在知识产权冲突管理机制设计上，样本产学研协同创新联盟可以采取以下内部环境和外部环境共四个方面的措施来抑制和改善协同创新系统中对系统自组织稳定性形成不利影响的正熵和负熵因素。

一 样本联盟知识产权冲突管理微观契约及信任机制改进建议

在改善不利的内部正熵条件对样本产学研协同创新联盟的自组织稳定性的影响方面，针对正熵流指标中的产学研个体行为透明度不高与企业、高校和科研机构的信息披露体系的完备性不高的知识产权冲突微观管理机制缺位的问题，提出以下改进措施。

第一，以契约机制确保对组织和个人行为进行透明度管理。

在契约设计中着力建立样本产学研协同创新联盟知识产权行为信息系统，对产学研各主体的组织和个人的知识产权合作行为进行动态跟踪反映，并根据研发合作任务在不同的任务阶段和任务节点设计产学研各主体的信息交互环节，打通和完善异质性主体的有效信息传导渠道，提升信息传递速度和效率，明确并扩大透明度管理的范围，从源头管控知识产权冲突的发生，提升合作各方对知识产权合作的共同认知，以正式契约机制保障合作行为的透明度，减少合作各方对知识产权价值等关键问题的误判，以实现合作的自组织稳定发展。

第二，完善信任机制，提高产学研合作各方信息披露的主动性和完备性。

样本产学研协同创新联盟应鼓励企业、高校、科研机构主动披露知识产权合作信息并加强对披露信息是否完备的监管。样本协同创新联盟应设置合理的制度化流程使知识产权及相关合作信息披露更加真实完整，如定期邀请合作伙伴进行信息披露交叉审查或成立内部独立部门委派专员审查合作伙伴的信息披露的真实性和完备性，以常规化制度保障产学研主体之间建立起良好的信任关系，并运用信任机制充分协调协同创新联盟系统合作的各个主体和各个环节，为信任机制在系统自组织稳定运行中的良好运用打下坚实基础。

二 样本联盟知识产权冲突管理中观网络及宏观政策环境改进建议

在改善阻碍样本产学研协同创新联盟自组织稳定运行的外部负熵条件上,针对负熵流指标中的区域对创新合作的财政优惠力度、区域知识产权管理资源配套力度、区域相关知识产权人才培养力度、跨区域知识产权创新合作频率、跨区域知识产权人员交流频率等知识产权冲突管理宏观及中观管理机制缺位的问题,提出以下改进措施。

第一,在宏观政策法规方面,制定完善的知识产权冲突管理政策法规,落实优惠政策。

应当进一步强化国家和地方政府在区域内对创新合作的财政激励主体地位,加大政策优惠力度,落实优惠政策,鼓励创新,如增加对产学研协同创新联盟的知识产权成果转化环节的补贴,对合作各主体的知识产权入股和知识产权转化收益取得等环节提供税收减免,设立专项支持资金及鼓励社会资金的投入以避免创新联盟资金链断裂。应通过优惠政策及法规的落实和产生的导向作用在社会上推广产学研协同创新系统运作机制和知识产权冲突管理相关经验,以实质性的支持打造包容创新失败的社会环境,促进社会创新风尚的形成,引导大众创新。

第二,在中观网络化区域知识产权资源配套机制方面,提供更好的创新环境。

加强对知识产权专业人才的综合培养,进一步打造人才交流和互通平台,着力引进兼具技术背景和知识产权背景的复合型人才及团队,引导具有协同创新管理及沟通能力的人才加入产学研创新创业的活动,发展多渠道、多主体的知识产权中介机构,从政策、人才、机构等多个方面,政府机制和市场机制两手并举改善所在地区的产学研协同创新环境生态,促进知识产权冲突的中观解决,保障协同创新联盟的稳定性。

提升跨区域知识产权交流合作程度，建立健全动态复合的知识产权产学研跨区域协同创新体系。样本产学研协同创新联盟应当从全局出发，积极与其他区域产学研多主体建立起长期的、有一定合作频率的跨区域知识产权交流体系，开展跨区域知识产权人员的交流活动和协同创新活动，积累跨区域产学研协同创新经验，分享知识产权冲突管理成果，建立固定的联系机制和联系渠道，增强产学研协同创新联盟的跨区域影响力和动态网络化程度，为产学研协同创新系统注入新的创新驱动力，为产学研协同创新的未来稳定合作和协同创新效应的外溢打下多元化的基础。

第七节　本章小结

本章借鉴耗散结构理论和自组织理论用以分析和判断产学研协同创新联盟的自组织稳定发展特征和条件，选取样本产学研协同创新中心，构建产学研协同创新联盟自组织评价指标体系，根据耗散结构理论的熵值计算法和Brussels模型进行该样本协同创新联盟的自组织稳定性评价。本章通过文献借鉴，在协同创新联盟自组织稳定性判定指标方面，设计了传统的产学研合作影响指标，在此基础上，根据本书前述研究，在内部环境和外部环境指标中加入知识产权冲突管理机制因子，并通过专家论证，形成正熵流指标和负熵流指标的指标体系及调查问卷，对样本产学研协同创新联盟的七位技术和管理核心骨干人员进行了问卷发放和回收，在第一手权威数据的基础上，计算出相应结果。研究结果显示，知识产权冲突管理微观、中观和宏观机制因子确实成为影响样本产学研协同创新联盟形成稳定发展自组织系统的重要因素和约束条件，具体包括个体行为不透明所带来的知识产权合作分歧、信息披露机制不完善所带来的信任分歧等微观问题，知识产权冲突管理网络机制配套不到位、知识产权人员配置不到位和外部跨区域知识产权合作的缺乏等中观知识产权合作机制的缺失，并在知识产权财政激励政策中看到国家和地方政策法规不匹配和执行不到位等知识产权冲突宏观管理机制缺位等问题。在上述数据分析结论的基础上，针对样本产学研协同创新联盟知识产权合作冲突管理和自组织稳定性的提升，从微观维度的透明度管理的契约机制、产学研各方信息披露的信任机制，中观维度的知识产权冲突管理资源网络化配套机制和跨区域知识产权合作长期化机制，宏观政策法规增强财政优惠等实质性激励机制等方面提出了改进措施建议，为样本产学研协同创新联盟的知识产权冲突的管理和整体产学研协同创新联盟的稳定发展提供解决方案。

第九章 研究结论与对策建议

第一节 研究结论

第一，知识产权特性与产学研创新联盟协同性存在矛盾冲突，引发联盟不稳定，从实践中联盟合作破裂案件寻找真实知识产权冲突原因，建构理论。

本书认为，知识产权的客体知识财产的非物质性和知识产权内容——知识的易传播性、无消耗性及无排他性是知识产权保护和实施中存在的内生冲突的根本来源。而产学研协同创新联盟的多主体性、异质性、协同性和共同利益导向性将加剧联盟知识产权冲突，产生知识生产者和知识使用者之间的知识产权冲突、知识生产的抽象性环节和知识转化实践性环节的冲突、各主体异质性知识产权利益及联盟共同知识产权利益的冲突，并因此触发其他关联资源，即资金、人才、资产、信息等要素合作链条的断裂，导致合作的破裂，是产学研协同创新联盟稳定性遭到破坏的关键原因。在此基础上，本书探寻知识产权冲突事件中的真实原因，通过对近十年来的产学研协同创新联盟合作破裂的知识产权案件的扎根理论分析得出结论，认为导致联盟破裂的知识产权冲突的原因包括针对初始契约产生价值判断上的知识产权认知冲突，对合作伙伴的合作行为产生尽责质疑的知识产权信任冲突，对合作伙伴的资源保障能力和配置效率产生分歧的知识产权保障冲突以及在成果转化环节的知识产权权利义务冲突,最终形成"主体异质性—参照基准—执行分歧—冲突爆发—联盟非稳定"的冲突引发、形成并破坏联盟稳定性的机理模型,研究表明可以从微观契约和信任机制视角、中观网络化视角和宏观政策法规视角来解决上述四个方面的知识产权冲突,以保障产学研协同创新联盟稳定性。

第二,建立微观契约机制以消除产学研协同创新各阶段知识产权协作认知差异。

在产学研协同创新联盟微观正式契约设计的过程中,通过基于参照点的不完全契约理论及仿真运算分析,研究结果显示:在初期产学研协同创新合作契约签订阶段,基于研发环节的知识产权交易价格对于该阶段的双方总收益和双方激励无影响,而更具全局意义的知识产权份额对产学研合作联盟效率存在影响,契约谈判聚焦于优化这一比例而不是由各方单方面追求己方利益更能提高整体联盟合作成效,并能促使学研方的努力程度最大化,同时事前签订知识产权交易价格弹性区间有助于契约的事后履行,达到知识产权优化配置。在知识产权成果形成阶段,由于契约参照点偏差将影响合作各方的差异化感知,而差异化感知将决定知识产权交易双方的冲突和摩擦的大小,冲突过大会带来后续知识产权合作和市场化过程出现机会主义行为,需对知识产权认知差异及后续价格确定建立契约再谈判机制和互动学习机制,减少差异化感知以降低知识产权冲突的大小。在契约最终履约阶段,对知识产权最终的市场价值和知识产权交易价格的选取将决定事后折减行为的大小,优化价值及价格决定机制,充分调动各方力量,培育契约共同义务认知和履约意识,以最大限度避免事后效率损失。以上机制的契约化、规范化和程序化将提高产学研合作效率,达到协同创新联盟合作的稳定性。

第三,打造微观信任机制,解决产学研协同创新联盟知识产权冲突避免的阶段、动机和主体问题。

前述微观信任机制微分博弈理论模型及仿真研究结果表明:在阶

段上，产学研协同创新联盟的合作中，合作信任水平、努力水平、各方利润水平及总利润水平都表现出初期递增、后期稳定增长的特征，有必要在知识产权合作中前期建立信任机制，促进各方增加后续努力水平；在动机上，增加产学研协同创新联盟各主体的合作动机有利于合作各方的信任水平、努力水平及利润水平的提高，知识产权合作动机下的产学研联盟协同稳定结构优于非合作动机情形，为此应着力改善知识产权非合作动机，最终以合作动机进行联盟的稳定合作；在主体上，企业是两种动机的受益者，为此企业需要主动在非合作动机下对学研方进行边际补偿，以激励学研方改善非合作动机，以逼近合作动机下的均衡利润，是联盟信任水平从提高到稳定的最大受益者，应主动作为以维系联盟稳定性。

第四，中观网络化解决产学研协同创新联盟知识产权资源配置冲突、实现联盟稳定具有条件性。

在中观联盟网络化以解决知识产权资源配置冲突的机制分析中，本书通过基于叠加效应的随机游走思想的 TS-VLP 网络合作链路预测算法的研究发现，在无监督自发展的产学研多主体协同创新半开放联盟网络中，基于知识产权合作经验网络化传播的合作机制能有效促进联盟知识产权合作，为此应构建产学研协同创新中观互联互通网络化沟通协调机制，优化知识产权经验、知识传递等资源配置效率，为产学研协同创新的中观知识产权冲突解决提供网络化方案。本书对单一区域和多区域的网络知识产权合作条件进行了讨论，算法稳定性条件显示，在单一区域无监督自发展的知识产权合作网络中，网络节点的平均知识产权合作伙伴的数量越高越有构成网络稳定性的条件，因此，应减少网络中孤立节点的数量，培育市场多主体生态，活跃产学研知识产权合作市场，打造创新环境，建立创新生态机制以激励市场主体自发寻求合作伙伴，加强形成创新知识产权所需的人员、背景知识产权、资金、设备、材料等资源配置的协同性和互补性，解决资源配置知识产权冲突。而在多城市进行跨区域协同创新活动时，网络节点的平均合作伙伴数量居中的网络最具合作稳定性，这意味着网络自发的资源获取能力在跨区域的协同创新中不是越大越好，也不是越小越好，而是居中最合适，常态化的、机制化的固定合作有利于消除跨区域产学研主体间的知识产权冲突，促进跨区域协同创新的开展，基于历史的合作模式受到鼓励，为此应适当引入政府作用，促成并维系现有产学研协同创新联盟，而且在此基础上将经验及合作模式等推广到更多的跨区域产学研合作中。

第五，在宏观产学研协同创新联盟知识产权冲突调节政策法规方面，国家和地方有待补齐差异，弥补共同不足。

第七章的关键词提取和高度共线性聚类结果显示，国家和地方政策法规对于知识产权成果转化环节的冲突调节提供了从政府到市场各机制、从人才到金融各要素的调节工具，并在结构和内容上具有高度的一致性，且地方政策是国家政策的延伸。但同时国家和地方政策也有差异和共同不足，有待互补与解决。其中，差异性表现在国家政策法规偏向结果导向，地方政策法规偏向过程导向，应互相补齐差异，兼顾政策法规的远期效应和即期效应。在产学研协同创新知识产权成果转化主体上，国家政策法规偏重政府引领，地方政策法规偏向激励产学研联盟多主体，更具灵活度，更重视协同创新；在知识产权冲突后果的处理中，国家政策法规重视惩罚措施，地方政策法规进行了宽容失败政策的具体制定，国家应在宽容失败政策上给予更多实质性的支持，以创造激励产学研协同创新、万众创新的社会环境。国家和地方政策法规的共同不足在于关键政策类群之间的关联度不高、政策间联动性不足，这将会影响知识产权冲突调节的及时性，不利于协同创新合作的稳定运行；同时，国家和地方政策法规未能聚焦技术原因及非技术原因等知识产权合作失败的调节机制，为现实中以上原因导致的知识产权冲突留下隐患；国家和地方对知识产权冲突的违约失信行为较注重考核约束，惩罚效果和管控能力不足，失信成本低，需要加强政策法规措施力度以维护产学研协同创新契约权威性，维护政策法规权威性。

第六，前述机制设计运用在实践中检验理论，用理论解决实践中产学研协同创新联盟知识产权冲突及联盟稳定性问题。

根据前述微观、中观和宏观分析，将相关知识产权冲突解决机制设计运用到实际产学研协同创新联盟自组织稳定性耗散结构形成评价的实践中。根据文献借鉴和专家论证，设计传统的产学研合作影响指标，在此基础上，根据前文研究加入知识产权冲突管理机制性因子进入自组织评价指标体系，形成自组织耗散体系的正熵流和负熵流指标体系，并进行样本产学研协同创新联盟核心人员问卷调查，在第一手权威数据的基础上，计算正熵流和负熵流指标熵值以判断样本产学研协同创新联盟是否实现自组织耗散结构的稳定态。计算结果表明，该样本协同创新联盟的自组织稳定性确实受到知识产权冲突机制性因子的影响，由于知识产权冲突管理机制因子的不足，影响了该联盟自组织稳定性状态的形成，因此，有必要从知识产权冲突的微观契约和信任机制、中观区域网络化机制和宏观政策法规等方面进行加强，并对样本产学研协同创新联盟自组织稳定性的提高提出有针对性的知识产权冲突管理的改进建议，是理论在实践中的检验与运用。

在以上研究内容的基础上，提出基于本书分析的面向产学研协同创新联盟稳定性的知识产权冲突管理的如下对策建议。

第二节 面向产学研协同创新联盟稳定性的知识产权冲突管理对策建议

借鉴第三章日美欧促进产学研知识产权合作共同经验，根据前文产学研协同创新联盟知识产权冲突原因及相关管理机制研究和上述研究结论，本书提出以下面向产学研协同创新联盟稳定性的知识产权冲突管理微观契约和信任机制建设对策建议、中观网络化机制建设对策建议、国家和地方宏观政策法规改善政策建议和联盟自组织稳定性判定对策建议以及可能的具体举措。

一 知识产权冲突管理微观契约机制建设对策建议

针对产学研协同创新联盟主体异质性所带来的合作研发事前契约签订阶段的知识产权收益分配比例的冲突，在知识产权成果完成阶段，双方知识产权市场价值和知识产权交易价格认知分歧引发的冲突，在契约最终履约阶段发生的折减行为导致的知识产权冲突，本节提出以下契约解决机制以预防和调节产学研协同创新联盟的知识产权合作认知冲突。

（一）建立产学研协同创新联盟研发事前知识产权份额的契约磋商和谈判机制

针对产学研协同创新联盟事前契约签订阶段的知识产权收益分配比例的冲突，应建立产学研合作事前知识产权份额的契约谈判机制。双方在进行契约谈判时应改变传统只争取己方利益最大化的谈判策略，转变为以合作共同利益最大化为目标，对知识产权预期成果的份额进行合理磋商和谈判约定。为真实评估双方合作的共同利益，有必要建立健全事前知识产权份额契约磋商机制，增强对产学研合作研发事前对学研方的最大化激励。

具体举措：为保证事前形成健全的共同利益最大化的知识产权份额契约磋商机制，应建立起产学研研发合作契约磋商的程序机制、焦点解决机制。其中程序机制在于，学研方和企业方共同对产学研合作设计统一的合作规范和合作流程，制定合作规章，当企业方或学研方对外进行产学研合作时，为其初期的接触和谈判设定规范的程序，以制度保障事前磋商环节的进行。焦点解决机制主要针对影响双方知识产权分配份额的核心因素进行谈判磋商，对协同合作的最大化利益前景进行共同评估。参与磋商的人员是核心人员，涉及项目管理和项目关键技术人员，磋商讨论的焦点问题是产学研各方的投入资源的互认，对产学研各方的背景知识产权投入进行综合评估互认，在研发设备、研发人员等投入资源评估的基础上，对各方合作研发所需的软硬件资源进行估算，对所需的资金投入进行估算，以项目市场前景最大化为目标，根据研发贡献、各方优质资源互补性，由双方核心人员对前景知识产权比例进行焦点谈判和磋商，以合作和对利益的适度让渡为磋商原则，从追求单方面利益最大化转变为追求总利益最大化，最大限度地激励学研方在事前阶段的研发投入和努力。

（二）建立产学研协同创新联盟各方互动学习机制及契约再谈判机制，消除知识产权市场价值认知差异

针对知识产权成果完成阶段双方对知识产权市场价值判断产生的分歧，为减少双方在知识产权价值上的分歧和误判，需要在合作研发过程中建立异质性主体的互动学习机制——知识产权知识互通系统，进行知识产权知识的互相学习，以在知识背景和结构上互补以及在双方对对方的知识需求上达成一致，进而减少双方对知识产权成果最终的市场价值的判断分歧，有利于提高产学研各方的契约合作意识，减少合作协调成本和信息沟通成本，增强知识产权市场价值的共同认知，消除知识产权市场价值认知冲突。同时，为进一步确保知识产权合作利益在新的知识产权市场价值的判断下的优化分配，有必要引进不完全契约情况下的再谈判机制，对知识产权市场价值分歧所导致的合作利益再分配进行冲突弥合和利益诉求协调，并对知识产权合作收益分配方案根据新的内外部条件和环境进行新的评估和修正。

具体举措：产学研双方需要了解对方的知识背景与己方的差距，并主动加强己方缩小差距的意愿和行动。在学习意愿方面，企业方需要转变其获得政府资助和大学专利的短期利益的合作动机，谋求可持续发展的长期利益，并进而增强其研发能力的核心竞争力。学研方应主动了解企业需求和技术难点，有必要调整合作目标，集中高校优势知识资源、人力资源并根据市场需求和企业需求对技术攻坚克难。双方互相在知识产权目标诉求上逐步靠拢。

在互动学习交流的行动和过程管理方面，其一，企业方和学研方都应建立内部专门的知识产权合作研究和开发部门,组织专门资源围绕知识产权合作进行管理和服务,弥合双方机制和组织结构上存在的冲突,实现组织互通。其二,人是合作研发知识产权的主体,也是弥合知识产权标准冲突和知识差异冲突的主体,为此,企业方和学研方应十分重视知识产权专门人才的培养,培训合作型知识产权研究人员,搭建人员知识产权研发和管理的交流合作平台,培养知识产权顾问人才和运营人才,优化知识产权人才层次和结构,将双方的知识产权人才培养放在优先和核心的位置,实现产学研各主体关键人员对知识产权标准和市场价值的判断能力的提升。其三,建立定期的多渠道、多层次的沟通机制,建立的机制和渠道不仅应包括技术交流、学术报告、市场研究等正式渠道,还应包括灵活自由的非正式渠道,如私人学习与个人成员的良性互动等。根据知识产权形成和价值判断的需求,根据交流知识的类型以及交流的性质,分类构成专属的沟通渠道和沟通人员,以培养合作共识,最大限度地减少分歧所带来的知识产权价值感知差异,从过程上保证对知识产权冲突和纠纷的及时查找和预防,有利于维持产学研协同创新联盟微观合作的稳定性。

在契约签订中引入再谈判机制,再谈判机制包括根据产学研成员间合作的技术、知识产权、工作方式以及市场情况的各类信息,对契约条件进行再沟通和再确定。有必要建立再谈判渠道,帮助产学研合作双方加深对对方关键知识产权知识的了解和理解,对知识产权合作难度和深度的共识,根据新的内外部条件,对市场反馈进行及时回应,对知识产权研发设计方向和利益分配方向进行修正,确定新的知识产权市场价值估计和利益再分配,在知识产权市场价值认知的契约再管理基础上增加合作各方的可预测性,减少由于知识产权市场价值认知冲突所产生的对联盟稳定性的破坏,增强产学研联盟合作创新的协同性。

(三)优化产学研协同创新联盟知识产权市场价值及交易价格决定机制,培育契约履约意识,减少契约履行折减行为

针对契约最终履约阶段的折减行为带来的相互质疑和指责所引发

的知识产权冲突和联盟稳定性破坏，为减少合作折减行为，首先，需在前述再谈判机制和互动学习机制以减小知识产权市场价值感知差异的基础上，进一步确定最优价格知识产权市场价值和知识产权研发交易价格，为此需要发挥价格及价值形成中的各契约合作主体的专业作用，共同确立价值和价格形成的契约机制；其次，为达到最佳价格及价值决定机制执行效果，应培育产学研联盟成员的积极履约意识和契约责任意识，形成契约义务共识，建立产学研协同创新联盟义务共识培养管理模式，减少折减行为；最后，要进行履约过程管理，通过自发的、独立的契约执行管理机制，使合作各方行动认知统一，契约履约意识增强，最终达成契约的严格履行，避免知识产权价值认知和价格认知冲突，从而使成果形成后期的转化环节得以顺利进行，协同创新联盟最终实现稳定有效合作。

具体举措：第一，优化知识产权成果市场价值与研发交易价格形成机制。知识产权成果价值与研发交易价格的形成受产学研协同创新各方的资源投入、知识产权技术指标、市场环境等因素的影响，有必要在双方价值评估和交易价格确定的各环节引入评价因子，纳入契约机制，建立全流程规范化、程序化管理的价值评估及价格决定机制，最终实现知识产权成果价值及交易价格的共同决定。首先，在合作初期，进行产学研合作双方对知识产权价值和价格的投入要素的协调评估，双方需要制定协同工作流程，统一产学研异质性合作双方对知识产权目标、技术研发方向、市场策略、技术验收标准、管理规范、核心资源等方面的共同理解和诉求，将价值和价格的共同判断建立在具体的知识产权协同研发工作流程上，并贯穿于整个过程。其次，在合作的具体过程中，即知识产权成果的形成阶段中，对知识产权技术指标进行统一和规范，包括技术基础标准、设计技术标准、产品标准、检验标准、试验方法标准等技术含量指标以及技术生命周期指标、专利引证次数指标、同类知识产权市场价格、知识产权实施概率、知识产权贡献及后续价值指标等，基于以上指标进行双方共同评估和磋商以获得共同价格和价值判断。最后，在知识产权市场化阶段，即契约履行后期阶段，明晰双方知识产权契约履约的具体任务和履约义务，提高任务完成的协同度，减少价格和价值分歧引发的折减行为。知识产权合作后期考虑知识产权成果转化步骤、知识产权成果转化要求、知识产权技术难点、知识产权研发合作和转化工具、研发内外部环境约束条件等，在此基础上确定契约共同履约义务。同时还需对知识产权合作任务的需求和实现路径以及各步骤在整个研发合作进行中的重要与关键程度进行沟通并取得一致意见。为此，产学研双方应进行各单位交叉培训、各环节交叉培训、各方案交叉培训，增进联盟各方面合作的认知培养，加强联盟各方对履约责任内容的认识，消除产学研各主体履约责任未能尽到的知识产权冲突，提升联盟各方履约行为的努力程度和协同度。

第二，建立联盟成员积极履约意识和契约责任意识，加强契约履约过程管理。在联盟内部推行审核机制和监控机制，通过定期的过程回溯和阶段反馈，对双方履约行为进行过程管理，督促产学研各方积极履行契约约定的责任和义务。在过程管理中有针对性地对既有研发路线进行进度保证和质量巩固，同时也主动加强对知识产权研发合作中出现的新情况进行跟踪和迅速反应，保持联盟团队对技术变量、环境变量、市场变量、风险变量的敏感度，随时根据新出现的情况改变当前不适应新形势的认知状态及相关行为，消除产学研研发合作中由于研发进程中的相关因素变化以及契约履行的内外部条件相应发生变化后对研发进程和与初始契约不一致所带来的负面影响，减轻产学研联盟异质性各方对信息不完全、不确定性大的知识产权创新活动的认知风险和认知分歧，从而实现合作各方对契约履行义务的再认知与再调整，对新的核心资源和核心工具进行再配置，取得新的契约义务共识、价值和价格共识以减少知识产权冲突和折减行为，引导联盟合作成员积极履行契约，树立责任到位的思想，在模糊、动荡和压力环境下实现联盟知识产权合作契约在更高水平上完成。

二 知识产权冲突管理微观信任机制建设对策建议

在协同合作的情形下，产学研协同创新联盟信任协调机制的建设不仅能提高整个系统的均衡信任水平，补充正式契约制度的管理功能，且能够保持参与方之间长期均衡的信任关系，可以有效率地控制系统的动态变化，因此对整个产学研合作体系的稳定存续有着积极的作用和意义。根据第五章产学研微分博弈中的非合作微分博弈和合作微分博弈模型分析，针对结论中的产学研合作中前期信任水平建设至关重要、知识产权合作动机下的联盟稳定结构高于非合作动机、企业是两种知识产权动机下的主要受益者的结论，提出以下产学研简单协同创新联盟微观信任机制建立的对策建议及可能的具体举措。

（一）在产学研协同创新联盟合作中前期建立专用性资产投入的信任促成机制

针对产学研协同创新联盟合作过程中前期的信任水平建设至关重要的问题，在合作中前期应建立专用性资产投入的知识产权合作退出障碍机制。专用性资产投入是信任机制建立的保障机制。信任不是同时性或同步性的概念，而是源于先前的投资和对彼此的能力和品质等的熟悉，体现为历时性。社会信任的专用性资产投资力度和投资过程是获取社会信任和知识产权利益的依据所在。信任机制要求投入的责任资产所带来的沉没成本将构筑起合作退出障碍，为获得合作伙伴方和公众的信任提供了必要保障。专利法要求专利申请具备三个特征，即新颖性、创造性、实用性，隐含了知识产权设定的对象必须是专用性资产投资中生成的独特性知识。只有这样，特殊投资所产生的异质化知识才能形成足以维护合作伙伴和社会公众对知识创造的信任的"人质承诺"，获得合作伙伴的合作意愿增强及社会公众对合作知识产权成果的信赖。这是管理逻辑对知识产权合法性的信任的建构意义，产学研知识产权冲突的发生导致合作破裂产生相关的社会争议和问题，很大的原因在于产学研合作双方没有投入足够的时间长度和应用深度来进行大规模的资产专用性投资以建立各自的信用促成体系。

具体举措：产学研双方应在中前期为支持知识产权共同研发及共同合作而进行耐久性投资。对于高校和科研院所而言，建立合作中前期的知识产权信任促成体系需要投入的知识产权专用性资产包括与知识产权合作相关联并合并产生效果的人、财、物等资产，在知识产权人才、设备资源、背景知识产权、论文发表、知识产权获取，职称考评制度的灵活性、知识产权合作的支持力度和与实践需求的对接，对社会的服务、纠纷协调部门等方面进行实质性的投入和改革，建立系统规范的管理体系和信息披露体系予以保障，对涉及产学研知识产权合作管理的各个环节运用成体系的机制促成合作和进行合作的管理，定期对外发布产学研合作促进高校和科研院所发展以及企业获益的状况与知识产权成果，长时间地在高校和科研院所的产学研合作中投入专门资源来积累学研方的产学研合作信誉和声望。对于企业方而言，则需要在合作前期对知识产权技术成果市场转化与运营的经验、资金、设备、背景知识产权、知识产权人才、品牌资产等持续地进行投入，以保障高校对企业的知识产权合作信任在中前期得以确立，制定完善的企业产学研知识产权合作章程，以提高企业产学研知识产权合作中的特殊性、专业性、制度性，建立企业和学研方进行产学研合作研发的声誉体系。产学研双方着力提高知识产权专用性资产的投入以体现对知识产权合作的实质性承诺，从而在合作中前期建立牢固的知识产权信任关系，以消除这一阶段的知识产权冲突，为后续联盟信任机制的延续和联盟稳定性发展奠定基础。

（二）建立引导产学研协同创新联盟知识产权合作动机形成的信用管理的信任维护体系

针对产学研协同创新联盟知识产权合作动机下的信任水平等联盟稳定性结构高于非合作动机的情形，建立微观产学研合作信用管理体系，积极引导产学研知识产权合作动机的产生。社会信用体系是指国家对社会主体的信用状况进行管理的体系,它的关键职能在于记录并追踪社会主体信用状况,揭示社会主体信用质量并提示风险,整合社会优势,促进信用体系的完备性,褒扬诚信、惩戒失信,促进信任文化。宏观社会信用体系的建立健全建构在微观信用体系的土壤上。而在微观产学研合作中,科技型企业和高校研究部门、科研院所的研发合作,尚缺少专门系统的信用体系。有必要对在产学研的知识产权合作中涉及的背景知识产权等前期投入的专用性资产的核心价值的隐瞒行为,在合作中双方因核心人才和核心技术交流所带来的知识外溢而产生的知识产权的侵权或核心技术以及隐性知识的泄露与流失现象,以及在合作后期知识产权成果转化环节产生产学研利益纠纷、不作为或技术封锁等带来合作信任水平下降、合作动机丧失等导致知识产权冲突的行为进行信用记录的反映和管理,约束产学研协同创新联盟各主体的失信行为,建立适应于产学研知识产权合作特有行为的信用体系,引导产学研合作动机的形成和稳定持续。

具体举措:该体系可由政府牵头,也可由市场化的平台性知识产权公司牵头构建,设置根据产学研知识产权合作的特征开发的合作研发行为可信度标准建立企业、高校、科研院所的组织层面和个人层面的知识产权信用文件,从关于知识产权的学术行为、商业行为、个体行为、合作行为等方面,对合作各方的知识产权行为信息分进度节点进行采集,建立信息库并动态更新。该系统同时接入企业、高校和科研院所以及社会征信部门的各征信系统和档案系统中,将该系统的测度结果作为社会各界研发主体和市场主体对于研发合作人的搜索和选择以及对以上主体商业授信和进行商务往来的依据,当合作成员采取行动破坏它们的知识产权信用时,包含负面信用不良记录的合作"黑名单"将威胁到它们的长期利益。该系统的披露功能和反馈机制能预防合作参与方的"机会主义"行为,变产学研知识产权合作的非合作动机为合作动机,通过动态监测、客观评估和连续记录,能够实现定期对知识产权合作进行监督,及时发现知识产权冲突并进行调节,由双方提出解决方案，有效激发合作成员的守信行为和合作行为，提高产学研协同创新联盟知识产权合作的可信度和成功率。

（三）充分发挥产学研协同创新联盟知识产权信任机制建设中企业的主体能动作用

在产学研知识产权合作全过程，企业由于是最终知识产权成果的主要需求方和转化方，是对于市场需求信息最为靠近和了解的合作方，并由第五章信任机制理论及仿真分析得以看出，其是产学研信任合作机制中的主要受益方，因此，也应主动成为产学研知识产权合作的信任机制建设所需努力的行为的发出者和能动者。为此，企业方应积极对接学研方的知识产权研发需求，主动加强自身对研发方技术的承接力和再创新力，以知识产权合作能动性和能动力来影响合作信任的建立。同时，企业应着力培养自身的知识产权识别能力、知识产权加工能力、知识产权转化运营能力、知识产权冲突管控能力，带动研发方协同行动。企业方应认识到，知识产权研发和成果转化是一个不确定性大、周期长的高风险过程，研发方没有能力全面单独地完成整个链条和过程，因此，企业应制定流程规章，充分调动己方的资源和机制，和学研方进行研发配合和共同合作，提前对可能出现的知识产权冲突进行预警和协调，通过规范化管理制度保障合作共同信任关系的长期稳定维系。

具体举措：在产学研协同创新联盟中，企业方组建具备知识产权二次创新能力的专业技术团队，组建对技术和市场都能有力感知的产品经理人团队，同时组建既懂得技术与市场，又懂得引领研发方向的领导人团队，从各个层面与研发方对接，通过技术、市场、知识、人才等知识产权资源的全方位的汇聚和配合，实现信任的互通，达成合作的高度共同意愿。同时，企业方主动推动和学研方构建合作共同信任机制，主动释放企业方的知识产权积累和技术需求，提供技术支撑，帮助学研方迅速了解市场需求。企业方合理运用高校和科研院所积累的大量知识产权成果、知识产权技术人才、实验设备和平台，主动适应高校和科研院所技术合作机制，开放企业存量资源，和研发方的存量资源进行互补，以企业和市场力量激活双方存量资源，倒逼研发方和企业方开展深度协同合作，主动对产学研合作可能出现的知识产权冲突进行调节和管理，实现企业方和研发方高度互信机制的建立，目标一致地走向知识产权合作的达成，在此基础上，最终达到无外部约束下联盟长期协同合作的稳定持续。

三 知识产权冲突管理中观网络化机制建设对策建议

针对第四章知识产权冲突原因分析中的由于产学研协同创新联盟知识产权合作中资源配置不充分、不够有效所带来的知识产权合作资源保障冲突，根据第六章产学研中观知识产权合作网络的构建和链路预测算法机制的稳定性条件判别，认为产学研联盟知识产权合作伙伴选择及合作经验的传播需要网络化机制来打通资源配置渠道。在单一区域下，应培育多主体、市场化协同机制，构建知识产权网络生态以促进知识产权主体间的合作；跨区域的产学研协同创新联盟应巩固已有联盟体系，产生以点带面的网络效应。据此，本书提出以下产学研协同创新联盟中观知识产权冲突解决的对策建议。

（一）建设多方广泛连接和资源交互流通的中观知识产权产学研协同创新网络化机制

针对产学研协同创新联盟伙伴选择网络化和合作经验传播网络化的特点，需建设多方互通广泛、连接丰富的区域知识产权协同创新网络化机制，优化知识产权冲突管理的网络化资源配置条件。运用网络化手段解决知识产权冲突，需要构建广泛的知识产权网络中的相关主体基础性连接，以打通知识产权冲突解决的资源获取路径。产学研协同创新联盟要形成自组织稳定发展的有机整体，需解决合作伙伴的自发寻找和选择问题，在寻觅伙伴的过程中往往出现主体间缔结关系难、合作伙伴匹配度低等现象，出现这种现象的原因是区域中产学研创新还处于个体合作区域，缺少联动各方主体的产学研协同合作网络，无法有效地将有创新诉求的主体和具有相关创新资源的主体相联系。除此之外，由于产学研联盟知识产权合作经验传播网络化的特征，产学研协同创新合作还需要克服资源配置效率低下和网络信息流通不畅等问题，以促进产学研知识产权合作经验的传播，实现各方协同合作。因此，网络内知识产权协同创新主体之间需要缩短网络中成员与成员间的连接长度，优化网络内成员间包括信息流渠道、知识流渠道和服务流渠道在内的多重关系连接方式，多机制、多路径解决网络内信息不透明和知识不对称，网络内资金、设备和人才等相关资源配置效率低下等问题，有效减少产学研协同创新合作中出现的知识产权冲突矛盾频率，提高产学研主体合作伙伴选择的成功率，实现产学研协同创新联盟的中观网络化自组织稳定性。

具体举措：在基础维度广泛连接的产学研协同创新知识产权合作网络的构建初期，离不开核心成员的召集以及区域基础根基和方向的确立。可以成立核心成员会议联席机制，汇聚区域内包括政府、高校、科研院所和创新需求高的相关企业在内的核心成员，借助其丰富的相关经验识别网络中正式和潜在成员的属性和相应诉求，确定区域科技发展战略，勾勒出区域知识产权网络轮廓。在此基础上，运用该联席会议机制，协助网络中有产学研合作需求的主体向网络内产学研协同创新核心成员发出要约邀请，缔结自组织的、动态的、有机的协同合作关系，而相关核心成员则基于区域创新战略和所获得的要约邀请，在实际层面设计成员连接方式和优质成员网络上下游关系，结成合理的区域产学研协同创新联盟，协调联盟网络内的知识产权冲突，完成网络内主体的广泛连接。在优化资源流通渠道方面，为实现更广泛的协同创新联盟效益，掌握产学研协同创新知识产权链条主动权和规则的创新网络核心成员应积极消除相关资源流动屏障，提供知识产权冲突解决的网络化资源的获取渠道，保障网络内知识产权合作所需资本、信息、人才流动的畅通，以提高资源配置效率，减少因资源配置能力低下等原因造成的知识产权冲突，提高网络内产学研协同创新的产出率和外溢率。

（二）在单一区域下，打造产学研联盟多主体协同知识产权合作市场运行体制，建立知识产权冲突解决的网络生态

前述研究表明，在单一区域下，网络整体平均度较高构成产学研知识产权合作达成、协同创新联盟网络稳定性的主要条件，而网络整体平均度高需要依赖市场化的机制和多主体的协同参与，才能有助于知识产权冲突的中观管理和协同网络的稳定运行，为此，需加强网络中知识产权基础设施的建设和知识产权市场机制的完善。在知识产权网络基础设施方面，需要构建完善的科技中介体系和信息平台体系，科技中介体系和信息平台体系能有效协调产学研各方知识产权的供给和需求信息，沟通和了解产学研各方的利益诉求，增强产学研主体的网络资源整合能力。而区域知识产权仲裁机构的成立则保护了产学研协同创新联盟的长期利益，保障知识产权冲突的调节和解决。鼓励市场化金融机构进入产学研协同创新网络联盟，产出率优良的金融市场机制为产学研协同创新网络提供高效的自组织机制，利用市场优胜劣汰机制，对合作成功项目进行筛选，抑制"机会主义"等主体动机，为协同创新联盟注入内部驱动力，从根本上促进联盟知识产权冲突的消除，实现产学研协同网络化合作。

具体举措：科技中介机构的培养需要产学研协同创新合作核心成员的扶持及政府机构的间接引导，网络生态内核心成员和政府应当加强对产学研协同合作中介机构的重视度，推动网络内民营科技中介机构的发展，鼓励网络内核心成员与中介机构合作，共同构建含有成员知识产权信息和诉求的网络数据库或信息平台，将部分成员匹配和整合知识产权资源的职能转移给中介机构。在仲裁机制方面，政府设计具有权威性的区域法律体系，完善区域内的知识产权法律体制，提高知识产权冲突调节的法律资源的可获得性，提供市场化机制运作所需的公共物品，有效调节产学研知识产权合作冲突，提高成员的法律意识，修正网络中的创新风气。区域内引入市场化基金公司对有市场潜力的产学研知识产权合作项目进行金融支持，最大化市场内所有个体创新效益，推动知识产权运营市场化、知识产权金融产品市场化，完善知识产权金融机制的进入和退出机制，提高知识产权合作的市场效率，增强市场力量对产学研知识产权冲突调节的生态化、网络化作用。

（三）在跨区域合作下，巩固已有产学研协同创新联盟，维系知识产权合作

在对跨区域合作网络的稳定性促进机制方面，由前述第六章分析，网络整体平均度居中构成跨区域协同创新联盟网络稳定性的主要条件。为此，为最大限度发挥跨区域产学研网络协同增效效益，需要巩固和加强现有跨区域产学研联盟合作网络，对现有跨区域联盟网络中的知识产权冲突进行及时调节和管理，在此基础上，将其知识产权冲突管理经验辐射到更多的跨区域主体当中，发挥联盟示范效应，产生以点带面的网络协同效果。在此过程中，政府应主动有所作为，重视关键节点的作用，促进关键产学研合作主体节点和周边节点的交流，将知识产权交流提升到网络化交流的核心上来，提升知识产权交流的数量与质量，变机械化、静态化和区域局限式的知识产权合作为张弛有度、动态化、跨区域式的复杂知识产权网络合作。此外，也应注意在巩固和发展现有跨区域创新联盟的同时，为了不产生对已有合作模式的路径依赖，应仍然增加产学研知识产权合作的多样性，包容不断推陈出新的产学研协同创新联盟模式，避免因跨区域网络群固化而失去创新活力，这将有利于跨区域产学研协同创新各主体和政府的知识产权冲突解决能力的提高，也为复杂知识产权网络的发展增加多元的可能性。

具体举措：在政策层面需进一步鼓励现有跨区域产学研协同创新联盟的知识产权合作，提供跨区域知识产权冲突协调资源的政策供给，促进调节跨区域知识产权冲突的相关主体的发展，奖励知识产权冲突调节成功率高的科技中介等市场主体，鼓励其提高产学研主体的匹配成功率和知识产权冲突调节服务质量，增加机构竞争力。基于知识产权网络伙伴匹配的链路预测算法等科学工具及机制，引导跨区域知识产权合作伙伴的匹配。同时，政府应引导现有产学研协同创新联盟主体提高跨区域合作网络与外界的交互质量，将联盟主体知识产权冲突的管理经验辐射扩散到外界，提高跨区域范围内对知识产权冲突管理的有效性。政府应着力促进产学研协同创新联盟增加和已有合作伙伴的紧密联系，并在此基础上拓展新的合作节点，实现协同网络的稳定性和知识外溢效应。另外，政策应当鼓励产学研协同创新网络知识产权冲突解决模式以及知识产权合作模式的创新，辅以仍处于探索期的跨区域产学研协同模式，提升知识产权网络的动态活力，利用跨区域网络的多元性和包容性加强产学研联盟网络的协同性，提升联盟知识产权冲突的调节及管理能力，保障跨区域产学研协同创新联盟的网络稳定性。

四 知识产权冲突管理宏观政策法规完善政策建议

（一）针对国家和地方产学研协同创新联盟知识产权成果转化政策差异的政策法规完善建议

根据第四章产学研协同创新联盟知识产权冲突原因分析，在知识产权成果最终转化环节的权利义务纠纷和利益纠纷是导致知识产权冲突发生和产学研联盟合作最终走向破裂的重要原因，而在此类知识产权冲突的调节中，宏观政策法规起到决定性的作用。在第七章产学研协同创新联盟知识产权成果转化宏观政策法规分析中，对比国家和地方政策法规差异发现，国家和地方政府在结果导向与过程导向、成果转化主体的灵活性、知识产权冲突处理等方面存在差异，国家和地方政策法规应相应参考补齐，据此提出以下政策建议。

1. 国家和地方应注重产学研协同创新联盟知识产权成果转化结果和过程的双项管理，落实知识产权冲突调节实效

国家和地方政策法规应适度平衡政策重心，兼顾知识产权成果转

化的结果和过程管理。政策法规过度偏重结果导向导致即期效应被忽略，知识产权成果转化过程中发生的知识产权冲突不能得到及时解决，偏重过程管理与即期效应，缺乏全局观，易导致科技成果转化项目重过程轻结果，转化效益不佳。因此，在政策法规设计中，国家应该设立短期日标鼓励知识产权成果转化项目的阶段性成功实施，将在成果转化环节有效规避将知识产权冲突等政策执行落实指标作为衡量即期效应的标准；地方应建立长期指标作为短期科技成果转化项目和知识产权冲突调节的长远宏观目标达成的衡量标准，从而判断是否遵循了国家宏观政策法规所引导的发展趋势。综上所述，国家和地方政策法规应把握好平衡点，兼顾结果和过程的妥善管理。

具体举措：第一，国家强化即期政策效应指标用以衡量政策法规的短期落实进程，如月度、季度知识产权成果转化指标等；地方强化远期政策法规效应指标用以衡量政策法规的长期落实进程，年度、三年度知识产权成果转化指标等。第二，国家加强知识产权成果转化项目周期管控、中期进度核验等具有过程管理特色的政策法规建设，地方强化知识产权成果转化项目终期验收、转化项目完成后评级等具有结果导向的知识产权冲突调节机制的政策法规建设。第三，国家和地方应沿着知识产权成果转化过程中的潜在知识产权冲突阶段补充政策法规结构，兼顾远期效应和即期效应，沿着知识产权冲突发生的利益链顺序，丰富各环节的政策工具，以解决确权、评估、定价、分配等环节容易发生的知识产权冲突问题。第四，在地方层面，为即期政策法规目标设置宏观定位，通过对比政策法规效用和宏观定位的发展路线，得出二者的偏离程度并及时调整；在国家层面，为远期政策法规目标设置即期效应的反馈机制，及时反映即期政策效果，根据反馈结果灵活调整政策法规细节，提高国家政策法规的可实施性。综合把握即期政策法规和远期政策法规的互动关系，即期政策法规适度服务于远期政策法规，远期政策法规受即期政策法规的促进，国家和地方追求即期和远期目标的共同实现，共同促进产学研协同创新成果转化环节的知识产权冲突的全链条解决，保障产学研协同创新联盟的稳定持续。

2. 加强国家政策法规对产学研协同创新联盟知识产权成果转化的市场化导向，发挥多主体协同创新优势

由前述分析可知，目前产学研协同创新联盟合作进行知识产权成果转化的国家政策法规还带有较强的行政主导的特点，需要加强国家对产学研知识产权成果转化主体多元化、机制市场化的政策法规设计，加强国家相关机构与多方市场主体的联系，增加市场化主体对国家政策法规的反馈渠道，将产学研成果转化政策法规的市场化执行效果、产学研及相关市场主体需求和产学研协同市场化运行经验更多地传导到国家层面，形成有效的行政机制和市场机制。同时，国家政策法规与地方政策法规相互呼应、循环反馈，地方也应深化和各产学研市场化主体的联系和沟通，在知识产权成果转化的环节，发挥产学研多主体的市场化协同作用，加强促进产学研协同创新市场化运行的政策法规设计，以增进当前产学研协同联盟创新合作网络化、知识产权成果转化多主体协同化的市场化发展趋势。

具体举措：在国家层面，进一步加强与高等院校、科研院所、成果转化企业等产学研主体的互动和沟通，在对创新需求和创新供给进行充分了解和合理评估的基础上，适度增大各产学研主体的自主转化权利，充分发挥各主体的能动性，实现调节机制多元化，从中央直属高等院校、科研院所逐步向更多位于科技成果转化核心地位的产学研主体延伸，构建政策法规激发核心知识产权成果转化主体开展产学研知识产权市场化合作，并逐步扩大范围，最终实现调节水平的广泛提升，为产学研协同创新联盟知识产权冲突的避免和成果转化获得更高活跃度并提供宽松的市场环境和政策环境。在地方层面，应充分发挥各地在科研、生产和资源等方面的信息优势，打造地方产学研知识产权成果转化链，最大限度丰富知识产权成果转化主体，在成果转化的知识产权冲突发生的基础层面和市场层面通过地方政策法规中的杠杆

措施、激励措施、调节措施进行冲突预防和调节，共同促进产学研知识产权冲突的全链条解决与产学研协同创新联盟的稳定持续。

3. 国家和地方层面建立宽容失败的具体政策，对产学研协同创新知识产权冲突的探索性风险损失进行实质性救助

政策法规应对由创新本身可能的风险带来的知识产权成果转化项目失败持包容态度，不对"合作失败"盲目采取惩罚措施。国家和地方层面应设立实质性而非指导性的宽容失败政策，展现各级政府对于高等院校、科研机构和企业合作创新失败的包容态度，运用具体机制和政策工具提高产学研主体承担知识产权成果转化风险的能力，国家层面提供实质性救助的政策工具和政策组合，地方层面进行救助政策的具体制定和实施，明确政策救助的条件和内容，维护创新失败所导致的知识产权冲突中产学研合作各方的基本权益，打消产学研合作科研人员和管理团队的顾虑，消除后顾之忧，激励各主体自发组建人才队伍积极参与产学研协同创新联盟，完成技术研发，克服创新障碍，最终成功产生知识产权成果，从而实现转化的整个过程。最终，国家和地方协同配合，打造从上至下的鼓励创新、宽容失败的硬件和软件条件，营造社会创新大环境。

具体举措：第一，在国家层面，对宽容失败、鼓励创新等原则进行顶层政策阐释，指定对创新失败和知识产权冲突进行救援的财政、税务或其他相关具体负责部门，根据产学研联盟技术合作的技术风险和知识产权冲突风险集中发生的规律，制定规范的风险评估流程、救济申请及审批流程、救济额度及救济措施等指导性政策，落实国家对地方的监督和考核措施，为地方制定激励创新、宽容失败的具体实施政策提供权威依据以及综合性的政策工具。第二，在地方层面，根据国家政策法规的指导方针，针对产学研联盟技术合作中比较容易出现知识产权冲突风险的环节，对于技术标准、工艺流程、核心技术等方面的研发失败所产生的知识产权纠纷，根据合作创新项目的复杂度和难度进行充分评估，在充分评估的基础上，将政府资金用在最急需的

环节，支持产学研合作研发和成果转化的特定阶段，实质性分担研发创新中的风险，有效降低产学研合作知识产权冲突的可能性，提高合作成功率，树立典型成功案例并形成示范效应，引导更多市场化金融资本实质性地参与创新失败救助，并从中获取回报，在全社会营造政府机制和市场机制共同进退、互相配合、风险共担的鼓励协同创新、宽容创新失败的积极氛围。第三，在对产学研合作研发失败进行救助后，鼓励产学研协同创新联盟主体进行二次创新，二次创新在前期失败的基础上重新进行创新，往往会带来合作创新成功率的大幅度提升，前期失败经验对二次创新具有建设性，新合作和新项目能够利用前期失败阶段的知识产权和核心人员产生更多的、更具市场价值的知识产权。政府在典型项目上承担了失败风险，但也和产学研协同创新联盟主体一起汲取了宝贵的经验和教训，在创设新的合作项目和新的合作联盟时，政府得以更好地支持产学研技术合作实践。为此，对创新失败进行具体救助的地方政府应积极参与项目的再合作和再运行，为合作最终能够完成并更好地提供市场化公共物品，进而为孵化更多合作项目提供持续的政策支持，创造更大的协同创新价值。

（二）针对国家和地方产学研协同创新联盟知识产权成果转化政策中共同不足的政策法规完善建议

根据前述第七章的分析结论，国家和地方政策法规在调节产学研成果转化环节的知识产权冲突中的权利义务关系时，存在关键政策类群关联度不高、技术责任和非技术责任调节政策不够聚焦、知识产权失信行为惩罚力度偏弱等容易引发知识产权冲突的问题，本节据此提出以下政策法规完善建议。

1. 设立关键部门产学研协同创新联盟知识产权联动执行政策法规，强化主要政策法规之间的协同效应

在国家和地方政策法规谋求机制转型或模式变革以适应知识产权成果转化的产学研多主体化、协同化、联盟化的发展趋势时，应增设产学研协同创新知识产权合作所涉部门间增加联动性的条款作为连接

不同政策法规板块间的纽带，强化关键政策法规、重要政策法规之间的联动性，提高上述政策法规对于维护产学研协同创新联盟稳定性的实施效果。国家和地方政策法规应尽快界定各关键及重要政策法规制定及执行部门在知识产权成果转化过程中的责任，明确各部门义务，规避部门之间的政策法规缺位、重叠、模糊、矛盾等潜在问题，从政策法规根源解决成果转化中多部门协调不力所产生的知识产权争端或争端无法调节的情况，加强产学研创新联盟知识产权转化权利义务调节政策法规的协同性。

具体举措：第一，建立关键部门跨部门信息衔接机制，定岗定人负责沟通产学研知识产权成果转化环节中的财政、税务、法律、银行、工商等部门的相关信息，协调并最大化不同关键部门的优惠政策，打通多样化的政策法规工具和最为重要的政策法规工具的协调通道，有效保证产学研协同创新联盟成果转化环节的知识产权冲突调节的政策法规实施中的信息互通。第二，建立政策法规联动运行机制，由国家和地方成果转化牵头单位协调各部门召开协调会，商讨政策法规的联合执行和具体协作实施，将政策的协同实施责任落实到部门和人员，鼓励产学研协同联盟的多主体参与政策实施的协调环节，增强政策法规调节知识产权冲突的针对性和及时性，减少政策法规执行的重复性，提高执行效率。第三，将政策法规信息协调和执行协调纳入各级科技部门目标责任考核体系，建立政策法规协调工作绩效考核制度，对各级各部门的协调履职情况进行监督、检查和考评，保证知识产权冲突调节和成果转化工作中多头并行以致联动性差、政策执行缺位等现象得到遏制，持久地保障协同创新成果转化中知识产权冲突的调节得到及时、有效、全面的政策法规支持，促进产学研协同创新联盟的良性、稳定运行。

2. 树立新型产学研协同创新联盟模式，建立有效机制预防技术责任和非技术责任知识产权冲突

为调节产学研协同创新联盟成果转化过程的知识产权利益冲突中

的技术责任冲突，国家和地方政策法规应从技术质量、技术合作机制等形成高质量知识产权成果的各方面进行调节和扶持。国家政策法规大力推动轻专利数量、重专利质量的方针，注重高校和科研院所的知识产权成果转化率的提高，在研究人员考评体系中合理兼顾学术型成果和应用型成果的比例，为应用型科技人才开辟专门的晋升通道，解决科技人员的激励问题。大力倡导技术责任和技术转化收益成比例承担的合作机制，谁获取更多收益，谁承担更多责任和风险，地方根据国家政策法规在地方实践中进行具体政策设计，支持对产学研协同创新联盟模式的有效创新，通过开发适应于不同产学研研发项目情况的产学研联盟模式并对其进行实验和推广，提高产学研合作模式的创新程度，探索技术责任和风险利益匹配的新型产学研协同创新联盟模式。同时，针对由于经营不善、管理不当等非技术责任引发的知识产权冲突导致的科技成果转化项目违约情况，国家和地方层面不适宜颁布强制执行类和禁令类政策，而应通过多元化的综合性的政策法规措施来调节非技术责任产生的知识产权冲突纠纷。

具体举措：第一，国家和地方政策法规应和市场化第三方机构合作，就新的产学研协同创新合作的知识产权成果展开技术方向和技术市场性评估，设立技术新颖度和应用度结合的综合性评价原则和评价体系，对满足相关原则的合作技术予以技术质量认定，将该认定作为企业和学研机构的合作成果转化申请政策支持或纠纷调节的申报条件，根据评估认定结果明确技术责任方并给予政策支持或纠纷调节，确定各主体的权利义务，提高政府对知识产权冲突调节、判定技术责任归属、提高产学研联盟后续技术创新质量的政策法规的针对性和效率。第二，对学术型科研人才和应用型科研人才都设置专门渠道进行晋升，提高应用型科研人员奖励幅度，增强技术成果应用价值。对高校和研究院所研发人员的市场化意识和市场化能力进行培养和培训，对企业的成果转化人员和技术支持人员进行技术开发能力和技术理解能力的塑造，相互协同、能力互补，减少因能力不匹配带来的技术责任纠纷。

第三，设计政策法规，鼓励创新型产学研协同创新联盟模式的涌现，通过综合考虑产学研合作各方的技术距离、背景知识产权质量、经费投入能力、收益与风险的主要承担方、科研及项目管理人员参与度、后续知识产权成果归属等因素，鼓励发展各种孵化类、共性技术类、互补技术类、跨领域跨行业类、知识产权运营类等产学研协同创新联盟模式，建设风险和利益共担、责任和收益匹配的产学研协同创新联盟。第四，针对非技术责任，如管理不善和经营不善所带来的知识产权冲突和产学研联盟破裂，应采用契约型管理或结果导向型管理的相关措施。契约型管理是以正式契约明确管理责任，约束合作各方的不当管理行为，鼓励企业在和学研方进行合作形成协同创新联盟时，设计落实部门与人员的岗位责任。结果导向型管理则以绩效考核等方式倒逼企业方和研发方改善管理和经营模式，避免非技术责任导致的知识产权冲突。同时，在发生知识产权纠纷的情况下，通过仲裁条款和仲裁机制，依据产学研契约型管理和结果导向型管理的职责约定，对失当行为进行追责，明确非技术责任承担主体，调节知识产权纠纷冲突，并将对纠纷案件的妥善处理纳入地方政策法规的实施考核中。

3. 加强失信惩罚行政与法律措施力度，保护产学研协同创新联盟契约、法律中立权威性

针对前述对于拖欠经费、拒绝履约等失信行为所造成的知识产权冲突的政策法律规范力度微弱的问题，应从以往的以考核类、措施类的行政手段为主变化为以惩罚类、刑罚类的法律手段为主，纳入各级成果转化的政策法规。契约是产学研协同创新联盟形成的重要标志，是产学研协同创新联盟异质性多主体联系的依据，意味着产学研各方可以产生正式的利益共享、风险共担的合作机制，各主体权利义务关系受到国家法律的规范调节和正式保护。而现有产学研合作知识产权权利义务调节中的法制力量和契约精神在实践中未能得到有效强化，政策法规调控力量偏弱，导致违反科技成果转化法律、违反产学研合作契约的知识产权冲突发生，政策法规权威性、契约权威性受到损害，

助长了失信行为。应加强知识产权诚信制度的构建，同时在国家和地方的政策法规中加大对失信行为的惩处力度，完善惩处制度设计，加强政策法规的严肃性和权威性，对产学研知识产权失信行为进行强有力的震慑和惩戒。

具体举措：第一，对知识产权诚信制度进行有利维护，进行强有力的知识产权信用违约惩戒，加大惩戒政策执行力度。知识产权诚信制度是整个社会诚信体系的重要组成部分，知识产权失信行为所导致的知识产权权益受损会带来企业方无法维系正常的生产经营，严重时可能引起停工、停产或减员，学研方前期投入失败，无法取得预计技术成果等后果，如果在法院判决后，法律文本规定的补偿义务没有得到及时履行，将可能构成二次损害，无助于产学研协同创新联盟的稳定性。因此，加大对知识产权失信人的信用惩戒执行力度是知识产权政策法规失信惩戒的核心所在。为此，应将"黑名单"公布等分类惩戒制度加入高位阶规范性政策法规中，将失信行为惩戒外部化、公开化，弥补警告一类的行政措施不具有广泛性和公开性的缺点，通过发布失信者的不良行为信息减损失信人声誉，有效影响失信人的行动范围和相关权益，加大威慑力量。第二，将从业限制措施纳入高位阶政策法规中，对失信相关人员及主体进行从业限制措施处罚，视失信行为轻重实行对许可证、经营执照的暂扣或吊销，能有效实现行业进入限制或职业进入限制，对其从业资格和从业能力进行约束和惩戒，也实现了对其再违法或再违约的预防，维护法律和合作契约的权威性，震慑知识产权失信行为。第三，其他包括加大专利合作监管力度、取消知识产权产学研协同联盟评优资格、减免专利费用减缴优惠、重点审查专利合作违约行为等知识产权失信惩戒措施以及联合相关部门联动实施财政性资金支持限制、金融信贷限制、高消费限制等，也需国家和地方政策法规配合以及各部门单位执法配合，对知识产权合作失信行为进行综合整治，维系全社会范围广泛的产学研协同创新联盟的稳定运行。

五 联盟自组织稳定性判定对策建议

根据本书第八章耗散结构自组织稳定性理论的借鉴运用,将前文理论和实证分析用于实践,判断样本产学研协同创新联盟在知识产权冲突调节机制因子的作用下,联盟自组织稳定性运行的实现判定。本书结合传统的产学研协同创新联盟稳定性评价指标,根据本书提出的知识产权冲突管理的微观契约机制、微观信任机制、中观网络化机制、宏观政策法规机制等评价指标,综合进行了样本产学研协同创新联盟的稳定性判定。该指标体系较好地反映了影响产学研协同创新联盟稳定性的各方面因素,并显示出知识产权冲突调节机制因子对产学研协同创新联盟稳定状态的形成确实起到了核心作用,并据此提出样本产学研协同创新联盟的稳定性增进的知识产权冲突管理对策建议。

该指标体系能够被运用到更多产学研协同创新联盟的知识产权冲突管理实践中去,而知识产权冲突微观、中观和宏观的调节机制的加强也将最终促成产学研协同创新联盟稳定性结构的形成。在此基础上,国家政策也可以在产学研协同创新联盟知识产权冲突调节机制得到加强后,从直接参与产学研联盟发展变为提供产学研协同创新联盟自组织、自发展的外部环境,间接促进产学研协同创新联盟的发展。而产学研协同创新联盟自身也得以通过建立知识产权冲突管理的内部机制,在外部机制优化的条件下,最终实现自组织的持续稳定发展。微观、中观和宏观知识产权冲突管理机制的完善将使产学研协同创新联盟这一形式能够在更大范围内进行推广和实践,以带动多主体、多机制协同发展,产生更大意义上的协同增效、创新外溢效应,为国家创新系统的提质升级提供产学研协同创新联盟稳定发展的解决方案。

附　　录

附录一　联盟知识产权冲突法律文本开放式编码范畴化

范畴	原始语句（初始概念）
联盟知识产权技术合格标准认知分歧	E5：FD 大学研究开发的设备不合格。SH 二中院所判决依据的"现场安装调试结论"不能证明 FD 大学交付的医用纯水设备的制水已符合 USR22 美国药典标准，电导率 8—10us/cm 不是 USR22 美国药典标准。（技术合格标准认知分歧） F12：本案系争的氯乙酰氯生产技术确实是成熟可靠的。该技术已经过两个生产厂家的实际使用，都被证明是成熟可靠的；氯乙酰氯生产技术经过国家有关政府机关及学术权威机构考证，认可其是成熟可靠的。（技术可否投入市场标准认知分歧） G8：因 SC 大学未在合理期限内就七砂公司单方试车是否使用物料以及物料粒径规格提出异议，且一审法院在一审审理期间已根据 SC 大学的申请委托鉴定机构对投放物料的平均粒径和体积比进行鉴定。（技术是否达到标准认知分歧） G10：由于 NFYK 大学生产工艺不成熟和技术不稳定，未能按约生产出合格的报检样品，致使涉案相关合同无法履行，导致 BS 公司签订涉案新药技术转让合同的目的无法实现，并造成了严重的经济损失。（技术可否投入市场使用的认知分歧） H1：HDLG 大学以本不成熟的生产技术冒充成熟的生产技术而造成 YL 公司重大经济损失。（生产技术是否成熟认知分歧） H12：HDLG 大学没有完成转让技术中的大部分工作，转交了生产技术工艺资料并不意味着达到了合同要求的指标。HDLG 大学主张由我方提交产品不合格的证据是颠倒黑白。（技术是否达到标准的证明方式分歧） G1：原告认为合同药品在合同履行期间不是新药，就不符合合同约定，合同就没有履行的必要。被告对盐酸托烷司琼已经被批准进口的事实无异议，但认为合同药品在合同签订时在国内没有生产过，所以在合同签订时涉案的药品符合新药规定。（技术是否符合知识产权标准的认识不同）

续表

范畴	原始语句（初始概念）
联盟知识产权主体信息不对称导致技术欺诈纠纷	M2：未向BSL公司交付全部符合合同要求的申报技术资料及临床前的全部研究资料，导致合同目的不能实现。（质疑伙伴未能交付完备的数据参数） N7：GY大学、MCF至今仅将其中的三个实用新型专利权变更至我公司名下，其余的实用新型专利权、发明专利申请权及其他技术均未转让给我公司，也未向我公司交付合同约定的技术资料。（质疑伙伴未能交付完备的数据参数） F3：XXGC大学存在故意销毁软件行为。（质疑伙伴销毁部分成果） E6：被上诉人认为获奖证书上的电磁炉与本案被上诉人要求研制的电磁炉不具关联性。（质疑伙伴利用不具相关性的指标欺诈） F7：HDLG大学将根本不成熟的技术冒充成熟的生产技术向YL公司进行转让，其行为属于以欺诈的手段使YL公司在违背真实意思的情况下与其订立合同。（质疑伙伴冒用不成熟技术欺诈） D3：写明的开发内容"微生物发酵法生产衣康酸"技术已申请国家专利，是可以通过市场轻易获得的成熟技术。（质疑伙伴利用已成熟技术欺诈） J1：NH材料厂还编造"5.2.2"项使用性能的全部数据。（质疑伙伴利用虚假数据） F2：认为QH大学提供的技术虚假。（质疑伙伴利用虚假数据） L1：HXA公司向BD医学部、药物研究所发出有关"海心安药效学试验"的征询函，就恒河猴试验过程中，恒河猴的死亡、试验方案、试验方法、试验场地、试验条件等多个问题提出疑问，并表示对整个试验的真实性、合法性及技术的严谨性以及受托人的责任感的不信任。（质疑伙伴研发的真实性、合法性和严谨性） M5：按照该份补充协议，SDSF大学应该向XDZO公司支付相应费用，但是SDSF大学没有按照该补充协议履行，该份补充协议双方均没有按照要求履行。（质疑合同的有效性） N2：BH大学虚构技术产品及技术经济效益，以虚假技术内容骗取《鉴定证书》。（质疑伙伴利用虚假数据）
联盟知识产权交易价格认知冲突	D1：原告虽然已预先支付了人民币九百五十万四千元，但被告DZ研究所为履行本合同已支付的相关费用早已超过了人民币九百五十万四千元，被告也因此遭受了重大经济损失。（研发出的知识产权内涵成本已经高出事前约定的转让费导致的知识产权定价分歧） F2：BH大学在《示范项目申请报告》中报称整条工业化生产线的制造成本为3.15亿元，其与QZRF公司据此签订了涉案合同。但BH大学向ZGGYXY高科技集团有限公司（简称XY公司）发包生产线制造项目的总费用仅为1.702亿元，其虚报的技术开发成本金额高达1.448亿元。（研发出的知识产权内涵成本远远低于事前转让费导致的知识产权定价认知分歧） H6：合同约定初始经费60万元不足以额外交付开发过程中的技术文档，也不足以交付最终成果。（研发出的知识产权内涵成本已经高出事前转让费导致的知识产权定价分歧） E7：今未获批临床研究批准文件，也未说明任何正当理由，严重损害了SDNN制药厂的财产权益。为此，诉请法院判令解除双方签订的技术转让合同，FD大学返还SDNN制药厂技术转让款150万元。（对于超出约定时间审批的知识产权定价的认知分歧）

续表

范畴	原始语句（初始概念）
联盟知识产权交易价格认知冲突	E9：诉被告仅支付42万元技术使用费，以后则拒绝支付现已无法通过国家项目验收。（对于无法验收的知识产权定价的认知分歧） O5：不能满足后续合作的情况下再行协商增加研究费用并明确相应的具体项目，酌情确定ZN大学还应返还JY公司7万元。故对JY公司主张ZN大学返还其投入30万元，部分予以支持。（研发出的知识产权内涵成本远远低于事前转让费导致的知识产权定价认知分歧）
联盟知识产权市场价值认知冲突	E8：《技术开发合同》第九条对风险责任有明确约定，即使该项目未通过评审，FD大学也只需向山东LN制药厂退还已经支付的科研经费的80%。（在未获审批的知识产权市场价值的认知分歧） J1：原告主张其生产不出合格产品，但不能提供证据证实是因为被告不履行转让合同约定的义务或者履行合同义务不符合约定所致，故原告要求被告返还其技术转让费6万元并赔偿损失。（生产可行性低的知识产权市场价值的认知分歧） L4：在加工制造过程中由于被告专利技术本身可行性的原因，致使SZJW公司无法使用该技术加工制造上述设备，依照约定被告应向原告返还技术使用费38万元。（生产可行性低的知识产权市场价值的认知分歧） H3：但JH公司因经济条件和经营思想变化，从2003年12月1日起，单方要求解除合同，取回生产设备，已构成严重违约。在双方就终止合作、补偿损失问题进行磋商期间，JH公司派员硬闯基地，而非NJLG大学违约。（公司经营理念变化后知识产权市场价值的认知分歧） E6：被上诉人的法定代表人在这种情况下承认签订协议书时选定的液晶成本高，公司不想投产。为降低成本，改为研制VFD显示的电磁炉。（知识产权投入市场后，对知识产权市场价值的分歧） G1：盐酸托烷司琼注射液已于1999年11月4日被国家药监局批准进口，上市销售，因此盐酸托烷司琼注射液已失去新药的本质。退回已支付的60万元预付款。（对市场反响不高的知识产权市场价值的认知分歧） Q9：尚有30台产品客户要求退货，其余23台产品在退货过程中。……返还OSG公司已付的研发费用50万元。（市场环境变化后的知识产权市场价值的认知分歧） Q13：本案项目未达到年产600吨粉末大豆卵磷脂。返还SL公司技术转让费8万元。（生产效率低的知识产权市场价值的认知分歧）
联盟知识产权边界模糊导致认知冲突	G4：向原告支付违约金30万元、赔偿原告经济损失30万元……我方承认申报获奖一事，双方协议约定共享的技术成果并非是高赖氨酸玉米的育种方法，而是用该方法培育的品种，我方并没有自行将品种用于申请专利或获奖。（合同契约中知识产权的边界模糊造成价值冲突） N7：判令GY大学、MCF向我公司返还转让费300万元，并向我公司支付违约金30万元……我方与GCYD公司所转让的技术仅包括《技术转让合同》约定的五个实用新型专利权和两个发明专利申请权，不包括其他内容。（合同契约中知识产权的边界模糊造成价值冲突）
质疑联盟知识产权合作伙伴所属单位	D1：GFKJ大学作为DZ研究所的开办单位，对DZ研究所没有实际投入开办资金和拨付经费，依法应当对DZ研究所的债务承担连带责任。（质疑研究所和所属高校的合法关系） E4：HN大学信息技术开发研究所并未经工商登记，亦非HN大学的内设机构。（质疑研究所和所属高校的合法关系）

续表

范畴	原始语句（初始概念）
质疑联盟伙伴知识产权开发过程未尽其责	E1：ZHM 在其后不久便不辞而别，我公司采用各种通信方式，至今仍无回音，其行为违背了技术服务合同，也直接影响了我公司药芯焊丝技术的研究和产品开发。（质疑伙伴研发过程未尽责任） M3：HNLG 大学没有依据《项目合作协议》和《项目合作补充协议》约定的时间进度和项目主要内容履行职责。（质疑伙伴研发过程未尽其责） D1：被告 DZ 研究所一直未完成设备调试工作，更不用说投产并生产出合格产品。（质疑伙伴在研发准备工作未尽责任） D3：原告获知被告方未进行过辅酶 q10 项目的实质性研究与开发工作。（质疑伙伴开发过程未尽责任） K3：被告具体开发糖尿病基础治疗流程。被告未按约启动研究。（质疑伙伴未启动项目研究） L2：HAGY 大学在收取上述费用后，未按合同约定的计划进度完成科研项目的开发并通过验收与技术鉴定。（质疑伙伴开发过程未尽其责） R2：HBSD 大学并没有进行实地调研，也没有要求 ZZ 供水分局配合调研。（质疑伙伴开发过程未尽其责）
质疑联盟伙伴知识产权成果转化过程未尽其责	E2：ZGNY 大学未如约向我公司提供相关技术。（质疑伙伴进行技术封锁） E2：将该项目的所有实验数据和实验资料对我公司人员实行技术封锁。（质疑伙伴进行技术封锁） F6：LP 公司实行技术封锁。（质疑伙伴进行技术封锁） F6：不履行为 LP 公司培训技术人员。（质疑伙伴成果转换环节未进行人员培训支持） J2：HAGY 大学在收取上述费用后，未按合同约定的计划进度完成科研项目的开发并通过验收与技术鉴定，且至今未向 JNT 公司交付科研项目成果。（质疑伙伴未按合同约定交付成果） L4：被告未依照《技术转让合同》的约定向原告转让技术一，即该技术未实际使用。（质疑伙伴未按合同约定交付成果） R2：ZZ 供水分局没有见到 HBSD 大学的技术成果。（质疑伙伴未交付成果）
质疑联盟伙伴擅自利用知识产权牟利	F4：被告怀疑所有的技术原始资料在没有移交给被告时，有泄露给第三方的危险，被告认为 70 万元不应支付。（质疑伙伴向第三方泄露技术） G4：擅自利用双方技术成果向国家知识产权局申请。（质疑伙伴擅自申请专利） H1：被上诉人利用上诉人的技术成果申报国家创新基金，使上诉人丧失了申报的权利，也延误了该技术成果的产业化时间，致使技术成果贬值。（质疑伙伴擅自申报基金） Q11：原告将被告 GY 大学享有的专利用于申报物联网发展专项资金获利。（质疑伙伴擅自利用专利谋取利润） O1：ZN 大学所主张的 GZDY 矿业有限公司泄露技术秘密。（质疑伙伴向第三方泄露秘密）
设备配置的低效性导致联盟知识产权合作破裂	F2：其技术没有问题，试验不成功的原因主要是原料浓度不够，其次是仪器设备太差，没有实现合同目的责任应由 JX 公司承担还是 QH 大学承担。（资源设备质量低下） O1：造成中试试验中途停滞、延误的原因在于 DY 公司没有及时提供设施设备，且提供的设施设备不符合设计要求。（分配实验设备效率低下）

续表

范畴	原始语句（初始概念）
设备配置的低效性导致联盟知识产权合作破裂	Q14：SL 公司未完全按照 SDSF 大学的指导进行关键设备的选型，并有许多设备未购入，生产工艺未全部完成，从而导致建成生产线未能达到年产 600 吨的产量。（购置设备的效率低下） H6：并且 NJLG 大学阻挠 JH 公司按约使用合作设备产生矛盾，致使不能实现合同的根本目的。（阻挠设备的安装配置） L1：对方长期拖欠我方技术转让费和原材料、设备等费用。（材料、设备经费无法到账）
资金配置的低效性导致联盟知识产权合作破裂	N3：企业配套经费 80 万元不到位，致使项目样机产业化现场测试实验无法进行。（配套经费无法到账） L2：JNT 公司未向聘用人员发放工资，导致其中 7 人离职，直接造成项目研究工作的停滞。（工资经费无法到账） E2：LP 公司投入的资金没有达到合同约定的数额，由于资金短缺，给我校的研究工作造成了很大的困难。（拖欠赞助经费） G6：被告只支付了第一期研究开发经费 555357 元，尚余 656262.91 元未支付。（拖欠赞助经费） H2：然被告未按约定支付测试费用 255000 元，且在之后的承诺付款期限内仍未付清相应款项。（拖欠测试经费） J3：判令杭州 DDDZ 有限公司向 HZDZKJ 大学支付研发经费 20 万元。（拖欠赞助经费）
材料配置的低效性导致联盟知识产权合作破裂	K2：德国 E 公司承诺的发货期一拖再拖，一直未予发货。（采购材料的效率低下） E1：被告诉称用巨额资金购买大量原材料并造成损失，是原告缺少经营管理所致，应自担风险，且此原材料系签订合同前购买。（原材料的配置效率低下） L1：对方长期拖欠我方技术转让费和原材料、设备等费用。（材料、设备经费无法到账）
人员配置的低效性导致联盟知识产权合作破裂	E2：将该项目的所有实验数据和实验资料对我公司人员实行技术封锁。（人员学习渠道不畅通） F6：不履行为 LP 公司培训技术人员。（人员培训低效率） E1：ZHM 在其后不久便不辞而别，我公司采用各种通信方式，至今仍无回音，其行为违背了技术服务合同，也直接影响了我公司药芯焊丝技术的研究和产品开发。（研发过程人员配置低效率）
联盟背景知识产权配置不对等	D3：写明的开发内容"微生物发酵法生产衣康酸"技术已申请国家专利，是可以通过市场轻易获得的成熟技术。（背景知识产权信息不对称） D4：美国 ALP 公司已就合同产品提出行政保护申请并进而获得授权，合同已无履行的必要。（背景知识产权配置低效率）
非技术原因造成联盟知识产权合作失败后的责任归属分歧	F2：因 JX 公司未申报年检，县工商局决定吊销 JX 公司的营业执照。（伙伴被吊销营业执照导致合作失败） H6：JH 公司因经济条件和经营思想变化，单方要求解除合同，取回生产设备，已构成重大违约。（伙伴经济条件和经营思想转变后的合作失败）

续表

范畴	原始语句（初始概念）
非技术原因造成联盟知识产权合作失败后的责任归属分歧	J3：在原告知晓且无异议的情况下，为项目研究花费438137.93元，已超出原告实际提供的经费，利息无从谈起。即便合同期满后双方应对经费进行结算。（成本超出资本方预期，合作失败） E6：被上诉人的法定代表人在这种情况下承认签订协议书时选定的液晶成本高，公司不想投产。（成本超出资本方预期，合作失败） M4：上诉人向被上诉人发出《关于解除六项委托代理进口合同的申请函》，载明因上诉人经营上出现困难，导致原上诉人签订的委托代理进口合同无法按照合同约定继续履行。（资本方经营困难导致合作失败） N8：SDHH集团未经依法清算向工商登记部门办理了注销登记，注销时HHSY公司保证承担SDHH集团的所有债务，WB公司作为SDHH集团的股东、ZZQ作为SDHH集团的实际控制人依法应当对其债务承担清偿责任。（伙伴被吊销营业执照导致合作失败） F9：主管领导变动等原因未将我校提供的技术实际投入生产。
由技术原因造成的联盟知识产权合作失败后的责任归属分歧	D1：可见该生产线并不是现成的，乙方（即DZ研究所）的技术要转化为生产力，还有一个过程，也存在一定风险。（技术无法转化为生产力的责任归属） P5：科学研究创作是有特殊性风险的，与一般的合同不同，如果科研失败就由科研单位来承担后果这对科研单位不公平。（技术研发失败的责任归属） L2：JNT公司负有向HNGY大学提供科研项目经费及完成相关辅助性工作义务，不具有承担进行实质性技术开发的义务，HNGY大学负有承担科研项目的研制、开发并向JNT公司交付技术成果的义务。（技术责任承担归属分歧）
联盟知识产权合作履约义务认识分歧	E7：双方签订的是《技术开发合同》而不是技术转让合同。（合约属性认识不同） F3：本案由是技术合作开发合同纠纷，不是技术成果转化纠纷。（合约属性认识不同） J1：技术服务合同法律关系，而原审法院却错误地将本案认定为技术转让合同纠纷。（合约属性认识不同） F2：双方签订的《4-甲基咪唑生产新配方（工艺）开发研究合同》的性质是技术转化合同还是技术转让合同。（合约属性认识不同） H12：HDLG大学没有完成转让技术中的大部分工作。（转让义务认识不同） L4：依据《技术转让合同》的约定，被告在输送带设备调试阶段有协助原告生产出合格产品的义务。（转让义务认识不同） L3：涉案合同为计算机软件开发合同，并非计算机软件买卖合同，KR公司未能履行合同义务。（合约属性认识不同） N2：现ZJ大学否认合同真实性，LD公司亦未提供其他证据解释鉴定意见中的存疑问题。（合同的真实性分歧） O1：ZN大学与GZDY矿业有限公司之间签订的合同为技术开发合同，而不是技术转让合同，本案的性质是技术开发合同纠纷，而不是技术转让合同纠纷。（合约属性认识不同） D2：被告违反9.8合同第三条的约定，无法交付合格的设备。……被告已履行主合同的义务，向原告交付了一套制药工艺用纯水处理设备。（伙伴义务是否完成认识分歧）

续表

范畴	原始语句（初始概念）
联盟知识产权合作履约义务认识分歧	F12：HDLG 大学已经依双方合同的约定履行了合同约定的义务。（伙伴义务是否完成认识分歧） N9：北京 TLSD 通信技术有限公司依其与 DLHS 大学所签订的合同向 DLHS 大学主张权利，对此，北京 TLSD 通信技术有限公司负有举证义务以证实合同存在、合同义务履行及 DLHS 大学应当承担的合同责任。（义务范围认识不同）
拖欠联盟知识产权合同应付费用	A1：原告多次要求被告不签协议即退还原告所存款项，但被告至今未将 100 万美元存款及利息退还给原告。（拖欠存款） E8：开发完成部分软件产品，并返还 ZJJYRJ 有限责任公司开发经费 1575000 元，尚欠 20 万元。（拖欠开发经费） I4：被告 ZJ 大学返还研究开发费 10 万元。（拖欠开发经费） J2：要求被告支付剩余合同价款人民币 50000 元。（拖欠合同剩余费用） F1：NJHTHK 大学就本案合同再补偿 NJYM 通信技术研究所三万八千元。（拖欠补偿费用） F4：每逾期一天，应支付延迟履行违约金人民币 1000 元。（拖欠违约金） I5：质保金，一直未予支付，原告经多次催讨未果，遂向本院提起诉讼。（拖欠质保金） J2：按每日 0.05％的比例支付未付款项的滞纳金。（拖欠滞纳金） M4：约定被告应向原告返还技术使用费 38 万元。（拖欠技术使用费） N1：被告违反合同约定，没有按期支付技术服务费 27000 元。（拖欠技术服务费） F1：涉及的设备归 NJHTHK 大学所有。（拖欠设备） F1：NJHTHK 大学就本案合同再补偿 NJYM 通信技术研究所三万八千元。（拖欠补偿费用）
联盟知识产权合作中个人与组织利益冲突	O12：HBGY 大学只向 FJS、PYT、TXH 三人课题组分期支付了 100 万元技术转让收益的 86％。（知识产权合作中学研方未对联盟中个人履行相应的责任） E1：ZHM 在其后不久便不辞而别，我公司采用各种通信方式，至今仍无回音，其行为违背了技术服务合同，也直接影响了我公司药芯焊丝技术的研究和产品开发，阻碍企业的发展，给我公司造成了巨大的经济损失。（知识产权合作中个人未对联盟履行相应的责任） D2：被告 SWM 在《申明》中陈述，在 9.8 合同上签字仅代表个人，是念及朋友感情，帮忙解决技术问题。（知识产权合作中个人违背联盟主体利益私自签订再谈判合同） I5：原告与被告的工作人员相互勾结，恶意串通提高价格。（知识产权联盟中个人违背主体利益未履行相应职责） L1：乙方所获得的分配红利以 20％分配给丙方技术发明人 ZZG、LGF 教授，直至该项目结束。（知识产权合作中企业方未对个人履行相应的义务） O9：企业多次派人与 NJ 大学及 LZL 教授协商解决此事，但迟迟没有明确答复和出具切实可行的解决方案，直到该产品完全退出市场。（知识产权合作中个人未对联盟履行相应的责任）

附录二 国家产学研知识产权成果转化政策法规关键词提取

关键词	政策法规原始语句（概念化）
知识产权运营服务支撑	1-1：中央财政对每个城市支持2亿元，2018年安排1.5亿元，剩余资金年度考核通过后拨付。城市可采取以奖代补、政府购买服务、股权投资等方式，统筹用于支持知识产权运营服务体系建设工作。（中央财政支持知识产权运营服务体系建设） 2-1：国家建立、完善科技报告制度和科技成果信息系统，向社会公布科技项目实施情况以及科技成果和相关知识产权信息，提供科技成果信息查询、筛选等公益服务。（国家建立完善知识产权公益服务）
知识产权保护援助	1-2：支持企事业单位围绕产业关键技术领域，依托专业化运营服务机构，开展全链条专利导航、布局与运营，筑牢织密专利保护网，构建一批对产业发展具有重要保障作用的核心专利池。（支持构建核心专利池） 3-1：发明或者实用新型专利权的保护范围以其权利要求的内容为准，说明书及附图可以用于解释权利要求的内容。外观设计专利权的保护范围以表示在图片或者照片中的该产品的外观设计为准，简要说明可以用于解释图片或者照片所表示的该产品的外观设计。（专利权保护范围） 3-2：未经专利权人许可，实施其专利，即侵犯其专利权，引起纠纷的，由当事人协商解决；不愿协商或者协商不成的，专利权人或者利害关系人可以向人民法院起诉，也可以请求管理专利工作的部门处理。（侵犯专利权可起诉） 3-3：专利法明确规定了国有企事业单位申请获得的专利，属该单位"所有"，改变了过去由该单位"持有"的做法。（国有企事业单位所有专利） 1-3：专利商标行政执法办案量年均增幅20%以上，知识产权维权援助服务的企业每年不低于100家，知识产权保护社会满意度达到80分。（知识产权保护指标） 2-2：科技成果转化活动中的知识产权受法律保护。（知识产权受法律保护） 4-1：国家制定和实施知识产权战略，建立和完善知识产权制度，营造尊重知识产权的社会环境，依法保护知识产权，激励自主创新。（制定实施知识产权战略） 5-1：国家加强自主创新能力建设，加快发展自主可控的战略高新技术和重要领域核心关键技术，加强知识产权的运用、保护和科技保密能力建设，保障重大技术和工程的安全。（加强知识产权的运用保护）
多主体成果转化责任义务	2-3：研究开发机构、高等院校通过转让、许可或者作价投资等方式，向企业或者其他组织转移科技成果。（研究开发机构和高等院校转移科技成果方式） 2-4：各级人民政府组织实施的重点科技成果转化项目，可以由有关部门组织采用公开招标的方式实施转化。（以公开招标实施科技成果转化）

续表

关键词	政策法规原始语句（概念化）
多主体成果转化责任义务	2-5：国家设立的研究开发机构、高等院校应当加强对科技成果转化的管理、组织和协调，促进科技成果转化队伍建设，优化科技成果转化流程，通过本单位负责技术转移工作的机构或者委托独立的科技成果转化服务机构开展技术转移。（学研主体履行科技成果转化义务） 2-6：企业依法有权独立或者与境内外企业、事业单位和其他合作者联合实施科技成果转化。（联合实施科技成果转化） 9-1：完善财政科技计划管理，高校、科研机构牵头申请的应用型、工程技术研究项目原则上应有行业企业参与并制订成果转化方案。（产学研多主体成果转化原则）
知识产权契约管理	2-7：国家设立的研究开发机构、高等院校有权依法以持有的科技成果作价入股确认股权和出资比例，并通过发起人协议、投资协议或者公司章程等形式对科技成果的权属、作价、折股数量或者出资比例等事项明确约定，明晰产权。（多种形式明晰产权） 2-8：合作各方应当签订协议，依法约定合作的组织形式、任务分工、资金投入、知识产权归属、权益分配、风险分担和违约责任等事项。（协议约定知识产权归属） 2-53：科技成果完成方和他方合作进行科技成果转化，属技术开发性质的，转化后知识产权的归属与分享，由合同约定；合同未作约定的，按详细规定办理。（转化后知识产权归属由合同或规定确定）
自主处置科技成果	2-9：国家设立的研究开发机构、高等院校对其持有的科技成果，可以自主决定转让、许可或者作价投资，除涉及国家秘密、国家安全外，不需审批或者备案。（学研主体自主决定科技成果处置） 6-1：科研项目研究成果及其形成的知识产权，除涉及国家安全、国家利益和重大社会公共利益的以外，国家授予科研项目承担单位（以下简称承担单位）。项目承担单位可以依法自主决定实施、许可他人实施、转让、作价入股等，并取得相应的收益。（科研项目承担单位依法自主处置科技成果）
市场化定价方式	2-10：国家设立的研究开发机构、高等院校对其持有的科技成果，应当通过协议定价、在技术交易市场挂牌交易、拍卖等市场化方式确定价格。（市场化方式确定价格） 7-1：经营者定价的基本依据是生产经营成本和市场供求状况。（经营者定价的基本依据）
收益分配公开制度	2-11：对担任领导职务的科技人员的科技成果转化收益分配实行公开公示制度。（领导职务科技人员收益公开）
成果完成后科技人员激励	2-12：国家鼓励企业建立健全科技成果转化的激励分配机制，充分利用股权出售、股权奖励、股票期权、项目收益分红、岗位分红等方式激励科技人员开展科技成果转化。国务院财政、科技等行政主管部门要研究制定国有科技型企业股权和分红激励政策，结合深化国有企业改革，对科技人员实施激励。（鼓励健全科技成果转化激励分配机制）

续表

关键词	政策法规原始语句（概念化）
成果完成后科技人员激励	2-13：国家设立的研究开发机构、高等院校所取得的职务科技成果，完成人和参加人在不变更职务科技成果权属的前提下，可以根据与本单位的协议进行该项科技成果的转化，并享有协议规定的权益。该单位对上述科技成果转化活动应当予以支持。（职务科技成果协议规定权利） 2-14：职务科技成果转化后，由科技成果完成单位（规定或者与科技人员约定奖励和报酬的方式、数额和时限）对科技人员约定奖励。（职务科技成果转化后完成单位奖励科技人员） 2-15：将该项职务科技成果自行实施或者与他人合作实施的，应当在实施转化成功投产后连续三至五年，每年从实施该项科技成果的营业利润中提取不低于百分之五的比例。（实施者连续提取部分营业利润） 8-1：加大对承担国家关键领域核心技术攻关任务科研人员的薪酬激励。对全时全职承担任务的团队负责人（领衔科学家/首席科学家、技术总师、型号总师、总指挥、总负责人等）以及引进的高端人才，实行一项一策、清单式管理和年薪制。（加大对国家关键技术攻关科研人员的薪酬激励） 10-2：强化绩效管理责任，建立健全绩效评价结果应用激励约束机制，与预算安排挂钩，低效无效支出一律削减。（建立健全绩效评价结果应用激励约束机制） 3-4：单位未与发明人约定也未在其依法制定的规章制度中规定职务发明的奖励的，对获得发明专利权或者植物新品种权的职务发明，给予全体发明人的奖金总额最低不少于该单位在岗职工月平均工资的两倍；对获得其他知识产权的职务发明，给予全体发明人的奖金总额最低不少于该单位在岗职工的月平均工资。（职务发明的奖金保障） 2-54：国家大力度落实各项促进科技创新的激励措施。（大力落实有关激励政策） 2-16：职务科技成果转化后，由科技成果完成单位对完成、转化该项科技成果做出重要贡献的人员给予奖励和报酬。（奖励职务科技成果转化后重要贡献人员）
成果转化过程管理	9-1：完善财政科技计划管理，高校、科研机构牵头申请的应用型、工程技术研究项目原则上应有行业企业参与并制订成果转化方案。（多主体成果转化方案制订） 2-17：科技成果转化活动应当尊重市场规律，发挥企业的主体作用，遵循自愿、互利、公平、诚实信用的原则，依照法律法规规定和合同约定，享有权益，承担风险。（成果转化合同效力） 2-18：科技成果转化活动应当遵守法律法规，维护国家利益，不得损害社会公共利益和他人合法权益。（成果转化活动基本原则）
成果转化资金支持/金融支持	10-1：综合运用风险补偿、后补助、创投引导等手段，引导企业加大科技投入，促进成果转化和产业化。（补助引导科技投入） 8-2：加快完善国家科技管理信息系统，2018年底前要将中央财政科技计划（专项、基金等）项目全部纳入。（信息系统纳入中央财政科技计划项目）

续表

关键词	政策法规原始语句（概念化）
成果转化资金支持/金融支持	4-3：国家利用财政性资金设立基金，为企业自主创新与成果产业化贷款提供贴息、担保。（以财政性资金设立资金） 2-19：国家鼓励设立科技成果转化基金或者风险基金，其资金来源由国家、地方、企业、事业单位以及其他组织或者个人提供，用于支持高投入、高风险、高产出的科技成果的转化，加速重大科技成果的产业化。（国家鼓励设立科技成果转化/风险基金） 2-20：科技成果转化财政经费，主要用于科技成果转化的引导资金、贷款贴息、补助资金和风险投资以及其他促进科技成果转化的资金用途。（科技成果转化财政经费用途） 2-21：国家完善多层次资本市场，支持企业通过股权交易、依法发行股票和债券等直接融资方式为科技成果转化项目进行融资。（支持多种科技成果转化项目融资方式） 2-22：国家鼓励银行业金融机构在组织形式、管理机制、金融产品和服务等方面进行创新，鼓励开展知识产权质押贷款、股权质押贷款等贷款业务，为科技成果转化提供金融支持。（国家鼓励银行业金融机构提供金融支持） 16-1：中央引导地方科技发展资金（以下称引导资金）支持以下四个方面： （一）自由探索类基础研究。主要指地方聚焦探索未知的科学问题，结合基础研究区域布局，自主设立的旨在开展自由探索类基础研究的科技计划（专项、基金等），如地方设立的自然科学基金、基础研究计划、基础研究与应用基础研究基金等。 （二）科技创新基地建设。主要指地方根据本地区相关规划等建设的各类科技创新基地，包括依托大学、科研院所、企业、转制科研机构设立的科技创新基地（含省部共建国家重点实验室、临床医学研究中心等），以及具有独立法人资格的产业技术研究院、技术创新中心、新型研发机构等。 （三）科技成果转移转化。主要指地方结合本地区实际，针对区域重点产业等开展科技成果转移转化活动，包括技术转移机构、人才队伍和技术市场建设，以及公益属性明显、引导带动作用突出、惠及人民群众广泛的科技成果转化示范及科技扶贫项目等。 （四）区域创新体系建设。主要指国家自主创新示范区、国家科技创新中心、综合性国家科学中心、可持续发展议程创新示范区、国家农业高新技术产业示范区、创新型县（市）等区域创新体系建设，重点支持跨区域研发合作和区域内科技型中小企业科技研发活动。（中央资金引导地方支持科技创新） 2-23：国家对科技成果转化合理安排财政资金投入，引导社会资金投入，推动科技成果转化资金投入的多元化。（国家合理安排财政资金投入） 4-4：确定利用财政性资金设立的科学技术基金项目，应当坚持宏观引导、自主申请、平等竞争、同行评审、择优支持的原则；确定利用财政性资金设立的科学技术计划项目的项目承担者，应当按照国家有关规定择优确定。（财政性资金设立的科学技术基金项目实施原则）
科技成果转化导向机制	6-2：项目承担单位应当建立科技成果转化机制，采取有效措施，积极促进科研项目研究成果的转化。（明确项目承担单位责任）

续表

关键词	政策法规原始语句（概念化）
科技成果转化导向机制	2-55：企业应当成为科技成果转化活动的主体。大中型企业和企业集团应当建立技术创新开发机构，逐步建立技术进步机制，加速科技成果转化，增强技术创新和新产品开发能力。（企业应为科技成果转化活动主体） 2-24：国务院和地方各级人民政府应当加强科技、财政、投资、税收、人才、产业、金融、政府采购、军民融合等政策协同，为科技成果转化创造良好环境。（各级政府加强多项政策协同） 2-29：国家鼓励科技成果首先在中国境内实施。（优先鼓励境内实施） 2-26：对国防军品科技成果转化项目，国家通过政府采购、研究开发资助、发布产业技术指导目录、示范推广等方式予以支持。（国家支持国防军品科技成果转化项目） 2-27：研究开发机构、高等院校的主管部门以及财政、科学技术等相关行政部门应当建立有利于促进科技成果转化的绩效考核评价体系，将科技成果转化情况作为对相关单位及人员评价、科研资金支持的重要内容和依据之一，并对科技成果转化绩效突出的相关单位及人员加大科研资金支持。（建立绩效考核评价体系） 2-28：国家鼓励保险机构开发符合科技成果转化特点的保险品种，为科技成果转化提供保险服务。（鼓励保险机构开发科技成果转化特色保险） 11-1：国家鼓励各类创新服务机构为中小企业提供技术信息、研发设计与应用、质量标准、实验试验、检验检测、技术转让、技术培训等服务，促进科技成果转化，推动企业技术、产品升级。（鼓励创新服务机构提供多项服务）
产学研联盟	2-29：国家鼓励企业与研究开发机构、高等院校及其他组织采取联合建立研究开发平台、技术转移机构或者技术创新联盟等产学研合作方式，共同开展研究开发、成果应用与推广、标准研究与制定等活动。（鼓励产学研合作方式） 2-30：对利用财政资金设立的具有市场应用前景、产业目标明确的科技项目，政府有关部门、管理机构应当发挥企业在研究开发方向选择、项目实施和成果应用中的主导作用，鼓励企业、研究开发机构、高等院校及其他组织共同实施。（鼓励产学研形式多主体共同实施技术转化）
科技成果检测	2-31：在科技成果转化活动中，需要对科技成果进行检测的，应当由国务院有关部门或者省人民政府有关部门认定的专业技术机构进行检测。（由认定专业技术机构检测科技成果）
科技成果转化目标考核	2-32：各级人民政府应当加强对科技成果转化工作的领导，将科技成果转化工作纳入国民经济和社会发展计划，实行科技成果转化目标考核制，优化科技环境，逐步完善科技成果转化服务体系，培育科技成果转化市场。（实行科技成果转化目标考核制度）
无形资产作价金额	2-56：科技成果可以作为无形资产以投资、参股等方式实施转化。以科技成果向有限责任公司或非公司制企业出资入股的，科技成果的作价金额不得超过公司或企业注册资本的百分之二十，高新技术成果的作价金额可达到公司或企业注册资本的百分之三十五，另有约定的除外。（无形资产作价比例限制）

续表

关键词	政策法规原始语句（概念化）
科研课题评审	12-1：地方各类科研计划课题的评估评审工作由各地根据本办法规定的原则，结合本地实际情况制定相应的管理办法。（地方科研计划课题评估原则） 4-5：确定利用财政性资金设立的科学技术基金项目，应当坚持宏观引导、自主申请、平等竞争、同行评审、择优支持的原则；确定利用财政性资金设立的科学技术计划项目的项目承担者，应当按照国家有关规定择优确定。（科学技术基金项目同行评审） 12-2：当评审专家与课题存在利益关系时，必须主动向归口部门申明并回避。（评审专家遇利益关系回避） 4-6：利用财政性资金设立的科学技术基金项目、科学技术计划项目的管理机构，应当建立评审专家库，建立健全科学技术基金项目、科学技术计划项目的专家评审制度和评审专家的遴选、回避、问责制度。（建立健全科学技术基金项目评审制度）
政府科技成果转化服务体系	2-32：各级人民政府应当加强对科技成果转化工作的领导，将科技成果转化工作纳入国民经济和社会发展计划，实行科技成果转化目标考核制，优化科技环境，逐步完善科技成果转化服务体系，培育科技成果转化市场。（各级政府完善科技成果转化服务体系）
税收优惠政策	2-34：国家依照有关税收法律、行政法规规定对科技成果转化活动实行税收优惠。（科技成果转化活动税收优惠） 13-1：国家支持科普工作，依法对科普事业实行税收优惠。（科普事业税收优惠） 13-2：从事下列活动的，按照国家有关规定享受税收优惠： （一）从事技术开发、技术转让、技术咨询、技术服务； （二）进口国内不能生产或者性能不能满足需要的科学研究或者技术开发用品； （三）为实施国家重大科学技术专项、国家科学技术计划重大项目，进口国内不能生产的关键设备、原材料或者零部件； （四）法律、国家有关规定规定的其他科学研究、技术开发与科学技术应用活动。（科技活动税收优惠具体项目）
科技中介服务	2-35：国家培育和发展技术市场，鼓励创办科技中介服务机构，为技术交易提供交易场所、信息平台以及信息检索、加工与分析、评估、经纪等服务。（鼓励创办科技中介服务机构） 2-36：国家支持科技企业孵化器、大学科技园等科技企业孵化机构发展，为初创期科技型中小企业提供孵化场地、创业辅导、研究开发与管理咨询等服务。（支持科技企业孵化机构发展） 2-37：建立、健全技术市场，开展技术转让、技术咨询、技术服务、技术承包等活动，支持创办以促进科技成果转化为目的的检测、评估等中介机构。（建立健全技术市场） 2-57：企业为采用新技术、新工艺、新材料和生产新产品，可以自行发布信息或者委托科技中介服务机构征集其所需的科技成果，或者征寻科技成果转化的合作者。（委托科技中介服务机构征集科技成果）

续表

关键词	政策法规原始语句（概念化）
科技中介服务	2-58：各级人民政府应当鼓励和引导科技成果转化中介服务机构的发展，形成健全的中介服务体系。支持科技信息网络、简报等信息库的建设，逐步实现服务组织网络化、功能社会化、服务产业化。向社会提供公共服务为主的从事科技成果转化的中介服务机构，经科技、税务等有关主管部门认定后，可按非营利机构管理。（形成健全中介服务体系）
科技人才培养计划	9-2：培养大批高素质创新人才和技术技能人才，为加快建设实体经济、科技创新、现代金融、人力资源协同发展的产业体系，增强产业核心竞争力，汇聚发展新动能提供有力支撑。（培养高素质创新人才）
产学研主体权利义务规范	2-7：国家设立的研究开发机构、高等院校有权依法以持有的科技成果作价入股确认股权和出资比例，并通过发起人协议、投资协议或者公司章程等形式对科技成果的权属、作价、折股数量或者出资比例等事项明确约定，明晰产权。（产学研主体协议规定产权） 14-1：归口部门和评估机构在课题评估活动中的权利、义务关系必须在双方自愿的基础上，通过合同或协议方式进行约定。（合同/协议约定权利义务关系）
科研人员所有权及长期使用权	8-3：对于接受企业、其他社会组织委托项目形成的职务科技成果，允许合同双方自主约定成果归属和使用、收益分配等事项；合同未约定的，职务科技成果由项目承担单位自主处置，允许赋予科研人员所有权或长期使用权。对利用财政资金形成的职务科技成果，由单位按照权力与责任对等、贡献与回报匹配的原则，在不影响国家安全、国家利益、社会公共利益的前提下，探索赋予科研人员所有权或长期使用权。（允许赋予科研人员所有权/长期使用权）
国家使用开发权保留	6-3：在特定情况下，国家根据需要保留无偿使用、开发、使之有效利用和获取收益的权利。（国家保留无偿使用开发等权利） 4-7：国家为了国家安全、国家利益和重大社会公共利益的需要，可以依法组织实施或者许可他人实施相关科技成果。（因国家利益安全等原因组织实施科技成果转化权）
成果完成人优先受让权	6-4：项目承担单位转让科研项目研究成果知识产权时，成果完成人享有同等条件下优先受让的权利。（成果完成人优先受让权）
成果转化项目招投标	2-59：科技成果转化项目可以公开招标，择优确定中标单位。（公开招标择优确定中标单位） 2-4：各级人民政府组织实施的重点科技成果转化项目，可以由有关部门组织采用公开招标的方式实施转化。（有关部门组织公开招标以实施转化） 2-33：研究开发机构、高等院校可以参与政府有关部门或者企业实施科技成果转化的招标投标活动。（学、研主体参与招投标活动） 4-8：政府采购的产品尚待研究开发的，采购人应当运用招标方式确定科学技术研究开发机构、高等学校或者企业进行研究开发，并予以订购。（招标方式确定研究开发主体）

续表

关键词	政策法规原始语句（概念化）
科研后评价体系	9-3：完善高校科研后评价体系，将成果转化作为项目和人才评价重要内容。（完善高校科研后评价体系） 2-38：国家设立的研究开发机构、高等院校应当建立符合科技成果转化工作特点的职称评定、岗位管理和考核评价制度，完善收入分配激励约束机制。（建立科技成果转化的特色考核评价制度） 2-39：研究开发机构、高等院校的主管部门以及财政、科学技术等相关行政部门应当建立有利于促进科技成果转化的绩效考核评价体系，将科技成果转化情况作为对相关单位及人员评价、科研资金支持的重要内容和依据之一，并对科技成果转化绩效突出的相关单位及人员加大科研资金支持。（建立绩效考核评价体系）
科技人员兼职与创业	8-4：支持高校、科研院所科研人员到国有企业或民营企业兼职开展研发和成果转化。（支持科研人员兼职开展成果转化） 2-40：国家设立的研究开发机构、高等院校科技人员在履行岗位职责、完成本职工作的前提下，经征得单位同意，可以兼职到企业等从事科技成果转化活动，或者离岗创业，在原则上不超过3年时间内保留人事关系，从事科技成果转化活动。（支持兼职从事科技成果转化活动或离岗创业） 2-41：根据专业特点、行业领域技术发展需要，聘请企业及其他组织的科技人员兼职从事教学和科研工作，支持本单位的科技人员到企业及其他组织从事科技成果转化活动。（支持本单位科技人员到企业及其他组织从事科技成果转化）
科技成果信息系统	2-1：国家建立、完善科技报告制度和科技成果信息系统，向社会公布科技项目实施情况以及科技成果和相关知识产权信息，提供科技成果信息查询、筛选等公益服务。（国家建立完善科技成果信息系统） 2-42：利用财政资金设立的科技项目的承担者应当按照规定及时提交相关科技报告，并将科技成果和相关知识产权信息汇交到科技成果信息系统。（信息汇交到科技成果信息系统） 2-43：国家鼓励利用非财政资金设立的科技项目的承担者提交相关科技报告，将科技成果和相关知识产权信息汇交到科技成果信息系统，县级以上人民政府负责相关工作的部门应当为其提供方便。（信息汇交到科技成果信息系统） 2-44：科技成果完成单位与其他单位合作进行科技成果转化的，合作各方应当就保守技术秘密达成协议；当事人不得违反协议或者违反权利人有关保守技术秘密的要求，披露、允许他人使用该技术。（就保守技术秘密达成协议） 2-45：企业、事业单位可以与参加科技成果转化的有关人员签订在职期间或者离职、离休、退休后一定期限内保守本单位技术秘密的协议；有关人员不得违反协议约定，泄露本单位的技术秘密和从事与原单位相同的科技成果转化活动。（离退休人员期限内保守技术秘密协议） 8-2：加快完善国家科技管理信息系统，2018年底前要将中央财政科技计划（专项、基金等）项目全部纳入。（中央财政资金建设国家科技管理信息系统）

续表

关键词	政策法规原始语句（概念化）
科技成果转化惩罚机制	2-47：利用财政资金设立的科技项目的承担者未依照本法规定提交科技报告、汇交科技成果和相关知识产权信息的，由组织实施项目的政府有关部门、管理机构责令改正；情节严重的，予以通报批评，禁止其在一定期限内承担利用财政资金设立的科技项目。（未提交科技成果转化情况年度报告的处置办法） 2-48：国家设立的研究开发机构、高等院校未依照本法规定提交科技成果转化情况年度报告的，由其主管部门责令改正；情节严重的，予以通报批评。（未提交科技成果转化情况年度报告的处置办法） 2-49：违反本法规定，在科技成果转化活动中弄虚作假，采取欺骗手段，骗取奖励和荣誉称号、诈骗钱财、非法牟利的，由政府有关部门依照管理职责责令改正，取消该奖励和荣誉称号，没收违法所得，并处以罚款。（科技成果转化人员处置办法） 2-50：科学技术行政部门和其他有关部门及其工作人员在科技成果转化中滥用职权、玩忽职守、徇私舞弊的，由任免机关或者监察机关对直接负责的主管人员和其他直接责任人员依法给予处分；构成犯罪的，依法追究刑事责任。（科学技术行政部门等行政人员失职处置办法） 2-51：违反本法规定，以唆使窃取、利诱胁迫等手段侵占他人的科技成果，侵犯他人合法权益的，依法承担民事赔偿责任，可以处以罚款；构成犯罪的，依法追究刑事责任。（违法侵占他人科技成果的处置办法） 2-52：违反本法规定，职工未经单位允许，泄露本单位的技术秘密，或者擅自转让、变相转让职务科技成果的，参加科技成果转化的有关人员违反与本单位的协议，在离职、离休、退休后约定的期限内从事与原单位相同的科技成果转化活动，给本单位造成经济损失的，依法承担民事赔偿责任；构成犯罪的，依法追究刑事责任。（在职及离退休职工违法处置办法）

附录三　样本城市产学研知识产权成果转化政策法规关键词提取

关键词	政策法规原始语句（概念化）
科学技术入股	1-1：高等学校和科研机构以职务科技成果向企业作价入股，可将因该成果所获股权的不低于20%但不高于70%的比例，奖励有关科技人员。由职务科技成果完成人依法创办企业自行转化或以技术入股进行转化的，科技成果完成人最高可以享有该科技成果在企业中股权的70%。（职务科技成果作价入股比例） 2-1：科研机构、高等学校及其科技人员可以采取多种方式转化高新技术成果，创办高新技术企业。以高新技术成果出资、入股的，高新技术成果的作价金额可达到公司或企业注册资本的百分之三十五，合作各方另有约定的，从其约定。（高新技术成果入股的作价金额比例） 3-1：政府对科研单位、大专院校和企业的下列行为以及高新技术企业按国家规定给予优惠政策扶持：技术转让、技术培训、技术咨询、技术服务、技术承包、技术入股。（技术入股优惠扶持政策）
（标的）股权激励	1-2：实施股权激励的标的股权，可以通过企业公积金转增注册资本、向激励对象增发股权、股份公司向股东回购股权、企业投资人转让投资份额等方式取得。（实施股权激励的标的股权） 1-3：国有及国有控股企业用于股权奖励和股权出售的激励总额，不得超过相关科技成果近三年产生的税后利润形成的净资产增值额的35%，其中激励总额用于股权奖励的部分不得超过50%。（股权激励总额比例限制） 1-4：企业实施股权激励导致企业注册资本规模、股权结构或者组织形式等变动的，工商、国有资产管理部门应当按照有关规定及时办理企业工商变更、国有资产产权登记等手续。（实施股权激励手续办理） 2-2：高等学校、科研机构以技术转让方式将职务科技成果提供给他人实施的，可从技术转让所得的净收入中提取70%的比例用于一次性奖励科技成果完成人和为成果转化做出重要贡献的人员；采用股份制形式实施转化的，可将成果形成股权的70%奖励给成果完成人和为成果转化做出重要贡献的人员。（职务科技成果转化奖励比例） 4-1：科研机构、高等学校转化职务科技成果以股份或出资比例等股权形式给个人奖励，获奖人在取得股份、出资比例时，免缴个人所得税；取得按股份、出资比例分红或转让股权、出资比例所得时，应依法缴纳个人所得税。（股权激励中的个税免缴） 3-1：自行实施转化或与他人合作实施转化的科技成果，实施转化成功投产后，成果实施单位应当连续三至五年，每年从实施该科技成果的净收入中按照不低于百分之五的比例提取资金，对完成该项科技成果转化做出重要贡献的科技人员和其他有功人员给予奖励。按照国家有关规定，可将上述奖励折算为相关人员的股份或出资比例。该持股人依据其所持股份或出资比例分享企业收益。（净收入折算股份比例）

续表

关键词	政策法规原始语句（概念化）
科研经费/津贴资金奖励	6-1：科技成果转化的奖励和报酬的支出，计入单位当年工资总额，不受单位当年工资总额限制，不纳入单位工资总额基数，同时享受相应税收减免及优惠政策。（科技成果转化奖励享受优惠政策） 3-2：建立样本城市科技发展、科技普及、科技奖励和科技开发风险基金。（建立科技奖励基金） 7-1：承担市级重大科技计划项目，经批准可从其承担的项目经费（扣除固定资产购置费）中提取一定比例作为特殊补贴。（项目经费中提取特殊补贴） 5-2：自行实施转化或与他人合作实施转化的科技成果，实施转化成功投产后，成果实施单位应当连续三至五年，每年从实施该科技成果的净收入中按照不低于百分之五的比例提取资金，对完成该项科技成果转化做出重要贡献的科技人员和其他有功人员给予奖励。（来自科技成果转化净收入的奖励） 8-1：其实施成功后，可从新增利润中连续三至五年提取百分之五至百分之十的奖励费，奖励为完成该项技术转化做出重要贡献的人员。（来自科技成果转化实施后新增利润的奖励） 5-3：科技成果实施转化成功投产后，成果实施单位应当连续三至五年，每年从实施该科技成果的净收入中按照不低于百分之五的比例提取资金，对在实施过程中做出重要贡献的管理决策人给予奖励。（来自科技成果转化净收入的奖励） 5-4：对在科技成果转化项目实施过程中做出突出贡献的科技人员和管理决策人，由市科学技术行政主管部门推荐，市人民政府给予奖励。（市人民政府奖励突出贡献者）
荣誉称号奖励	5-5：对科技成果转化实施做出突出贡献的境外、市外人员，由市人民政府给予奖励并依法授予样本城市荣誉市民称号。（奖励突出贡献者以荣誉市民称号） 3-3：对科技捐赠数额较大的单位和个人，由政府颁发荣誉证书，授予荣誉称号。（授予科技捐赠数额较大者以荣誉称号） 7-2：市、区县（自治县）人民政府设立科学技术奖，奖励为发展科学技术事业、推动科学技术进步做出突出贡献的公民和组织。对推动本区域产业技术发展有突出贡献的科学技术工作者，可给予重奖，颁发特殊津贴，授予荣誉称号。市、区县（自治县）人民政府应当加大企业技术创新的奖励力度，每年对研究开发投入高，取得国家或市级新产品认定、发明专利授权，获得驰名商标、著名商标、地理标志保护产品称号的企业予以奖励。（奖励创新知识产权突出贡献企业、个人）
科技成果转化专项基金	3-4：各级政府应当优化资金投向，运用市场机制的调节作用，适应科学技术的发展要求，合理配置科技资金，保障经济建设、科技进步和社会发展中的重大科技投入，提高资金效益。（政府优化资金投向） 7-3：市、区县（自治县）人民政府共同建立科技型中小企业创新资金、农业科技成果转化资金，用于支持科技型中小企业技术创新、中小企业创新服务平台建设、农业产业化，为获得国家科技型中小企业创新基金及农业科技成果转化资金项目配套。（共同建立科技成果转化资金）

续表

关键词	政策法规原始语句（概念化）
科技成果转化专项基金	5-6：按照国家有关规定，设立科技成果转化基金或风险基金，其资金来源由各级政府、企业事业单位及其他组织或个人提供，基金的设立和使用依照国家有关规定执行。（科技成果转化基金） 3-5：政府有关部门应将每年的生产建设发展资金按一定比例用于科技开发和成果转化。（生产建设发展资金用于科技成果转化） 9-1：市人民政府设立专利专项资金，支持发明专利的申请，促进专利成果的转化，奖励优秀专利项目。（专利专项资金） 3-6：建立样本城市科技发展、科技普及、科技奖励和科技开发风险基金。基金应多渠道筹集，滚动增值。具体办法由市人民政府制定。（科技开发风险基金） 7-4：鼓励境内外组织和个人捐资设立科学技术基金，支持科技创新活动。对科学技术基金捐赠，按国家规定享受优惠政策。（鼓励个体设立科学技术基金）
知识产权绿色通道	10-1：知识产权管理部门为科技成果转化股权和分红激励开通快速绿色通道，及时办理知识产权转让、权利变更登记等手续。（开通快速知识产权绿色通道）
研发平台与基础设施建设	11-1：完善科技成果信息公开制度，健全科技成果信息汇交、共享机制，发布先进适用的科技成果包，提供科技成果信息查询、筛选等公益服务及其他增值服务。打造科技服务云平台，建设一批线上服务分平台和线下服务分中心。建设样本城市科技要素交易中心。（完善科技成果信息公开制度） 12-1：实施众创空间孵化能力提升专项行动，大力培育专业化、品牌化的创客空间、创业咖啡、创新工场、星创天地等创新创业载体。引导区县、园区、高校、科研院所、投融资机构、民间资本建设新型科技孵化载体，进一步完善全市科技孵化服务体系。（完善科技孵化服务体系） 11-2：支持在重点领域和区域建设产业技术研究院、工程实验室、工程（技术）研究中心、重点实验室和产业共性技术创新平台。鼓励龙头企业牵头、政府引导、产学研协同，面向产业发展需求开展中试熟化与产业化开发，提供全程技术研发解决方案，加快科技成果转移转化。（知识建设产业共性技术创新平台） 13-1：市人民政府建立高新技术、海外留学回国人员等创业基地，支持本市企业、科研机构与市外、境外科研机构、跨国公司共建研发平台，完善创业和技术成果转化的支持保障体系，促进创新和引进技术的产业化。（海内外联合建立科学技术创业基地） 22-1：自治县加快科技基础设施建设，建立科技信息服务平台，推进科技成果转化、应用与产业化发展。（加快科技基础设施建设） 14-1：建立科技基础设施、大型科研仪器和专利信息资源向全社会开放的长效机制，鼓励企业、科研院所、高等学校按照市场化方式共享仪器设备、科技文献、科学数据等创新资源。（鼓励创新资源共享机制） 23-1：鼓励企业、科研院所、高校按照"开放共享、协同创新、市场运作"原则，通过自主新建、合作共建等方式，建设样本城市重点实验室和样本城市工程技术研究中心。（鼓励建设重点实验室）

续表

关键词	政策法规原始语句（概念化）
研发平台与基础设施建设	7-5：支持建立科技孵化器、生产力促进中心，鼓励以技术经纪、知识产权、技术评估、技术交易、科技咨询、科技信息等为重点的科技中介服务机构建设。（支持建立科技中介服务机构） 7-6：市人民政府应当把科技重点基础设施、重大科技工程等建设纳入城乡总体规划、土地利用总体规划和投资计划。科研机构基本建设工程中的城市建设配套费、人防工程易地建设费实行减半征收；科研机构改制、迁建中，其原使用国有土地出让金全额返还，用于科研机构改革发展。对经有权部门评审认定的高新技术企业修建的生产性用房的配套费实行减半征收。（科技重点基础设施建设纳入城乡总体规划）
技术转移机构	12-2：培育和建成一批国家级和市级技术转移示范机构，提升国家创新驿站服务能力。加快建设功能性技术转移中心和区域性技术转移中心，加快先进适用技术推广和应用。（培育建成技术转移示范机构） 15-1：科协、学会的事业组织和科技咨询服务组织从事技术开发、技术转让、技术咨询、技术服务、技术培训、技术承包等，依照国家有关规定享受优惠待遇。（技术转移机构享受优惠待遇） 15-2：科协的职责：组织科学技术工作者开展技术开发、技术转让、成果转化、技术咨询、技术服务活动。（科协的职责规范）
智力资源服务企业	13-1：组织动员专业学会所属智力资源服务企业转型升级，建立学会联系企业的长效机制，为科技成果转移转化供给端与需求端的精准对接提供信息服务。（专业学会联系企业的长效机制） 15-2：科协、学会的事业组织和科技咨询服务组织从事技术开发、技术转让、技术咨询、技术服务、技术培训、技术承包等，依照国家有关规定享受优惠待遇。（智力资源服务企业享受优惠待遇的业务范围）
科研人员优先出资权	11-4：实行作价投资的，同等条件下科研团队享有优先出资权。（科研团队优先出资权）
领导部分免责	11-5：单位领导在科技成果转移转化中履行勤勉尽责义务、在没有牟取非法利益的前提下，免除其资产保值增值责任和决策风险责任。（特定前提下免除单位领导的部分责任）
成果转化产权处置	16-1：在产权处置上，将科技成果使用权、处置权、收益权下放给项目承担单位，用50%以上成果转化收益奖励研发人员。（产权处置比例） 6-5：科技成果转化的收益全部留归学校。（科技成果收益留归学校） 6-6：学校在获得股权收益、管理费、资源占用费后，可以按照不高于30%的比例分配给所在单位。（分配给高校所在单位的比例） 23-1：研发平台应当加强知识产权保护，明确成果处置收益归属分配，大胆推进科技成果产权制度改革。（明确研发平台成果处置） 6-2：科技成果所有权属于学校，学校有权对成果进行转化，成果完成人（团队）及所在单位应积极配合学校开展科技成果转化工作。（科技成果所有权属于学校） 24-1：重庆市行政区域内经工商行政管理部门批准登记注册的科技型中小微企业，将其依法拥有的知识产权中的财产权出质，从银行等金融机构获得贷款。（知识产权质押处理）

续表

关键词	政策法规原始语句（概念化）
第三方价值评估	6-3：拟交易的科技成果，一般应经第三方专业机构或专家委员会进行价值评估，作为市场交易定价的参考依据。（第三方价值评估为交易定价的依据）
协议定价、市场定价	5-21：科技成果的交易价格采取协议定价、技术交易市场挂牌、拍卖等方式确定。（科技成果交易价格的定价方式）
学校自助分配	6-6：学校在获得股权收益、管理费、资源占用费后，可以按照不高于30%的比例分配给所在单位。（学校自主分配比例）
税收优惠政策	6-4：科技成果转化的奖励和报酬的支出，计入单位当年工资总额，不受单位当年工资总额限制，不纳入单位工资总额基数，同时享受相应税收减免及优惠政策。（科技成果转化奖励享受税收减免） 25-1：符合相关条件的新型研发机构新购进并专门用于研发活动的仪器、设备，单位价值不超过100万元的，允许一次性计入当期成本费用在计算应纳税所得额时扣除，不再分年度计算折旧；单位价值超过100万元的，可缩短折旧年限或采取加速折旧的方法，最低折旧年限不得低于企业所得税法实施条例规定。进口科研仪器设备符合规定的，免征关税和进口环节增值税。（科技研发机构税收优惠） 17-1：中小企业在科技成果引进、科技成果转化、实施技术创新过程中，发生的技术开发费用，按照规定可抵扣应纳税所得额。（技术开发费用抵扣应纳税所得额） 5-7：科研机构、高等学校转化职务科技成果以股份或出资比例等股权形式给个人奖励，获奖人在取得股份、出资比例时，免缴个人所得税；取得按股份、出资比例分红或转让股权、出资比例所得时，应依法缴纳个人所得税。（职务科技成果税收优惠减免） 3-7：企业事业单位从事科技活动享受国家政策减免的税费，必须全部用于科技开发和成果转化。（减免税费必须用于科技成果转化） 3-8：在本市从事科学技术研究开发并取得自主知识产权、推动本市产业技术发展有突出贡献的科学技术人员可享受以下政策： （一）在本市购买首套商品房用于本人居住的，契税一律先征后返； （二）购买自用的一辆国产小汽车，免征车辆购置税； （三）缴纳的个人所得税地方留成部分实行连续五年全额返还。（突出贡献者的税收优惠细则） 25-1：对我市企业引进的年薪30万元及以上人才，按其在渝年薪水平划分为三类（年薪以其年缴纳个人所得税核定），分别按其年缴纳个人所得税的2倍、1.5倍、1.2倍给予奖励，奖励资金分三年发放。对引进人才的单位，按人才年薪的5%给与引才补助。（个人所得税缴纳额奖励） 26-1：对符合非营利组织条件的科技园的收入，自2008年1月1日起按照税法及其有关规定享受企业所得税优惠政策。（非营利科技园享受企业所得税优惠） 26-2：科研机构、高等学校的技术转让收入免征营业税。服务于各行业的技术成果转让、技术培训、技术咨询、技术服务、技术承包所取得的技术性服务收入免征企业所得税。（科研机构、高等学校税收优惠）

续表

关键词	政策法规原始语句（概念化）
信用评级标准	18-1：样本城市构建知识价值信用评级体系，将知识产权作为信用评级的重要指标之一。（知识产权为信用评级重要指标）
专项项目申报与验收	19-1：引导专项项目的申报主体为样本城市科研机构。包括市级科研院所、区县科研事业单位和全市科技类民办非企业单位。（引导专项项目的申报主体） 11-8：3年后未能转化的科技成果，依法通过强制许可、权利让渡等措施促进其加速转化。（加速转化超期科技成果） 19-2：同一年度内申报技术与产品开发项目，已纳入国家R&D经费统计调查范围的科研机构每家不超过3项，其他科研机构不超过1项；申报成果应用示范项目，每家科研机构不超过2项。（申报技术与产品开发项目数量限制） 19-3：引导专项项目以科研机构自主管理为主。市科技局不开展过程检查，仅组织项目验收。（引导科研机构自主管理专项项目） 19-4：科研机构完成项目任务，且约定的横向经费总额或科技成果转化收益总额足额到位后，即可申请项目验收。（科研机构申请项目验收） 19-5：成果应用示范项目的实施周期不超过2年。（成果示范实施周期） 7-7：市人民政府应当建立科技发展考核制度，完善考核体系，加强对各区县（自治县）人民政府科技发展的考核。市、区、县（自治县）人民政府应当将技术创新投入、创新能力建设、创新成效等纳入对国有和国有控股企业绩效评价及其负责人业绩考核范围。（建立科技发展考核制度）
项目实施周期管控	19-3：成果应用示范项目的实施周期不超过2年。（示范项目实施周期） 11-8：3年后未能转化的科技成果，依法通过强制许可、权利让渡等措施促进其加速转化。（加速转化超期科技成果）
限项管理	19-2：同一年度内申报技术与产品开发项目，已纳入国家R&D经费统计调查范围的科研机构每家不超过3项，其他科研机构不超过1项；申报成果应用示范项目，每家科研机构不超过2项。（技术与产品开发项目限项管理）
科研成果项目验收	19-6：科研机构完成项目任务，且约定的横向经费总额或科技成果转化收益总额足额到位后，即可申请项目验收。（申请科研成果项目验收）
企业研发成本补助	20-1：经评定的重大新产品，按现行财政管理体制，由市、区、县（自治县）财政安排资金对其研发成本进行补助。（给重大新产品以成本补助）
金融机构信贷支持	5-8：各级财政部门安排科学技术、基本建设投资、技术改造的经费以及农业综合开发支出等经费应提取一定比例的资金，采取投资、贷款贴息、补助资金和风险投资等形式支持科技成果转化。（财政部门安排资金支持科技成果转化） 5-22：按照国家有关规定，金融机构应当在信贷方面支持科技成果转化，增028用于科技成果转化的贷款。（增加用于科技成果转化的贷款） 5-9：金融机构对符合贷款条件的重大科技成果转化项目，应优先予以安排，并可在贷款利率上给予优惠。（重大科技成果转化项目予以优惠贷款利率）

续表

关键词	政策法规原始语句（概念化）
金融机构信贷支持	5-11：境外、市外单位和个人携带技术成果在本市实施转化，经认定为重大科技成果转化项目的，可优先获得科技成果转化项目贷款贴息和资金支持。（重大科技成果转化项目予以优惠贷款利率）
产学研协同创新	14-2：加强产学研用协同创新，联合国内外科研院所、高等学校等实施技术创新项目，创建技术创新团队和机构，构建产业技术创新战略联盟。（加强产学研用协同创新） 11-6：支持在重点领域和区域建设产业技术研究院、工程实验室、工程（技术）研究中心、重点实验室和产业共性技术创新平台。鼓励龙头企业牵头、政府引导、产学研协同，面向产业发展需求开展中试熟化与产业化开发，提供全程技术研发解决方案，加快科技成果转移转化。（鼓励产学研协同面向产业发展需求开发） 27-1：建立少数民族科技发展基金，大力扶持产学研合作，完善科技表彰、奖励与知识资本化等激励制度。（少数民族科技发展基金和扶持产学研合作） 28-1：自治县建立健全产学研相结合的技术创新体系和科技服务体系，鼓励技术创新和科技成果产业化。（自治县建立健全产学研结合的体系） 7-8：鼓励企业自行设立或联合建立工程（技术研究）中心、企业技术中心等研究开发机构或中间试验基地，建立以企业为主体、市场为导向、产学研结合的技术创新体系。（鼓励企业建立产学研结合的技术创新体系） 7-9：市人民政府及其有关部门应当建立引进重大技术、设备和吸收再创新政策、制度，编制引进技术目录，支持产学研联合开展消化吸收再创新。（支持产学研联合开展消化吸收再创新） 7-10：与产业发展相关的财政性科学技术计划项目，应当由企业组织实施或企业牵头、产学研联合实施。（产学研联合实施财政性科学技术计划项目） 7-11：市、区、县（自治县）人民政府及其有关部门应当引导企业、高等学校和科研机构之间加强产、学、研合作，支持企业与高等学校、科研机构采取联合开发、委托开发、共建经济实体等方式，建立产学研战略联盟。（多方式建立产学研战略联盟） 14-3：加强人才的引进、培养和使用，同国内外高等学校联合培养专业技术人才，共建产学研基地或者实习实训基地。（国内外为高校共建产学研基地） 30-1：大力扶持产学研合作，完善科技表彰、奖励与知识资本化等激励制度。（大力扶持产学研合作） 5-11：科技成果转化活动应当坚持以市场为导向，实行科研、生产相结合。（科研、生产相结合的科技成果转化活动）
宽容失败政策	7-17：鼓励科学技术人员自由探索、勇于承担风险。（鼓励科研人员勇于承担风险） 7-12：承担探索性强、风险高的财政性科学技术计划项目的，原始记录能够证明已经履行了勤勉尽责义务，经专家评议，确不能完成该项目的，可按相关程序给予项目结题。（高风险项目结题特殊处理办法） 7-13：弘扬崇尚科学、鼓励创新、宽容失败、开放包容的社会风尚，形成浓厚的创新氛围。（弘扬宽容的社会风尚）

续表

关键词	政策法规原始语句（概念化）
重大科技成果转化项目认定	5-12：重大科技成果转化项目是指经认定符合产业发展方向，技术先进、适用，实施后能形成规模，能产生重大经济、社会和环境效益，且具有较大难度的科技成果转化项目。（重大科技成果转化项目定义） 5-13：市科学技术行政主管部门负责组织相关部门及专家成立科技成果转化项目认定委员会，对重大科技成果转化项目进行认定。（重大科技成果转化项目认定） 5-14：对认定的重大科技成果转化项目的实施，可以公开招标的方式，确定实施单位。（重大科技成果转化项目公开招标） 5-15：经认定的重大科技成果转化项目可享受下列优惠： （一）优先获得贷款贴息和科技成果转化资金、基金或风险基金的支持； （二）项目用地，应当符合土地利用总体规划和年度用地计划，经县级以上人民政府批准，可以划拨或有偿使用。土地有偿使用费的地方收取部分，可作为政府对该项目的投入，不参与管理和收益，但保留对该项目用地的最终处置权； （三）免收项目建设过程中的供水、电力、天然气增容费； （四）产品从第一次销售之日起三年内，由当地同级财政返还该产品缴纳的全部新增所得税和新增增值税的地方收入部分，期满后经财政部门批准可延长二至五年享受所得税返还百分之五十的优惠； （五）产品优先列入政府采购目录计划。（重大科技成果转化项目优惠措施） 5-23：市外单位和个人携带技术成果在本市实施转化，经认定为重大科技成果转化项目的，可优先获得科技成果转化项目贷款贴息和资金支持。（重大科技成果转化项目优先权） 5-24：金融机构对符合贷款条件的重大科技成果转化项目，应优先予以安排，并可在贷款利率上给予优惠。（重大科技成果转化项目利率优惠） 29-1：重大科技成果转化项目的认定本着科学、客观、公正、公开的原则，采取申请、评审制。（重大科技成果转化认定原则） 29-2：认定委员会负责对全市重大科技成果转化项目进行认定。认定委员会下设办公室，办公室设在市科委，负责受理全市重大科技成果转化项目的认定申请和认定日常管理工作。（认定委员会职责） 5-10：境外、市外单位和个人携带技术成果在本市实施转化，经认定为重大科技成果转化项目的，可优先获得科技成果转化项目贷款贴息和资金支持。（重大科技成果转化项目享受贷款利息和资金支持） 7-14：市人民政府应当根据经济社会发展需要，设立自然科学基金和重大科技专项、科学技术成果转化、高技术产业化等专项资金，鼓励自然科学基础研究，支持重大产品开发、重大科技应用和工程建设，引导重大科学技术成果转化和高新技术产业化。（设立重大科技专项资金）
职务科技成果转化	11-2：高等学校和科研机构以职务科技成果向企业作价入股，可将因该成果所获股权的不低于20%但不高于70%的比例，奖励有关科技人员。由职务科技成果完成人依法创办企业自行转化或以技术入股进行转化的，科技成果完成人最高可以享有该科技成果在企业中股权的70%。（职务科技成果转化入股比例） 5-16：国家设立的科研机构、高等学校取得的具有实用价值的职务科技成果，在成果完成后一年未实施转化的，科技成果完成人和参加人在不变更职务科技成果权属的前提下，可以根据与本单位签订的协议进行该项科技成果的转化，并享有协议规定的权益。（职务科技成果完成一年后未实施转化可进行协议转化）

续表

关键词	政策法规原始语句（概念化）
职务科技成果转化	5-25：科技成果完成人或者参加人，不得阻碍职务科技成果的转化，不得将职务科技成果及其技术资料和数据占为己有，不得将职务科技成果擅自转让或变相转让，侵犯单位的合法权益。（不得阻碍职务科技成果转化） 4-1：科研机构、高等学校转化职务科技成果以股份或出资比例等股权形式给予个人奖励，获奖人在取得股份、出资比例时，免缴个人所得税；取得按股份、出资比例分红或转让股权、出资比例所得时，应依法缴纳个人所得税。（职务科技成果以股权形式给予奖励）
科技成果信息公开制度	11-7：完善科技成果信息公开制度，健全科技成果信息汇交、共享机制，发布先进适用的科技成果包，提供科技成果信息查询、筛选等公益服务和其他增值服务。打造科技服务云平台，建设一批线上服务分平台和线下服务分中心。建设样本城市科技要素交易中心。（完善科技成果信息公开制度） 5-17：市人民政府定期发布科技成果转化重点领域和科技成果转化项目指南，公布经认定的重大科技成果转化项目目录。（定期发布科技成果转化项目名录）
政府引导科技人才引进	7-15：市、区县（自治县）人民政府及其有关部门应当制订并实施科学技术人员培养规划、计划，完善人才培养选拔制度，加强中青年科学技术人员、高层次人才和创新团队培养。（政府制订实施科技人员培养计划） 7-16：市、区县（自治县）人民政府及其有关部门应当制定引进人才的相关政策，从市外、境外引进本市需要的高层次科技创新人才。（引进外部高层次科技创新人才） 14-3：加强人才的引进、培养和使用，同国内外高等学校联合培养专业技术人才，共建产学研基地或者实习实训基地。（国内外联合培养人才） 17-2：科技型中小企业引进人才，按照规定享受人才开发专项资金的资助。（中小企业人才引进专项资金）
阻碍科技成果转化人员处罚	5-18：科学技术行政主管部门和其他有关部门的工作人员，在科技成果转化活动中玩忽职守、徇私舞弊的，由其所在单位或者有关行政主管部门给予行政处分；构成犯罪的，依法追究刑事责任。（追究行政人员失职责任） 3-9：政府和有关主管部门，对执行本条例，拓宽技术资金渠道，增加投入，以及对资金进行科学管理和使用取得显著经济、社会效益的单位和个人给予奖励。（奖励取得显著效益的行政人员） 3-10：挪用、克扣、截留政府科技经费的，由有关行政部门责令限期归还；并视其情节轻重，由所在单位或者上级行政主管部门对直接责任人员给予行政处分。（挪用、克扣等行为的直接责任人员受行政处分） 3-11：政府有关部门及其工作人员滥用职权、以权谋私，失职、渎职，造成科技投入重大损失，尚不构成犯罪的，由所在单位或上级行政主管部门或监察部门追究其行政责任。（追究政府工作人员失职责任） 5-19：市和区、县（市）科学技术、计划、经济行政主管部门以及其他有关行政主管部门按照同级人民政府规定的职责，把科技成果转化纳入年度计划和目标责任考核范围，并组织实施、协调科技成果转化工作。（科技成果转化纳入年度计划和目标责任考核范围）

续表

关键词	政策法规原始语句（概念化）
阻碍科技成果转化人员处罚	5-19：市和区、县（市）科学技术、计划、经济行政主管部门以及其他有关行政主管部门按照同级人民政府规定的职责，把科技成果转化纳入年度计划和目标责任考核范围，并组织实施、协调科技成果转化工作。（科技成果转化纳入年度计划和目标责任考核范围） 3-12：当事人对行政处罚不服的，可依法申请行政复议，或向当地人民法院起诉。逾期不申请复议、不起诉又不执行处罚决定的，由做出处罚决定的机关申请人民法院强制执行。（申请行政复议）
科技成果转化违约处理办法	21-1：技术出资者在企业成立后，应当根据出资入股协议，办理技术成果的权利转移手续，提供技术资料，并协助技术成果的应用实施。违反协议约定，不履行技术成果交付义务，或超出协议约定保留的技术成果权利范围使用该成果的，应当向其他出资者承担违约责任。（技术出资者责任义务） 21-2：技术出资者，应当与其他出资者协议约定该项技术成果入股使用的范围，技术出资者对该项技术成果保留的权利范围，以及违约责任等。（技术出资者保留权利范围和违约责任） 5-20：在科技成果转化活动中弄虚作假，采取欺骗手段，骗取奖励和荣誉称号、诈骗钱财、非法牟利的，由有关行政主管部门依法责令改正，限期退还所骗资金，取消该奖励和荣誉称号，没收违法所得，并依法予以处罚。（科技成果转化人员违法处理办法） 21-3：出资各方违反技术成果出资入股合同，或弄虚作假、隐瞒其事实真相，擅自转让或许可他人实施出资入股技术成果，评估、会计等中介机构及工作人员，违反法律、法规规定或与当事人约定的保密义务，应当依法承担法律责任，造成经济损失的应当依法承担赔偿责任。（出资各方违约处理办法）

附录四　样本协同创新中心熵流指标体系调查问卷

尊敬的某市协同创新中心的领导：

您好！我们是某大学"面向产学研协同创新联盟稳定性的知识产权冲突管理机制研究"和"基于熵理论和耗散结构理论的协同创新系统耗散结构判定"课题组。此次问卷调查为了解贵协同创新中心的具体情况，为协同创新中心稳定结构的判定提供基础数据，因此您的意见对我们研究协同创新中心的发展非常重要！

非常感谢您的支持与参与。

本次问卷调查共有五个评价等级：

5分——高　4分——较高　3分——一般　2分——较差　1分——差

在对应的等级下打钩即可。

		评价指标	评价等级				
			5	4	3	2	1
协同创新基础资源要素	研发经费投入	政府科技财政支出力度					
		企业对新产品的研发经费支出力度					
		高校研发课题经费投入力度					
		科研机构研发经费投入力度					
	研发人员投入	企业 R&D 人员投入情况					
		高校 R&D 课题人员投入情况					
		科研机构 R&D 人员投入情况					
	服务体系建设	科技中介机构服务能力					
		创新平台可得性					
协作关系	协作机制	组织运行管理制度的合理性					
		利益分配机制的合理性					
		创新奖励制度的合理程度					
		专利制度的完善程度					

续表

		评价指标	评价等级				
			5	4	3	2	1
协作关系	再谈判机制管理	知识产权利益分配再谈判积极性					
		再谈判中知识产权分配制度的合理性					
		知识产权利益分配再谈判过程效率					
协同创新信息系统管理	信息管理	信息渠道的多元性					
		个体行为透明度					
	沟通效率	合作模式的有效性					
		沟通的有效程度					
		产学研主体间信任程度					
协同创新信任机制管理	信任保障机制	企业信息披露主动性					
		高校信息披露主动性					
		科研机构信息披露主动性					
		企业信息披露体系的完备性					
		高校信息披露体系的完备性					
		科研机构信息披露体系的完备性					
	信任交互机制	知识产权相关人员正式学习交流频率					
		知识产权相关人员非正式交流频率					
		产学研主体间文化交融性					
协同创新知识转移与转化能力	知识转移能力	知识的可表达性					
		知识源的转移意愿与转移能力					
		知识受体的吸收意愿与吸收能力					
	知识转化能力	转化经费投入					
		新产品的销售收入					
协同创新系统的宏观环境	政治环境	国家与产学研合作事前（知识产权价值评估和入股）相关的政策法规健全性					
		国家与产学研合作事中（知识产权成果转化）相关的政策法规健全性					
		国家与产学研合作事后（知识产权利益分配）相关的政策法规健全性					
		国家政策法规的实际支持力度					

续表

		评价指标	评价等级				
			5	4	3	2	1
协同创新系统的宏观环境	经济环境	国家宏观经济发展态势					
		国家宏观层面对知识产权合作的经济扶持力度					
		区域经济发展现状					
	文化环境	商业道德风尚					
		社会价值观体系					
协同创新系统的中观环境	行业环境	行业机构的合理性					
		行业的基本获利能力及获利潜力					
		行业发展的成熟程度					
		行业技术的发达程度					
	市场环境	市场竞争的规范性					
		市场竞争的强度					
		用户对知识技术创新产品的需求					
		用户的消费支付能力					
		用户的消费素质					
		用户对自主品牌的态度					
		用户的购后评价					
	区域创新环境	区域学习能力					
		区间产业链接关系紧密程度					
	区域公共配套资源	云计算的推广与运用程度					
		信息系统的标准化程度					
		区域对创新合作的财政优惠力度					
		区域知识产权管理资源配套力度					
		区域相关知识产权人才培养力度					
	区域知识产权相关政策支持	地方性知识产权政策法规的健全性					
		地方性知识产权政策法规对国家知识产权政策法规的匹配性					
		地方性知识产权政策法规的实际执行力度					
	跨区域协同创新	跨区域知识产权创新合作频率					
		跨区域知识产权人员交流频率					

参考文献

一 中文参考文献

（一）著作类

吕琳媛、周涛：《链路预测》，高等教育出版社2013年版。

（二）期刊类

曹霞、于娟：《基于政府治理的产学研创新联盟稳定性研究》，《系统管理学报》2017年第5期。

曹霞、于娟、张路蓬：《不同联盟规模下产学研联盟稳定性影响因素及演化研究》，《管理评论》2016年第2期。

常宏建、张震、任恺：《基于复杂网络理论的产学研合作网络结构及特性研究》，《经济与管理评论》2011年第2期。

陈菲琼、范良聪：《基于合作与竞争的战略联盟稳定性分析》，《管理世界》2007年第7期。

陈劲、阳银娟：《协同创新的理论基础与内涵》，《科学学研究》2012年第2期。

陈柳：《信任、声誉与产学研合作模式》，《科技管理研究》2015年第12期。

陈向明：《扎根理论的思路和方法》，《教育研究与实验》1999年第4期。

戴勇、林振阳：《产学研合作的知识势差与知识产权风险研究》，《科研管理》2018 年第 2 期。

刁丽琳、朱桂龙：《产学研联盟契约和信任对知识转移的影响研究》，《科学学研究》2015 年第 5 期。

董静、苟燕楠、吴晓薇：《我国产学研合作创新中的知识产权障碍——基于企业视角的实证研究》，《科学学与科学技术管理》2008 年第 7 期。

费方域、李靖、郑育家、蒋士成：《企业的研发外包：一个综述》，《经济学》（季刊）2009 年第 3 期。

冯锋、王亮：《产学研合作创新网络培育机制分析——基于小世界网络模型》，《中国软科学》2008 年第 11 期。

高航：《工业技术研究院协同创新平台评价体系研究》，《科学学研究》2015 年第 2 期。

高鸿业：《科斯定理与我国所有制改革》，《经济研究》1991 年第 3 期。

高建新：《区域协同创新的形成机理及影响因素研究》，《科技管理研究》2013 年第 10 期。

耿磊：《协同创新成果知识产权法律界定与创新激励》，《科学管理研究》2014 年第 6 期。

苟德轩、沙勇忠：《产学研合作创新网络结构测度与分析》，《情报杂志》2013 年第 6 期。

何郁冰：《产学研协同创新的理论模式》，《科学学研究》2012 年第 2 期。

胡冬雪、陈强：《促进我国产学研合作的法律对策研究》，《中国软科学》2013 年第 2 期。

胡文斌等：《基于链路预测的社会网络事件检测方法》，《软件学报》2015 年第 9 期。

黄萃、任弢、张剑：《政策文献量化研究：公共政策研究的新方向》,《公共管理学报》2015 年第 2 期。

黄劲松、郑小勇:《是契约、信任还是信心促成了产学研合作?——两个产学研联盟案例的比较研究》,《科学学研究》2015 年第 5 期。

惠青、邹艳:《产学研合作创新网络、知识整合和技术创新的关系研究》,《软科学》2010 年第 3 期。

蒋伏心、胡潇、白俊红:《产学研联盟的形成路径与稳定性研究》,《上海经济研究》2014 年第 8 期。

蒋樟生、郝云宏:《知识转移视角技术创新联盟稳定性的博弈分析》,《科研管理》2012 年第 7 期。

金高云:《基于耗散结构理论的产学研合作技术创新动力分析》,《企业经济》2013 年第 1 期。

李东红、李蕾:《组织间信任理论研究回顾与展望》,《经济管理》2009 年第 4 期。

李伟、董玉鹏:《协同创新过程中知识产权归属原则——从契约走向章程》,《科学学研究》2014 年第 7 期。

李新男:《创新"产学研结合"组织模式 构建产业技术创新战略联盟》,《中国软科学》2007 年第 5 期。

林筠、刘伟、李随成:《企业社会资本对技术创新能力影响的实证研究》,《科研管理》2011 年第 1 期。

刘春艳、王伟:《产学研协同创新联盟知识转移的策略研究》,《学习与探索》2015 年第 3 期。

刘春艳、王伟:《基于耗散结构理论的产学研协同创新团队知识转移模型与机理研究》,《情报科学》2016 年第 3 期。

刘丹、闫长乐:《协同创新网络结构与机理研究》,《管理世界》2013 年第 12 期。

刘凤朝、马荣康、姜楠:《基于"985 高校"的产学研专利合作网络演化路径研究》,《中国软科学》2011 年第 7 期。

刘凤朝、孙玉涛:《我国科技政策向创新政策演变的过程、趋势与建议——基于我国 289 项创新政策的实证分析》,《中国软科学》2007年第 5 期。

刘云龙、李世佼:《产学研联盟中合作成员利益分配机制研究》,《科技进步与对策》2012 年第 3 期。

卢章平、王晓晶:《国家和地方科技成果转化政策对比分析》,《图书情报工作》2012 年第 24 期。

吕琳媛:《复杂网络链路预测》,《电子科技大学学报》2010 年第 5 期。

罗敏、朱雪忠:《基于共词分析的我国低碳政策构成研究》,《管理学报》2014 年第 11 期。

米捷、林润辉:《公平偏好如何影响开放式创新:一个基于计算经济学的研究》,《中国管理科学》2015 年第 12 期。

祁红梅、黄瑞华:《动态联盟形成阶段知识产权冲突及激励对策研究》,《研究与发展管理》2004 年第 4 期。

祁红梅、王森:《基于联盟竞合的知识产权风险对创新绩效影响实证研究》,《科研管理》2014 年第 1 期。

祁红梅、王森、樊琦:《知识产权风险与创新联盟形成绩效:快速信任的调节作用》,《科研管理》2015 年第 1 期。

任佩瑜、张莉、宋勇:《基于复杂性科学的管理熵、管理耗散结构理论及其在企业组织与决策中的作用》,《管理世界》2001 年第 6 期。

宋春艳:《产学研协同创新中知识产权共享的风险与防控》,《科学管理研究》2016 年第 1 期。

苏敬勤、李晓昂、许昕傲:《基于内容分析法的国家和地方科技创新政策构成对比分析》,《科学学与科学技术管理》2012 年第 6 期。

苏世彬、黄瑞华:《合作联盟知识产权专有性与知识共享性的冲突研究》,《研究与发展管理》2005 年第 5 期。

苏世彬、黄瑞华:《合作创新中隐性知识转移引发的知识产权风险及其防范对策研究》，《科技进步与对策》2009 年第 17 期。

苏屹：《基于系统科学的协同创新理论分析方法研究》，《科研管理》2013 年第 S1 期。

孙东川、叶飞：《动态联盟利益分配的谈判模型研究》，《科研管理》2001 年第 2 期。

汪忠、黄瑞华：《合作创新的知识产权风险与防范研究》，《科学学研究》2005 年第 3 期。

王菲菲、芦婉昭、贾晨冉、黄雅雯：《基于论文—专利机构合作网络的产学研潜在合作机会研究》，《情报科学》2019 年第 9 期。

王怀祖、黄光辉：《产学研合作创新的知识产权风险研究》，《科技管理研究》2015 年第 3 期。

王惠东、王森：《创新联盟各阶段知识产权冲突与对策研究》，《科技管理研究》2014 年第 4 期。

吴爱萍、董明、李华：《"互联网 +" 与"大众创业、万众创新"政策结构分析——基于扎根理论和共词分析法》，《科技管理研究》2018 年第 10 期。

吴汉东：《知识产权的多元属性及研究范式》，《中国社会科学》2011 年第 5 期。

谢惠加：《产学研协同创新联盟的知识产权利益分享机制研究》，《学术研究》2014 年第 7 期。

杨震宁、范黎波、曾丽华：《跨国技术战略联盟合作、战略动机与联盟稳定》，《科学学研究》2015 年第 8 期。

杨震宁、赵红、刘昕颖：《技术战略联盟的驱动力、合作优化与联盟稳定》，《科学学研究》2018 年第 4 期。

杨震宁、赵红、徐俪菁：《跨国技术战略联盟风险、合作障碍与稳定——跨案例研究》，《经济管理》2017 年第 8 期。

易玉、刘祎楠：《产学研合作中的知识产权问题研究》，《工业技术经济》2009 年第 7 期。

于洋、李一军:《基于多策略评价的绩效指标权重确定方法研究》,《系统工程理论与实践》2003年第8期。

余顺坤、陈俐:《食品安全检测知识产权联盟的SWOT分析及发展战略选择》,《中国管理科学》2016年第2期。

原毅军、田宇、孙佳:《产学研技术联盟稳定性的系统动力学建模与仿真》,《科学学与科学技术管理》2013年第4期。

曾德明、彭盾:《基于耗散结构理论的国家创新体系国际化研究》,《科学管理研究》2009年第3期。

曾德明、王燕平、文金艳、禹献云:《高技术企业创新联盟稳定性研究》,《研究与发展管理》2015年第1期。

张斌、马费成:《科学知识网络中的链路预测研究述评》,《中国图书馆学报》2015年第3期。

张华:《合作稳定性、参与动机与创新生态系统自组织进化》,《外国经济与管理》2016年第12期。

张建军、赵晋、张艳霞:《基于连续时间动态博弈的供应链声誉及其微分对策研究》,《管理工程学报》2012年第1期。

张金柱、胡一鸣:《利用链路预测揭示合著网络演化机制》,《情报科学》2017年第7期。

张勤、马费成:《国外知识管理研究范式——以共词分析为方法》,《管理科学学报》2007年第6期。

张铁男、程宝元、张亚娟:《基于耗散结构的企业管理熵Brusselator模型研究》,《管理工程学报》2010年第3期。

张耀辉:《知识产权的优化配置》,《中国社会科学》2011年第5期。

张瑜、菅利荣、刘思峰、赵焕焕、刘勇:《基于优化Shapley值的产学研网络型合作利益协调机制研究——以产业技术创新战略联盟为例》,《中国管理科学》2016年第9期。

张瑜等:《基于无标度网络的产学研合作网络模式》,《系统工程》

2013 年第 5 期。

章刚勇：《基于大数据的中国科技政策体系研究：理论与实践》，《中国软科学》2018 年第 6 期。

章进、赵美珍：《产学研合作中知识产权的冲突及化解对策》，《江苏工业学院学报》（社会科学版）2008 年第 4 期。

周竺、黄瑞华：《产学研合作中的知识产权冲突及协调》，《研究与发展管理》2004 年第 1 期。

朱少英、齐二石：《产学研联盟关系品质影响因素实证研究》，《科技进步与对策》2016 年第 3 期。

朱永跃、顾国庆：《基于协同创新的校企合作信任关系研究》，《科技进步与对策》2013 年第 19 期。

庄涛、吴洪：《基于专利数据的我国官产学研三螺旋测度研究——兼论政府在产学研合作中的作用》，《管理世界》2013 年第 8 期。

（三）中译著作类

［英］马歇尔：《经济学原理》，朱志泰、陈良璧译，商务印书馆 2019 年版。

（四）学位论文类

胡刃锋：《产学研协同创新隐性知识共享影响因素及运行机制研究》，博士学位论文，吉林大学，2015 年。

赖吉平：《基于社会网络分析方法的中国计算机领域科研论文合作规律探析》，硕士学位论文，江西师范大学，2012 年。

李恒：《产学研结合创新的法律制度研究》，博士学位论文，华中科技大学，2009 年。

李徐伟：《基于无标度网络视角的产学研合作网络结构、功能与培育机制研究》，硕士学位论文，中国科学技术大学，2010 年。

宋东林：《产业技术创新战略联盟的网络结构及其运行研究》，博士学位论文，江苏大学，2013 年。

杨静：《供应链内企业间信任的产生机制及其对合作的影响——

基于制造业企业的研究》，博士学位论文，浙江大学，2006年。

于娟：《产学研联盟稳定性研究》，博士学位论文，哈尔滨工程大学，2016年。

赵琳：《基于微分博弈的产学研合作信任构建策略研究》，硕士学位论文，重庆大学，2018年。

赵延乐：《基于复杂网络的链路预测研究》，硕士学位论文，河北大学，2014年。

周志太：《基于经济学视角的协同创新网络研究》，博士学位论文，吉林大学，2013年。

(五) 会议类论文类

张斌：《科学合作网络中的链路预测研究》，全国情报学博士生学术论坛，2014年。

二 英文参考文献

Aghion, P. and Tirole, J., "The Management of Innovation", *Quarterly Journal of Economics*, Vol. 109, April 1994, pp. 1185 – 1209.

Aguiar-Diaz, I., Diaz-Diaz, N. L. and Ballesteros-Rodriguez, J. L., "University-industry Relations and Research Group Production: is there a Bidirectional relationship?", *Industrial and Corporate Change*, Vol. 25, April 2016, pp. 611 – 632.

Ahmed, N. M., Chen, L., Wang, Y., et al., "Sampling-based algorithm for Link Prediction in Temporal Networks", *Information Sciences*, Vol. 374, 2016, pp. 1 – 14.

Arrow, K., "Economic Welfare and the Allocation of Resources for Invention", *NBER Chapters*, December 1962, pp. 609 – 626.

Bjerregaard, T., "Industry and Academia in Convergence: Micro-institutional Dimensions of R&D Collaboration", *Technovation*, Vol. 30,

February 2010, pp. 100 – 108.

Bruneel, J., D'Este, P. and Salter, A., "Investigating the Factors that Diminish the Barriers to University-industry Collaboration", *Research Policy*, Vol. 39, July 2010, pp. 858 – 868.

Carson, S. and John, G., "A Theoretical and Empirical Investigation of Property Rights Sharing in Outsourced Research, Development, and Engineering Relationships", *Strategic Management Journal*, Vol. 34, September 2013, pp. 1065 – 1085.

Clauss, T., "Measuring Business Model Innovation: Conceptualization, scale Development, and Proof of Performance", *R&D Management*, Vol. 47, March 2017, pp. 385 – 403.

Coase, R. H., "The Nature of the Firm", *Economica*, Vol. 4, No. 16, 1937, pp. 386 – 405.

Coase, R. H., "The Problem of Social Cost", *Journal of Law & Economics*, Vol. 3, October 1960, pp. 1 – 44.

Crama, P., De, R. B. and Degraeve, Z., "Step by Step. The Benefits of Stage-based R&D Licensing Contracts", *European Journal of Operational Research*, Vol. 224, March 2013, pp. 572 – 582.

Daellenbach, U. S. and Davenport, S. J., "Establishing Trust During the Formation of Technology Alliances", *Journal of Technology Transfer*, Vol. 29, February 2004, pp. 187 – 202.

Das, T. K. and Teng, B. S., "Instabilities of Strategic Alliances: an Internal Tensions Perspective", *Organization Science*, November 2000, pp. 77 – 101.

Das, T. K. and Teng, B. S., "Partner Analysis and Alliance Performance", *Scandinavian Journal of Management*, Vol. 19, March 2002, pp. 279 – 308.

Dechenaux, E. and Thursby, J., "Thursby M. Inventor Moral Hazard in University Licensing: the Role of Contracts", *Research Policy*, Vol. 40, January 2011, pp. 94 – 104.

Delerue and Hélène, "Shadow of Joint Patents: Intellectual Property Rights Sharing by SMEs in Contractual R&D Alliances", *Journal of Business Research*, Vol. 87, 2018, pp. 12 – 23.

Douglas, B. and Alvarez, S., "Bargaining Power in Alliance Governance Negotiations: Evidence from the Biotechnology Industry", *Technovation*, Vol. 30, May-June 2010, pp. 367 – 375.

Fehr, E., Hart, O. and Zehnder, C., "How do Informal Agreements and Revision Shape Contractual Reference Points?", *Journal of the European Economic Association*, Vol. 13, January 2015, pp. 1 – 28.

Grossman, S. and Hart, O., "The Costs and the Benefits of Ownership: a Theory of Vertical and Lateral Integration", *Journal of Political Economy*, Vol. 94, April 1986, pp. 691 – 719.

Guns, R. and Rousseau, R., "Recommending Research Collaborations using Link Prediction and Random Forest Classifiers", *Scientometrics*, Vol. 101, February 2014, pp. 1461 – 1473.

Hanley, J. A. and Mcneil, B. J., "The Meaning and Use of the Area under a Receiver Operating Characteristic (ROC) Curve", *Radiology*, Vol. 143, January 1982, pp. 29 – 36.

Hart, O., "Hold-Up, Asset Ownership, and Reference Points", *Quarterly Journal of Economics*, Vol. 124, January 2009, pp. 267 – 300.

Hart, O. and Moore, J., "Contracts as Reference Points", *Quarterly Journal of Economics*, Vol. 123, January 2008, pp. 1 – 48.

Herweg, F., Karle, H. and Müller, D., "Incomplete Contracting, Renegotiation, and Expectation-based Loss Aversion", *Journal of Economic Behavior & Organization*, Vol. 145, 2018, pp. 176 – 201.

Howard, M. D., Withers, M. C. and Tihanyi, L., "Knowledge Dependence and the Formation of Director Interlocks", *Academy of Management Journal*, Vol. 60, May 2017, pp. 1986 – 2013.

Inkpen, A. C. and Currall, S. C., "The Coevolution of Trust, Control, and Learning in Joint Ventures", *Organization Science*, Vol. 15, May 2004, pp. 586 – 599.

Inkpen, A. C. and Tsang, E. W. K., "Social Capital, Networks, and Knowledge Transfer", *Academy of Management Review*, Vol. 30, January 2005, pp. 146 – 165.

Jiang, X., Li, Y. and Gao, S., "The Stability of Strategic Alliances: Characteristics, Factors and Stages", *Journal of International Management*, Vol. 14, February 2008, pp. 173 – 189.

Kossinets, G., "Effects of Missing Data in Social Networks", *Social Networks*, Vol. 28, March 2003, pp. 247 – 268.

Lada, A. A. and Eytan, A., "Friends and Neighbors on the Web", *Social Networks*, Vol. 25, March 2003, pp. 211 – 230.

Law, J., Bauin, S., Courtial, J. P., et al., "Policy and the Mapping of Scientific Change: a Co-word Analysis of Research into Environmental acidification", *Scientometrics*, Vol. 14, March-April 1988, pp. 251 – 264.

Leo, K., "A New Status Index Derived from Sociometric Analysis", *Psychometrika*, Vol. 18, January 1953, pp. 39 – 43.

Lerner, J. and Malmendier, U., "Contractibility and the Design of Research Agreements", *American Economic Review*, Vol. 100, January 2010, pp. 214 – 246.

Lew, Y. K. and Sinkovics, R. R., "Crossing Borders and Industry sectors: Behavioral Governance in Strategic Alliances and Product Innovation for Competitive Advantage", *Long Range Planning*, Vol. 46, January 2013, pp. 13 – 38.

Li, J. J., Poppo, L. and Zhou, K. Z., "Relational Mechanisms, Formal Contracts, and Local Knowledge Acquisition by International Subsidiar-ies", *Strategic Management Journal*, Vol. 31, April 2010, pp. 349 – 370.

Liu, W. and Lü, L., "Link Prediction Based on Local Random Walk", *Europhysics Letters*, Vol. 89, May 2010, 58007.

Lü, L. and Zhou, T., "Link Prediction in Complex Networks: A Survey", *Physica A Statistical Mechanics & Its Applications*, Vol. 390, June 2011, pp. 1150 – 1170.

Martimort, D., Poudou, J. and SandZantman, W., "Contracting for an Innovation under Bilateral Asymmetric Information", *Journal of Industrial Economics*, Vol. 58, February 2010, pp. 324 – 348.

Maurer, I., "How to Build trust in Inter-organizational Projects: the Impact of Project Staffing and Project Rewards on the Formation of Trust, Knowledge Acquisition and Product Innovation", *International Journal of Project Management*, Vol. 28, July 2010, pp. 629 – 637.

Michael, D. S. and Shanthi, G., "The Institutionalization of Knowledge Transfer Activities within Industry-university Collaborative Ventures", *Journal of Engineering and Technology Management*, Vol. 17, March 2013, pp. 299 – 319.

Nerlove, M. and Arrow, K., "Optimal Advertising Policy under Dynamic conditions", *Economica*, Vol. 29, 1962, pp. 129 – 142.

Newman, M. E. J., "Clustering and Preferential Attachment in Growing networks", *Phys Rev E Stat Nonlin Soft Matter Phys*, Vol. 64, February 2001, 025102.

Nielsen, B. B. and Nielsen, S., "Learning and Innovation in International Strategic Alliances: an Empirical Test of the Role of Trust and Tacitness", *Journal of Management Studies*, Vol. 46, June 2009, pp. 1031 –

1056.

Okamuro, H. and Nishimura, J., "Impact of University Intellectual Property Policy on the Performance of University-industry Research Collaboration", *Journal of Technology Transfer*, Vol. 38, March 2013, pp. 273 – 301.

Operti, E. and Carnabuci, G., "Public Knowledge, Private Gain: the Effect of Spillover Networks on Firms' Innovative Performance", *Journal of Management*, Vol. 40, April 2014, pp. 1042 – 1074.

Panico, C., "On the Contractual Governance of Research Collaborations: Allocating Control and Intellectual Property Rights in the Shadow of Potential Termination", *Research Policy*, Vol. 40, October 2011, pp. 1403 – 1411.

Panico, C., "Strategic Interaction in Alliances", *Strategic Management Journal*, Vol. 38, August 2017, pp. 1646 – 1667.

Poblete, J. and Spulber, D., "Managing Innovation: Optimal Incentive Contracts for Delegated R&D with Double Moral Hazard", *European Economic Review*, Vol. 95, 2017, pp. 38 – 61.

Rahman, N. and Korn, H. J., "Alliance Structuring Behavior: Relative Influence of Alliance Type and Specific Alliance Experience", *Management Decision*, Vol. 48, May 2010, pp. 809 – 825.

Rapoport, A. and Horvath, W. J., "A Study of A Large Sociogram", *Behavioral Science*, Vol. 6, April 1961, pp. 279 – 291.

René, B., Bruno, C., Dries, F., et al., "Co-ownership of Intellectual Property: Exploring the Value-appropriation and Value-creation Implications of Co-patenting with Different partners", *Research Policy*, Vol. 43, May 2014, pp. 841 – 852.

Trappey, C. V., Trappey, A. J. C. and Wang, Y. H., "Are Patent trade wars Impeding Innovation and Development?", *World Patent Informa-*

tion, Vol. 46, 2016, pp. 64 – 72.

Zhou, T., Lü, L. and Zhang, Y. C., "Predicting Missing Links Via local Information", *European Physical Journal B*, Vol. 71, April 2009, pp. 623 – 630.

后　记

本书是国家社会科学基金项目"面向产学研协同创新联盟稳定性的知识产权冲突管理机制研究"（15BGL024）的结题成果之一。课题由吴颖副教授主持完成，专著由吴颖副教授主撰、修改并负责最后定稿。重庆师范大学经济与管理学院苏洪博士、重庆大学工程科教战略研究中心林勇教授、重庆大学管理科学与房地产学院李世龙副教授、重庆大学经济与工商管理学院黄诗淼博士研究生为主研人员，重庆大学计算机学院张程副教授为本课题提供了支持和帮助，重庆大学经济与工商管理学院学生车林杰、李宽宽、廖才君、赵琳、肖源、谢润达、刘玥彤、龙泓吟、罗苑珏先后参与了课题研究。

在课题研究过程中，课题组成员阅读了大量的相关研究文献，从中汲取了宝贵的灵感和启发，在对许多专家学者的学术成果的借鉴中进行着本课题研究的开展和创新，所引用的文献已在本书参考文献中列出，谨向他们表达诚挚的敬谢之意！

本书的顺利出版要感谢国家社会科学基金的资助，感谢中国社会科学出版社的辛勤付出和杰出工作，感谢重庆大学经济与工商管理学院的大力支持！

产学研协同创新联盟模式，是当今中国突破关键技术"卡脖子"难题、适应未来大国科技竞争白热化趋势的中国特有的重要力量和载体，其联盟中的知识产权冲突是关系联盟异质性各方的资源配置和利益分配的主要焦点问题,有效管理知识产权冲突有助于维护联盟的稳定性及从研发到成果转化的创新链有效性,本书聚焦于面向产学研协同创新联盟稳定性的知识产权冲突管理机制研究,为从微观、中观到宏观,从企业、高校、科研院所到政府进行联盟知识产权冲突综合管理提供多主体、多层次的分析视角和对策建议。但由于能力和条件的限制,本研究尚存在诸多不足之处,希望抛砖引玉,欢迎专家学者和广大读者对书中存在的问题不吝赐教,赋予我们未来深化研究、不断前行的动力。

吴 颖
2022 年 7 月于重庆